古典文獻研究輯刊

三九編

潘美月・杜潔祥 主編

第26冊

光緒《鹽城縣志》點校（上）

王祖霞 著

國家圖書館出版品預行編目資料

光緒《鹽城縣志》點校（上）／王祖霞 著 -- 初版 -- 新北市：
花木蘭文化事業有限公司，2024〔民 113〕
目 4+216 面；19×26 公分
（古典文獻研究輯刊 三九編；第 26 冊）
ISBN 978-626-344-946-6（精裝）
1.CST：（清）陳玉澍 2.CST：鹽城縣志 3.CST：注釋
011.08 113009817

ISBN-978-626-344-946-6
9 786263 449466

古典文獻研究輯刊
三九編 第二六冊 ISBN：978-626-344-946-6

光緒《鹽城縣志》點校（上）

作　　者　王祖霞
主　　編　潘美月、杜潔祥
總 編 輯　杜潔祥
副總編輯　楊嘉樂
編輯主任　許郁翎
編　　輯　潘玟靜、蔡正宣　美術編輯　陳逸婷
出　　版　花木蘭文化事業有限公司
發 行 人　高小娟
聯絡地址　235 新北市中和區中安街七二號十三樓
電話：02-2923-1455／傳真：02-2923-1452
網　　址　http://www.huamulan.tw 信箱 service@huamulans.com
印　　刷　普羅文化出版廣告事業
初　　版　2024 年 9 月
定　　價　三九編 65 冊（精裝）新台幣 175,000 元

光緒《鹽城縣志》點校（上）

王祖霞 著

作者簡介

王祖霞（1976～），江蘇鹽城人，漢語言文字學專業博士，現為鹽城師範學院文學院副教授，國際《尚書》學學會會員，主要研究近代漢語詞彙研究、中國古典文獻學。主編教材1部，整理文獻1部，並在《古漢語研究》《辭書研究》《紅樓夢學刊》等刊物上獨立發表論文40餘篇，主持教育部人文社會科學基金項目1項，主持完成江蘇省哲學社會科學基金項目1項，主持完成江蘇省高校哲學社會科學基金項目2項，等等。

提　要

陳玉澍（1852～1906），字惕庵，江蘇鹽城人，清末知名學者。光緒十二年（1886）肄業於南菁書院，著有《毛詩異文箋》《爾雅釋例》《後樂堂文集》等，主纂光緒《鹽城縣志》。

鹽城至明萬曆年間始有《鹽城縣志》（楊《志》），該志有篳路藍縷之功，但篇幅短，且多蠹蝕模糊。有清一代，賈國泰、陳繼美、程國棟、沈儼等皆有續修，但或失傳，或僅秉承楊《志》，或「互致歧異」。刻印於光緒二十一年（1895）的《鹽城縣志》，除了序、凡例、首一卷輿圖之外，有十七卷，即輿地（2卷）、河渠、食貨、學校、武備、職官（2卷）、選舉、人物（4卷）、藝文（2卷）、雜類。該志補遺正訛，體例新穎，取捨精湛，資料廣博，悉據群書，可信度高。因此，在明清鹽城地方志中，該志的質量可稱上乘，且存史、資治的作用較為顯著。惜迄今無人整理。本書旨在對光緒《鹽城縣志》進行首次整理，主要以點校為主。以《中國地方志集成》所收光緒《鹽城縣志》的影印本為底本進行文字錄入，並施以現代標點。光緒《鹽城縣志》中引文現象較為普遍，涉及楊《志》、沈《志》等較多，因此多有參校。部分內容，多有箋釋，以期為理解文本掃除障礙。

24skC189「鹽城舊志中
海洋文化資料的整理與研究」

目次

上　冊

下　冊

前　言

鹽城，漢代就已建縣，明代才有縣志。明代萬曆七年（1579）知縣楊瑞雲組織纂修《鹽城縣志》。先是夏應星纂修，張三鳳、成克勳、金重、王得文、孟一龍、謝遇春、滕汝礪、孟大順分纂，後由楊瑞雲編著、吳敏道參訂。該志篇幅短，有地理、建置、民事、秩官、名宦、選舉、人物、綸音、藝文等內容，共計十卷，於萬曆十一年（1583）刻印，被稱為「楊《志》」，該志多處漫漶不清。

另，據吳敏道《鹽城縣志·序》的注文（出自光緒《鹽城縣志》），萬曆四十二年（1614）另有《鹽城野志》，該志是邑人王汝右「繼楊《志》補輯」而成的，雖然未刻印，但頗具影響力，「後之修志者多所採入」，可惜失傳。

此後，清代多次纂修《鹽城縣志》，具體如下：

一是順治十四年（1657），知縣賈國泰組織纂修的，以楊《志》刻本為藍本，共十卷。與楊《志》而言，「每卷皆有續增」，常被稱為「賈刻楊《志》」。

二是康熙十二年（1673），知縣陳繼美組織宋曹、王之楨、潘與泓、宋恭詒續修《鹽城縣志》，該志「重修未刻」（蔣荷坤《鹽城縣志·序》）。

三是康熙二十二年（1683），知縣蔣荷坤「延當日分纂之儒，重加校讎，增新補闕」（蔣荷坤《鹽城縣志·序》），該志未刻印，稿本亦散佚。

四是乾隆七年（1742），知縣程國棟組織沈儼、王鉅、謝宏宗、宋琰、樂寧侗、乘雯、劉砮、嚴位分類纂修，該志被稱為「程《志》」。

五是乾隆十二年（1747），知縣黃垣因舊《志》「刪汰過當，不無滲漏」，組織沈儼、王鉅、謝宏宗、張再洪、劉霈纂修，共計十六卷，該志後來被稱為「沈《志》」。

六是嘉慶年間，府學生張杏續纂《鹽城縣志》。據光緒《鹽城縣志・人物志三・徐樞》，「（徐）燧之族有名杏字萊仙者，……風雨寒暑奔馳搜討，遺文墜事無微不錄……山陽曹鑣為之敘。」注：「《敘》見《甘白齋文集》及《淮安藝文志》，而杏所續者，今不存。」

七是光緒《鹽城縣志》，由知縣劉崇照組織，原先聘請龍繼棟、李詳、陳玉澍纂修，後來實際上是由陳玉澍一人負責總纂，故也被稱為「陳《志》」。兩閱寒暑，該志「纂、刊皆畢」，刻印於光緒二十一年（1895）。該志有三大特點：一是體例新穎。「凡例」部分列出十九條，就總目、子目的設置，以及內容的收錄標準等作了詳細說明。劉崇照在序文中稱讚該志「義法善而分合當，網羅博而去取精」。二是資料廣博。陳玉澍在序文中言及所引資料包括正史、稗官、通典、通鑒、通考、地志、官書、吏牘、故家、譜牒、先正、詩文集。為了補充、正訛，採「新冊」，廣益「人物」，共列子目五十三條。三是存史、資政功能顯著。淮安府知府張球認為修纂縣志重在「關政要」，「司牧世邦者」可據此瞭解「土域民風之要」，楊《志》及程《志》、沈《志》在這一方面不如光緒《鹽城縣志》。

總之，光緒《鹽城縣志》是明清鹽城地方志的集大成者，其質量屬於上乘。

在光緒《鹽城縣志》的整理之中，一是同名異形現象較為普遍。一些地名、河流名等在卷首諸圖、正文中會出現不同的寫法。例如「仇杜河—仇垛河」「穿場河—串場河」「朱立溝—朱臘溝」「古晉—固晉」等，這些異名同實現象，或因引文源自不同著者之手所致，或因記音時方言讀音不同所致，等等。對此，遵循原文，加以說明。二是一些因形似而誤的，例如「己—已」，徑改。三是因避諱出現的文字現象，例如「歷」，原文有「歴」「厤」兩種寫法。清張之洞《輶軒語・敬避字》：「高宗純皇帝廟諱，下一字，書天之口數在爾躬，用歴字恭代，歷字本從厂從秝從止，今從厂從林從心。」又如「宏治」「宏光」「淳佑」「咸淳」等，這些因避諱出現的文字現象，徑改。

重修鹽城縣志序

鹽城之有縣志，肇於有明南海楊氏。乾隆初元，程、沈繼作，互致歧異。歷百數十年，未有賡續。昔之耆老碩德，攟拾廢墜，搜張人物、故家、掌錄，鮮有存者。於是邑之縉紳賢士，倡為斯舉。收羅散佚，歷有年所。孝廉陳君玉澍尤銳此學，搜摭史傳、薈粹、稗乘，積有叢稿，未遑示人，蓋廣微圈稱其流也。庚寅、壬辰之間，祥麟如、陳雲村兩明府禮致孝廉及前戶部主事龍繼棟、興化李上舍詳，相與撰述，以期蕆事。會麟如、雲村相繼去任，龍君亦以校書滬上，不果。屆鹽鎮海劉君楚薌以翰林改官此邑，興賢敦俗，風流令行，董督舊事，樂觀厥美。孝廉毅然自任，鉛槧不輟。上舍館於予署，翻閱往籍，據其一得，與之郵筒往復，時有裨益。商榷條例，期於盡善，抵捂之習自此而絕。予以鹽城通湖負海，土厚水沉，文藻忠義之士，奮興於漢季孔璋、子源，歷代莫抗；陸君實氏，譚者至為稱首；其他方聞骨鯁隱逸之流，見於故書雅記者，咸可考證。今循覽其《志》，厥有數善辯。職方為青域，據射陽為本，隸則輿地之核也。旁行斜上，秩然不紊，則諸表之省也。人物刊落，子目列傳，標列巨文，則史裁之決也。隴西不能為諱，法言不容妄羼，則是非之公也。疇零米鹽，翦截條邕，則澄汰之精也。舉是諸美，皆可覆案。目睫之喻，古人所難。要之，闢議論之專，輒拓茅蕝之堂奧，折衷雅俗，斟酌至當，其規模宏遠，賢於舊《志》遠矣。予觀察是邦，兩至其邑，輒進邑之文士與之談藝。比於古太史氏陳詩觀風者，其敦思力學為淮郡之冠。今方與之修閘堰、興水利，厲風素之節，督盜賊之警，因嘉新《志》之有成也，於是乎泚筆書之。

光緒二十一年四月上旬，賜進士出身，欽命二品頂戴江蘇淮揚海兵備道前翰林院編修、國史館纂修官桂林謝元福撰。

重修鹽城縣志序

古之良吏，必周知所治土域民風之要、歷代通變之宜，然後修吾教而民從之，有所興革則防微慮萌，利賴及於久遠。故邑之有志，係民生之利害與有司施措之圭臬，非徒以文字簡增用相詬病已也。鹽城，瀕海劇邑，歷唐、宋、元皆為上縣，而古稱難治。光緒十有九年，劉君楚薌以名翰林出宰茲土，甫下車，知邑士大夫謀賡續舊《志》久而弗成，乃察縉紳之能文章、達掌故者，俾專厥任。增修既竣，余例得弁言於首。溯自楊氏創《志》，規格略備。程《志》於楊《志》多所糾正，沈《志》於程《志》力為詆諆，於文字簡增詬病得失已耳，奚關政要哉？余謂鹽城形勝，東控瀛海，西襟湖蕩，捍海堰貫其中，南趨通泰，北接阜寧〔註1〕，當國家清晏，固為下河往來夷庚。若南宋紹定、有明嘉靖，李全暨倭寇，兵事棼如，屹為重鎮。國朝與泰西通商，海禁大弛，藩籬盡撤，新洋諸海口潮擊沙汰，掌固之義闕如。昔程大令國棟論鹽邑形勢，以海防為第一義，豈不以魚灶錯居，島夷窺伺，籌患豫防危逾邊圉？而湖蕩浩洋，梟桀逋盜，萃為藪澤，游徼控險，宜思有以鞏我東隅，此政之當亟者一也。范堤迤東，古皆沮洳，潮汐受遏，久成甌窶。大河北徙，今昔勢殊。誠使水利舉修依古區田之法，捍防阻堰，疏導得宜，則潦可分泄，旱可引灌，雖磽确不齊，靡弗流惡規利。而圩砦團結，衛耕助聖，保甲輯奸隱，然修矛敵愾，士益知重生而反本，俗尚敦樸，任恤睦姻，俾向者猾黠訟競之風幡然移易，此政之當亟者又一也。劉君治鹽未及期月，而勤於志，殆大異乎俗吏之所為！而能知政要者與是志，得二三君子文章之淵雅、事實之徵信，則閱者舉能悉言。而余所惓惓意，則土域民風之要，歷代通變之宜，用餉後來司牧是邦者。微劉君疇，同志也。

光緒二十一年歲次乙未，知淮安府事古浪張球敘。

〔註1〕「寧」，原為「安」。阜寧，古稱黄浦，宋稱廟灣，清雍正九年（1731）建縣。

重修鹽城縣志序

有明自甲申、乙酉而後，浙東士大夫忠義之氣為天下冠，而寧波一郡又為浙東冠，而張忠烈公煌言又為寧之人冠。崇照生長蛟川，嘗過甬東而弔公之故里，遊南屏山而拜公之墓，輒欷歔涕洟，想見其為人。獨怪夫公之同里萬充宗先生，既請犁洲先生為銘幽之文以志公墓，而充宗介弟季野先生以布衣掌史局，成《明史稿》五百卷，於監國遺臣多為立傳，而於公之百折不撓卓然為有明三百年忠臣之殿反削而不載，豈其時官書海寇之名未雪，有所畏忌而不敢耶？然吾觀於總督趙廷臣繫公家屬入告，世祖命無庸籍沒，而令公之父以書諭公，是公之效忠勝國久，為聖主覆載之量所容。修史者復何疑忌，而不振筆為作佳傳也乎？吾於《明史》之無公傳，不能不為季野咎也。鹽城雖僻處瀕澥，而振訊於陸忠烈公之風，涵濡於郝忠烈公之教。當甲申、乙酉間，士大夫之忠義，雖未足方駕浙東而足為淮東之冠。司公石磐以諸生起兵，與鄞節愍爭死，雖未足方駕張忠烈而足為邑人之冠。予少時讀《明史稿》、《史外》及《疆繹史》諸書〔註 1〕，至石磐狂歌痛飲，酣詈不輟，未嘗不歎鹽城之大有人也。及奉命出宰是邑，披閱舊《志》，見「忠烈」一門無司石磐而有司邦基，云「與孫光烈北向慟哭，慷慨殉節死」，僅附錄於李幹才、樂大章二人之後，而無專傳，且又不載其起兵被執事，幾疑石磐與邦基非一人矣。及閱《射州文存》及新修郡志，而知石磐為邦基字，而歎舊《志》之多漏略，與《明史稿》不傳蒼水先生同也。當是時，鹽邑設局續修志乘，近十年矣。前令長白祥麟如明府禮聘臨桂龍松琴先生總其事，龍先生以校書滬上久不至，祥明府以事去職。繼之者為撫寧王惺園湘鄉、陳雲村兩明府，以上游嚴檄敦迫，屢詢謀於邑之縉紳先生，

〔註 1〕《疆繹史》即清代溫睿臨、李瑤的《南疆繹史》。

期速蕆厥事，以節省度支而未能也。予忖知其故，即請陳惕庵孝廉主其事，而以邑中三五方雅之士輔之任，既專壹議，無旁呶，兩閱寒暑，纂、刊皆畢。公餘之暇，一再瀏覽，見其義法善而分合當，網羅博而去取精。而於明季之貞臣遺老，攟殘索隱，不遺餘力而表章之。以視舊《志》之不傳司公石磐，《明史》之不傳張公煌，言其得失為何如也。

聖清宰世，德化邁越往古。而州縣長吏暨學校儒臣，不能上體朝廷德教，以激勵士民忠愛之心，致倫理日晦。而人心風俗日益澆蠢爾，遠夷乃得乘敝肆侮，據巖疆而要重幣。上詒廟堂宵旰之憂，凡肉食者與有責焉。予小臣綰符是邑，愧未能如郝忠烈之蒞鹽教士以忠孝大義。而是《志》之修也，闡遺忠而弼彝教，彰往哲而淑來茲。邑中魁磊之士，倘有讀而興起者、乎誦《奇零草》者〔註2〕，慨想孤忠，何必乘風泛海尋遺躅於翁洲懸嶴間也！

光緒二十一年，知鹽城事鎮海劉崇照書。

〔註 2〕「乎」疑為「呼」。《奇零草》是明代張煌言的詩文集。

原鹽城縣志序

鹽城，淮之大縣也，故無志。夫志者，識也，識之以考鏡。古昔而相土辨治也，縣無志何觀焉？予自己卯歲涖鹽城，鹽城人士蓋數以志請予。時魚鱉之民方患苦洪水，鴻雁之夫半流入他郡，瘡痍滿目，百廢未舉，安暇問志事？蓋數罷之。猥以庸譾祗役斯土者且五年，所乃者壹切稍稍就理，於是始進諸生，屬之分局而撰志。概予復乘水土簿書之暇，搜覽諸載籍，摭攟其事之屬鹽城者，而間與吳山人參訂之。《志》成，凡十卷。夫鹽城者，其地則據溟海之勝，其人則多忠孝、節義、瑰瑋之行，其著作則有皇漢之文。予得握符為斯地主，有厚幸焉。昔太史公登箕山而弔許由之冢，過大梁之墟而求問其所謂夷門矧也。鹽城多賢，矧予且久於鹽城，以其故，每憑軾過昔人遺跡，輒徘徊歌思而不能已。藉令僅徘徊歌思而已也，而莫為之志以傳，即地靈與昔人交誰讓我矣。於是卒卒竟志事，而於前所言數者，特緊不殺云。

萬曆十一年癸未仲春朔日，南海楊瑞雲撰。

南海楊肖韓氏宰鹽城且五載，百廢振興，黎元闓懌，乃據案太息曰：「邑安得無志？今我不述，後將何觀哉？」亟命諸生具稿以上，而間乘簿書水土之暇，修輯論序之。凡十卷，以授敏道校焉。疾讀數過，犁然當於心，安能復置一辭哉！竊念隆慶己巳師明府邀之鹽城，甫出八寶東門，一望如巨海，濁浪排空，心怖，輒命回舸。迨萬曆辛巳，偕楊明府東行，則中流鼓舵，兩岸禾黍交映，良快人意。藉令其時無楊明府，奚平成康奠若此？漢人云「江河之決皆天意，未易以人力為強塞」〔註1〕，非然哉！予既至鹽城，則歷鹺場，觀大海，

〔註1〕《史記・河渠書第七》:「江河之決皆天事，未易以人力為強塞，塞之未必應天。」「意」又為「事」。

登南城樓，經孫司馬故居訪問瓜井，謁陸丞相祠，指點范公堤，為十日之飲而歸。今復閱所修《志》，凡邑之名勝古蹟，若鄉先哲、忠烈、節孝、賢豪之人，遍覽無遺。道之所得，於鹽城多矣。因綴數語，以復於楊明府云。

萬曆癸未仲春十二日，八寶吳敏道題。時纂修《縣志》者為邑人夏應星，分纂者為邑人張三鳳、成克勳、金重、王得文、孟一龍、謝遇春、滕汝礪、孟大順。萬曆四十二年，邑人王汝右繼楊《志》補輯，名曰《野志》，後之修志者多所採入，今書與序皆不傳。

余考九州島之有志也，其昉於周之職方氏乎！其立例簡而稱事盡，後之紀輿地者無以過焉。蓋以周治尚文，元公有作而其條次要歸於輕重得體而止，則今之紀郡邑者可視此為權衡矣。而何為雕繪窮工俾山川失流峙之故？風華競勝致人物鮮忠孝之歸？准諸職方，所載不勝浮誇之弊焉。余久為此懼。當皇上御極之九載，承乏鹽城，進邑乘而讀之，見其立例簡而稱事盡，條次合輕重之宜。余慨然曰：「斯《志》也，其猶有古職方氏之遺意乎！且樸以持文，正在今日。使宏此於天下，不特傳聞者鮮失其真，即天地奧衍之區、人氣剛柔之應亦不得過泄之以文章，而致不軌之民手持一編，遂以為要害、人情在吾掌中，則樸之為計遠，而奠乂者無疆也。鹽之為志，庶以云救乎。而惜其閱年之久，字畫湮蝕，幾於亥豕難辨。」余方圖所以更新之，而東閣之木一旦為回祿所燼。諸紳衿耆老造於庭，僉謂：「《志》久不修，棄為土苴，弗如其蕩為冷灰，則革其樸而文之，應茲離火，是所望於今日。」余曰：「不然。昔天下輿圖掌於司馬，諸侯王秘不得見。至漢高祖入關，蕭相國先收圖籍，因據以識天下戶口、要害，贊成漢業。後舉而屬之司空，七國得之，遂按圖而稱兵，是滋天下之變者，職輿圖之不秘也，況特取而藻飾之？非余所云『樸以持文』之意矣。今日之舉，仍舊《志》以付剞劂，亦以志餘慎以將事之心。爾後有踵事增華者，其毋忘比物此《志》也夫。」

順治丁酉夏六月，知鹽城縣事關東貫國泰撰。按：國泰重刊楊《志》，每卷皆有增續，詞意鄙俚，識者少之。

皇上御極十二載，余小臣承乏鹽城。瀕澥者，地也。凋瘵者，民也。十逸其半者，版圖也。歲汨其全者，賦稅也。廢詩書謀採葍者，士也。急修救思共濟者，同官也。欲克負荷茲土，祈免於輸載之戾，亦甚難矣哉！不意彈丸邑，煩聖天子軫念，諮方割則遣大臣，發太倉則遣大臣，核災之多寡則遣大臣，相水之來去則遣大臣，荒度土功刻日告成則又遣大臣，廟堂之上，神馬思車周歷海，奚啻一日九回哉？予小臣敢匿愛筋力、不矢心盡瘁以綏集此羽肅肅而聲嗸嗸者乎〔註2〕？愧三年來，治鹽無狀，災沴未弭，民艱孔亟。幸督撫司道府諸臺，几席視鹽土，赤子視鹽民，弱輻瘡牡視鹽令。鹽不幸為天所災，幸而為諸憲臺所口噢而手援且加膝焉。竊嘗冀流移畢，復原隰底平之日，敬與鹽之紳衿耆庶裒次六年內為鹽請命之文移章疏，與鹽受蠲、受振之錢穀、戶口共為一書，受之編氓，俾人遺子孫誦樂利之所自來。會上允輔臣請，由京畿以及十四布政司各徵為府、為州、為縣新志書，以彰同文盛治。予小臣奉檄惟謹，於是延集闔邑師儒縉紳與時彥之包儲典故者，取舊《志》而修飾之。溯邑之建置，肇自隋初。按：「隋」當作「漢」。閱唐宋以及元明，樸略漸開，丹雘未備，迄今昭代聲文茂矣。縣之腴瘠，民之聚散，歲之豐耗，官政之殿最，風俗之藏否，文物之與日俱新，科名之乘時加盛，盡班班可考矣。予小臣更有深惕焉。我皇上撫有八荒，攬遐陬，撤幽蔀，將以此當采風之獻。督撫司道府諸憲臺膺嶽瀆之寄，勤禹稷之思，將以此告旬宣膏雨之績，豈僅競繁楮葉、矜富子墨而已乎？夫亦願分土而牧者，各求民之饑溺何以奠？田疇何以乂？子弟何以鞠謀？畜產何以蕃殖？國之財賦傜役何以無虧歲額而不勤催科？士之道德未充何以壯經術？經術不贍何以達人情？人情不諧何以亮君父而宣政教？使有一之弗慮弗圖焉，咎將誰追乎？則茲役也，所以教天下之分土而牧者皆知自課自儆之實，而匪徒以行墨空言辱煌煌簡命也。鹽，故彈丸邑哉！進而州郡視此，更進而省會亦視此，寧儉毋華，予小臣庶幾乎不至於博而寡要乎！敬為序。

康熙十二年歲次癸丑春二月，知鹽城縣事渤海陳繼美撰。時纂修《縣志》者為邑人宋曹、王之楨、潘與泓、宋恭詒。

歲癸亥春二月，余拜鹽城令之命，肅然而恐。蓋鹽自戊申、己酉以來疊罹飢饉，懼鹽民之弗即於生理，而長人之責之不能勝也。既聞百姓不安其居，致獄訟繁興，累月不解，復愁然以憂。迨六月抵淮陰，從涇河東下，一望汪洋，若長江大海橫無際涯，詢之則皆鹽之菑畝，而數十年湮為澤國者也，輒不覺淒然而為吾民悲之。會大雨時行，空中如注，落落新苗，復見沉沒，父老負塗曳

〔註2〕《詩經・小雅・鴻雁》：「鴻雁于飛，肅肅其羽。」「鴻雁于飛，哀鳴嗸嗸。」毛傳：「肅肅，羽聲也。」「集此羽肅肅而聲嗸嗸者」指鴻雁，即野外服勞役者。

泥，迎迓道左，呼籲水災皇皇乎不能急切救之。既視事，周閱城池，傾圮凋敝，百事待舉。旋展謁陸丞相祠，訪歷代名賢，知鹽為忠孝節義之鄉。《郡志》舊稱「士敦禮讓，民樂魚鹽」〔註3〕，奈歲比不登，以至此極，是非需之歲月。按圖籍而稽之，核廢墜而興復之，招徠流離之蒼赤而撫之摩之，欲冀鹽瀆猝復舊觀，固必不得之數也。默籌於中，莫之決筴。時涖鹽十日餘耳。郡伯高公傳督撫藩臬檄，附以手諭：《皇清一統志》刻日會纂，敕郡邑守令亟纂諸志上之各省，以備採擇爰集。邑之廣文薦紳暨博士弟子詢謀僉同，得康熙癸丑前令陳君重修未刻之《志》，延當日分纂之儒，重加校讎，增新補闕。不獨十年以來君恩民瘼，悉載無遺，並數百年以前載而未備者，亦復廣行搜羅，詳加參訂。餘論次。既竣，展卷而喜，且憬然其自儆也。夫初行作吏，欲周知一邑之建置沿革、人物、土風、今昔盛衰之異、利弊因革之宜，豈迫促諮諏遽能洞達於胸臆者？茲以皇朝巨典，殫精竭慮，兼六十日夕之力，粗能藉手以告成書。非憲檄諄嚴，不遑寧處，則甫涖災邑，案牘棼如，即或進邑《志》而議纂修，將以為不暇及此，且不能及乎此也。夫必待時之暇而力之能及，方復問乎《縣志》，又知其在何年月日乎哉？然則茲役也，不可以鼓天下作吏之勤敏而策其鈍置矣乎？不寧惟是鹽。當明神宗時，民稍稍樂利，南海楊君盧山令茲土〔註4〕，能以其惠民之餘力，創為《縣志》。其時誠多所興建，可以潤飾鉛槧。今人文較盛昔時，而城郭風景日就蕭疏，賴天子統一區宇，各憲臺廉法交飭，值修明文物之會，《縣志》更新，使四郊之內恬乎熙乎，得復見繁庶之象。獄訟息而禮教敦，以庶幾告無負於一令。而步軌躅於楊君，則予且懇然厚期於茲役之後，而惴惴乎其小心以俟之也。敢即書是，言於簡端。

康熙二十二年秋七月，知鹽城縣事建陵蔣荷坤撰。時纂修《縣志》者為邑人宋曹、王之楨、潘與泓、宋恭詒。

鹽瀆著於《漢書》。訖晉末，垂六百年，改鹽城，載在《宋書》。訖明萬曆初，逾千年，而未有志也。南海楊氏瑞雲來知縣事，特創為之。前此千六百年中，吏治之循良，人才之魁磊，城池、兵衛之建置，賦役、溝洫之經營，詎僅僅如楊《志》所錄者？而典籍無徵。楊氏之作幾於辟鴻蒙、造草昧，宜其難為

〔註3〕《欽定古今圖書集成·方輿彙編·職方典》卷七百四十八：「《府志》：地僻海隅，俗尚簡樸。士敦禮讓，民樂魚鹽，輕生樂鬥奮氣。」

〔註4〕「盧山」疑衍文。楊君，即楊瑞雲。

功矣。夫莫為之前，雖美弗彰；莫為之後，雖盛弗傳〔註5〕。楊氏之書，既以莫為前，使千六百年之記言、記事者存什一於千百。然則繼楊氏而起者，當亟圖之，正其訛，補其缺，續以近所見聞。積累至今，又一百六十年，必且彬彬鬱鬱矣。而唱者聲希，賡者響寂。國朝遼陽賈氏國泰不過重為開雕，其訛者、缺者如故，所續亦寥寥耳。滄州陳氏繼美大輿，于氏本宏止粗具稿本，稍有所續，亦未成書，綱提領挈，殊少條貫。此一百六十年之若明若晦，與前此之千六百年等。及今弗圖，恐並楊氏之書而失其傳。欲再辟鴻蒙、再造草昧，不愈難乎此？愚於斯《志》之修纂，雖以短才治瘠土，當水旱、飢饉日不暇給之際，而不敢視，為緩圖，非迂也。或曰：「子之書將自信為詳備乎？」愚曰：「不然。」邑志猶之國史，閱一代有一代之跡，作史者務使已往者無廢墜，將來者有據依。更數十年，而輒有修舉廢墜之人，邑之吏治人才，日新月盛，執筆而揚厲之，不期於飾觀而自彬鬱矣。若今，則第踵楊氏之後塵，而俾將來者可繼也。詳乎哉，備乎哉，烏乎能！

乾隆七年冬，知鹽城縣事程國棟撰。時分纂《縣志》者為邑人沈儼、王鉅、謝宏宗、宋琰、樂寧侗、乘雯、劉晳、嚴位。

江右黃君令鹽之四年，政修事和，百廢具興，乃輯《鹽城縣志》，共若干卷。書成，請敘於余。余讀之作而歎曰：「他令僅作志而已，黃君則濬河建閘，實大有造於鹽城。」又余所設施而未及竟，及嘗有志而未及為者，黃君能竭蹶以底於成功。雖微黃君之請，固願一言以附於簡末，其敢不文辭奧！惟鹽之為邑，上承淮、黃，東連大海，而射陽湖在其境內，為七邑水道尾閭。比因黃潰決堤，閘堰頹壞，濁流內灌，湖身淤高，旱則膠舟，商旅弗通，水則泱溢，傷田廬，沃壤之區蕩為巨浸，延及旁邑，歲屢弗登，民卒告瘖。余於雍正十一年令鹽，即議開境內各河以泄積潴，建天妃閘以嚴啟閉，築圩岸以護民田。會移長州，功未及竟，深疚厥心。乾隆十年，余復奉命守淮安，黃君之令鹽邑也。適二年矣，黃君才大而敏性，強幹而不辭艱巨，先是請於諸上憲，躬任水利，先濬串場等河以達於海，次開東塘、九曲等河以達於湖，添建天妃口越閘。凡境內之幹河支流罔弗濬以深，民間之圩圍堤岸罔弗築以堅，一切閘堰、水口、涵洞、浦港罔弗通利而直達。尤能不殫勞勩，躬親督率，觸炎曦、冒寒

〔註5〕韓愈《與於襄陽書》：「莫為之前，雖美而不彰；莫為之後，雖盛而不傳。」

露經行境內。畚築凡三千餘里，歷三載，而畢工功成之日，水流如駛，高下灌注，各率其職，無有決溢。民用灌溉，黃雲布野。十一年夏，黃、淮並漲，淮郡山、阜、清、安、桃五邑胥被水患，而鹽獨晏如，緊黃君之力。夫以其所嘗施行者，而書之於《志》，則其指陳，皆實實可據。後之人可藉為龜鑑無疑，非猶夫儒生學士稽考掌故、旁參士著而掇拾以成書者比也。余與黃君共事久，嘉黃君之能勤力於民，又喜其能繼余未竟之志，故為道其源委，推其功效而書之特詳。若夫考核之精，稱引之富，則當世之儒生學士類能言之，不足為黃君道也。

乾隆丁卯夏四月下浣三日，知淮安府事濟源衛哲治書。

鹽，古無志也，自萬曆間創之，迄晚近重修之，今曷為亟亟復修之也？曰志以昭往績，宣時宜策利害，籌時用考政治而和民俗。近《志》刪汰過當，不無滲漏。信今傳後，法戒勸懲。前修遠矣，後顧何恃？故亟亟復修之也。今夫鹽之為邑也，西瀕於淮，東濱於海，川藪經絡，葭葦彌望，而旱、潦、蝝蝗及颶風、海嘯，諸奇災頻仍不絕。予覽邑乘所載及父老所傳，用滋懼焉。古之為吏者，不以其地之荒遠凋瘵而委之無可如何，必精思熟計，以經以畫，相其緩急而次第布之，用能興廢舉墜，上不負天之命，下不失窮陬黎首之望，是以土物宜而風俗成。往郡憲衛公治鹽時，修舉廢墜，建議設天妃閘以禦海潮，厥功甚鉅。乾隆七年，河決古溝。天子軫恤民艱，大發內帑。督撫諸憲復請濬河道、築圩堤，以時導之。余董是役，度其形勢，濬開堙潰，使蓄泄有賴，灌溉無虞。既竣事，又立劉猛八蠟廟以隆報賽，以除蝗害。歲稍稔，因修葺學宮、達義學、立書院，乃得與鹽之人士講求聖賢明體達用之學、古文經義之歸，務使水患去而田土治，田土治而衣食足，衣食足而禮義興，共沐國家休和之澤。初不敢以蕞爾瓢城懸於淮海，而因循苟簡諉其責也，況鹽德業文章輝煌史冊，陸忠烈公之坊表在焉，其東鄙則范公堤長亙如虹，流風遺韻足以生人景仰，其人文之鵲起聯翩，今猶方興未艾也。後之為政於鹽者，披覽斯《志》，撫古蹟以興思，識時宜之所切，明利害之所在，知財用之所出。邑宰之政治釐然，民俗之醇龐備具，生勸懲而隆法戒。余愧未能且志之，以待來茲也。是舉也，因邑紳士之請，並呈其所新入者，與余商榷之，故言以弁其首。

乾隆十二年丁卯夏四月，知鹽城縣事清江黃垣撰。

昔聖人之作《春秋》也，皆因魯史舊文。「郭公夏五」俱載於經，穀梁氏謂「夏五，傳疑也」，康侯胡氏謂「傳疑，聖人之慎也」。蓋從來記載之書，古人所傳必非無根，若任意刪除，則往昔事蹟、前人懿美一旦堙沒，後此千百年誰復知者，此固稽古者之所深慨也。吾鹽邑《志》創修於明萬曆間，南海楊公搜羅考核，最為精詳。嗣經本朝歷任邑尊，先後續修《志》。本楊《志》之舊，其一時司校讎者，皆當時宿學巨儒，其聞見真，故考據確，後之人欲別出心裁以翻前案也，難矣。至於今時，日積則事日多，載筆之士有增無減，固勢之所趨也。乃或過為芟削，不免遺漏。鹽人思欲重修，未能也。適郡憲衛公重修淮郡《全志》，鹽《志》亦載重修之內。公原令鹽者也，其於鹽《志》久經討論，邑尊黃公仰承憲意，因議重修，鹽人皆踊躍鼓舞，共襄厥事。兩公以其事屬余。余何知？竊以邑志之修，所關甚巨，將以信今而傳後。而徵事不當，論人未允，其如清議何？今幸舊《志》原本尚存，乃與邑中同學諸子參互考訂，酌古準今，一本原志之舊，而益以近所傳聞。合邑之人，皆謂此《志》之修，可復本來面目。予方愧學之不逮，但兢兢編輯，苦心總目，續昔人遺規，而不敢徇私失真，重滋將來之口實，此則予之差堪自信者爾。

乾隆十二年丁卯春二月，邑人沈儼序。時與儼同纂《縣志》者為邑人劉霈、王鉅、張再洪、謝宏宗。

凡　例〔註1〕

一、鹽城古無志書，自南海楊氏開闢鴻蒙，規模略備。程《志》於楊《志》多所糾正，沈《志》於程《志》力為詆娸，此猶王肅駁鄭，伯輿更駁子雍，柳《非國語》〔註2〕，端禮復非子厚，互肆攻駁，亦互著醇疵。今於三《志》，詳究是非，不敢苟為同異，補遺正訛，悉據群書。凡有援引，概標出典。或放李鍇《尚史》暨阮元國史館《儒林傳》例，集句成篇，仍分注所出於下；有所辨正，則放張鳴鳳《桂勝》之例，附注於下；乃或夾註之中，復有夾註，則姚宏補注《戰國策》、范成大《吳郡志》之例也。至稱述三家之書，於其同者則渾稱書、志，於其異者則析言某志；舊《志》所已引者則曰某志引某書。其有止舉它書，不稱舊《志》，即係新增。搜討之勤，頗同創始。

一、沈《志》總目十六，子目六十有六。「沿革」不入「地理」，「星野」不附「疆域」，未免配儷失宜。楊《志》「人物」有「寓賢」，而程《志》削之；程《志》「藝文」無「書目」，沈《志》仍之；程《志》於「學校」「兵防」抑

〔註 1〕「凡例」前沒有「卷首」兩字，但目錄中把「凡例」歸入「卷首」，與「輿圖」並列。據此，去掉目錄中「凡例」二字。

〔註 2〕唐代柳宗元有《與呂道州溫論非國語書》，提及「嘗讀《國語》，病其文勝而言厖，好詭以反倫，其道舛逆。而學者以其文也，咸嗜焉，伏膺呻吟者，至比六經，則溺其文，必信其實，是聖人之道翳也。餘勇不自制，以當後世之訕怒，輒乃黜其不臧，救世之謬。凡為六十七篇，命之曰《非國語》」。南宋黃震《黃氏日鈔》卷六十：「子厚以《國語》文深閎傑異，而說多誣淫，作《非國語》。愚觀所作，非獨駁難多造理，文亦奇峭。」端禮，即宋人江端禮，嘗駁柳宗元《非國語》，即《非非國語》。明代黃瑜《雙槐歲鈔・卷六・非非國語》：「宋劉章嘗魁天下，有文名，病王充作《刺孟》、柳子厚作《非國語》，乃作《刺刺孟》《非非國語》。江端禮亦作《非非國語》，……元虞盤亦有《非非國語》，是《非非國語》有三書也。」

入子目；沈《志》於「公署」「物產」並立專門，各有重輕，鈞乖體要。今立總目十：曰輿地，曰河渠，曰食貨，曰學校，曰武備，曰職官，曰選舉，曰人物，曰藝文，曰雜類，皆本趙宏恩《江南通志》，唯子目互有異同，不必盡相遹率。

一、建置沿革兼詳射陽，以射陽立縣先於鹽瀆，且其故城在今鹽城境內，有《方輿紀要》、《明史稿・地理志》可據。程《志》謂漢射陽縣與今鹽城無涉，《人物志》因削去臧旻、臧洪、陳容、陳琳諸人，沈《志》駁之，是也。但沈《志》以射陽侯樊丹與劉纏並稱，不知丹所封之射陽，《水經注》作「謝陽」，《詩》所謂「申伯番番，既入于謝」也，與臨淮之射陽無涉，《四史發伏》所辨甚明。又沈《志》載劉宋徐秋天針鬼事，乾隆《府志》有南齊王敬則傳〔註3〕，考秋天雖為射陽令，敬則雖為射陽人，然其時縣已僑置江南，與今鹽城無涉。凡此之類，概予削除，以昭限斷。

一、疆域之廣袤，道理之遠近，皆以今境為斷。都圖、莊鎮、津渡、古蹟、寺觀之類，有初屬鹽城後割隸阜寧者，程《志》、沈《志》誤載之，今概刊落，以免溷淆。地名悉從土俗，《公羊春秋傳》所謂「名從主人」，庶幾便於識別。

一、境內窪邪為多，土性芒種為宜。元元之命，懸於水利，濬渠建閘。今為要圖，溯自前明嘉隆，而後河水南徙，挾淮為害，高堰屢潰，大浸稽天，淮揚昏墊，歲十而九延及。國朝懷襄，侔於前代。故當事亶亟泄水，尟籌備旱。迨咸豐乙卯，黃河決，銅瓦廂改道，齊魯西北數省之水不復由淮郡東趨入海，而淮湖亦順軌安流入江，故下河州縣，昔患溢溢，今苦瀲涸，災祲既異，捍禦亦殊，不敢拘守舊說，致同膠柱。

一、境內河湖堤堰，分條臚載。如「大蹤湖」當作「大縱湖」，西塘河或稱「神臺河」，串場河或稱「運河」，捍海堰或稱「捍潮堤」。凡今昔殊名者，皆詳為辯證，以資考鏡。其古有而今不可考者，則放《欽定滿洲源流考》之例，別為存疑，附於末。至舊府、縣《志》載河湖距縣里數，此舛彼乖，未能劃一，以所指有上游、下游之不同也。今欲稽其里數，自宜斷以上游，然或東西兩匯，南北分流，無上下游可以指名，遠近以何為準？徒滋舛謬，無關重輕。今概削落，不拘舊軌。

一、「蠲振」隸於「食貨」，本史例也。發粟蠲租，國恩汪濊，謹志於「戶

〔註3〕乾隆《府志》，即乾隆《淮安府志》，知府衛哲治修。

口」「田賦」之先，用昭敬恪。至前代振恤，則附「祥異」，入於「雜類」，以年遠而澤已竭也。丁漕、徵解數目，俱遵《部頒賦役全書》彙入。至場灶之徵，舊《志》與《鹽法志》所載不同。而新修《鹽法志》去歲雖已刊成，今復奉部駁正其書，究未之覯也，今據《兩場移縣檔案》彙登。「倉儲」舊隸「公署」，今移「食貨」。「物產」，提挈宏綱，指陳利病，不復分類臚舉，致同《埤翼》、《爾雅》之書。

一、書院、試院、義學繫於《學校志》所同也。州、縣《志》於「學校」一門每詳載祀聖典失之太繁，鹽邑舊《志》又失之太略。今於先賢先儒何代何年從祀，備載無遺。至釋奠之祭器、祭品、樂器、樂章，有《通禮》與《會典》在，姑從闕如。尊經閣存儲書籍，雖已朽蠹無餘，今仍載之於《志》，以示不去餼羊之義。

一、舊《志》「兵防」，今名「武備」，附以「郵遞」，與《會典》「驛傳」隸於「兵部」、《欽定皇輿西域圖志》「臺站」附於「兵防」例同。額設軍器，舊《志》弗錄，今依本營錄，送尺籍一一備登。至歷代之戰爭、伏莽之竊發，亦軍伍有無與卒乘彊弱所由見也，《山陽志》謂「無關營制，止與災變同科」，究非篤論，今仍程《志》之例，彙附卷末，用備參觀。

一、《興化志》「職官」門於所轄丁溪、草堰各場大、副兩使不錄一人，與《鹽法志》不載守、令義同。康熙、乾隆、光緒，各《府志》皆同此例。今於鹺尹，仍不敢列入「職官」。程《志》「職官」「名宦」分為兩門，不若楊《志》「名宦」統於「列官」。程《志》「名宦」之目有三：曰循吏、曰師儒、曰戎臣，沈《志》仍其二，而易「戎臣」為「良將」。今統稱「名宦」，不復區分，微論文武皆以遺愛在民為斷。

一、「選舉」一門，「徵辟」最古，故列「科貢」之前。科貢，文武並錄。副榜、壽榜列入「鄉科」，注於下以別之。拔貢、優貢注明科分，府學貢、恩貢亦於名下注明。其不注何貢，皆縣學歲貢也。舊《志》戚畹一人併入「武勳」，佐雜一塗改歸「貢監」。封贈、鄉賓皆以舊《志》為斷，無所附益，此丁晏《山陽志》之例也。至耆年、冠帶，實繁有徒，舊《志》載之實為泛濫，且附於「選舉」亦為不倫。今概刊削，其有年及百歲者則錄之「雜類」，存其名焉。

一、志乘區別人物，本非古例，且舉此失彼，統貫為難。如成寧可，「文苑」也，楊《志》寧可列「名賢」，程《志》、沈《志》列「文苑」。而《河南通志》則紀其仕跡。王翼武，「文苑」也，而《江南通志》則列入「隱逸」。乾隆《府志》同。

王之楨、宋曹，「隱逸」也，而皆以文苑著稱。程《志》孫一致入「文苑」，沈《志》則移「仕跡」；沈《志》陳斗南入「仕跡」，楊《志》則列「孝子」，究厥位置，鈞為疏漏。尤可議者，楊《志》臧洪稱烈士，臧旻稱名賢，子且列於父前；沈《志》夏雷入「仕跡」，夏能入「義行」，父轉敘於子後，名義乖迕，莫此為甚。今遵光緒《府志》及山陽、清河、安東各《縣志》之例〔註4〕，不立品目，唯以時代先後為次。前代志之存者，常璩《華陽國志》為最古，即此例也。其有事蹟無多，舊《志》僅落落數言，分敘似嫌散漫。今放各史合傳之例，體格稍為峻整，《名宦傳》亦沿此例。

一、彰善樹聲，志乘要義。程、沈兩《志》於明季抗節之士多諱而不載，或載而不詳，不知本朝闡明風教，培植彝倫，前代遺忠概邀謚恤，亦復何疑何忌而不大書特書！今於何文郁、司石磐、繆鼎吉、繆鼎言等皆援據他書立傳，亦有勝國諸生運際陽九屏棄，子衿逃名厲節，今並輯錄，以免湮淪，為立懦廉頑之一助。至厲豫之起兵，官書裨史所傳異詞，權入「雜類」，以待後之君子論定焉。又歐陽澈，雖忠義之士，然與吾鹽無涉，楊、沈兩《志》襲繆沿訛，今從程《志》及光緒《府志》削之。志乘家撏扯攀附，陋習庶乎可免。

一、志乘，雖一邑之書，而上備國史之採，下為風教所關，不容以己意稍為軒輊。苟筆削弗洽輿情，即棗梨可投烈炬。佛助曲筆，沒世叢詬，清議嚴於鑒觀，其可私乎？是編但判淑慝，不論崇庳。洪水三年，伏闕言狀，徐瑞雖細氓，其功不可沒也。督師兩廣，戮降冒功，顏彪雖閫帥，厥罪不可掩也。今於「人物」補立瑞傳，彪傳則依《明史》各書改輯，功罪並書，用彰直筆。臧旻、卞整等傳並同此例。

一、黃浦尚傳《耆舊》〔註5〕，山陽亦有《志遺》〔註6〕，獨吾鹽文獻紀載闕如。雖《府志》賡修未逾一紀，而鹽、阜諸縣匪其所詳。今錄乾隆以前人物，皆本府、縣舊《志》，或綴輯史集而為之傳，不敢造作一字。唯乾嘉以後人物，半憑《採訪新冊》，間有過而存之者，然詳略差有權衡，不敢虛詞溢

〔註4〕光緒《府志》，即光緒《淮安府志》，知府孫雲錦所修，完成於光緒九年（1883）。

〔註5〕《耆舊》即《黃浦耆舊錄》。據光緒《阜寧縣志·古蹟·名勝》記載，「雍正間新設阜寧縣，而《縉紳錄》冠之曰黃浦，於古無所據，幾與滬上之春申浦、山陽之南溪河相淆混。或謂以黃駙馬琛得名。第黃駙馬食邑僅馬邏一鄉，與合境無預也。邑人顧應咸謂，自黃河奪淮，淤沙遠漲，然後立縣。安東古名淮浦，則阜寧應為黃浦，庶幾近之。」此處「黃浦」指阜寧，清代乙酉年貢生阜寧人項桂春著有《黃浦耆舊錄》。

〔註6〕《志遺》即《山陽志遺》，清人吳玉搢撰寫，共四卷。

美，且所錄皆在論定之後，其生存時彥，德業所臻，未可逆量，不敢遽登。唯被旌孝子不敢復拘此例，無論存歿概依彙奏成案，具列姓名，簡其殊尤，為之立傳。

一、書、賦入傳，肇於龍門，班、范以來並仍。此例良由不朽，兼資德言，非藉多文，以炫繁富。舊《志》「人物」但記懿行，不採徽言，諤諤奏議亦擯而弗錄。今廣為裒輯，簡其淵懿，編入本傳，用資觀感。

一、舊《志》「列女」一門所錄節婦較烈婦、孝婦為多，已不免事同詞複，積百數十年增益不止倍蓰。欲踵舊《志》之各立小傳，則苦其太繁；欲放光緒《府志》之止存姓氏，則失之過略。今擇其艱苦卓絕者為立傳，余依邑人所刊《貞孝節烈錄》，存其姓氏以旌，年先後為次，其有行義、年已合而未及達於黼座者亦附焉。至列女統於「人物」實導源於《華陽國志》，而《江南通志》又其後也。題引彥媛並及與道將《士女總贊》例同。

一、先正撰著篇目無多，「藝文」一門勢難，則古今雖未能如《山陽志》之僅錄書目符於《班書》，亦不至如《阜寧志》之濫載詩文漫無限制。書目存佚並輯，以俟老屋、大航之出。詩文博搜約取，多抄撮舊《志》所未錄者，然皆出於鄉先生之手，至外邑人士之詩文，無論舊《志》已載、未載，皆放范成大《吳郡志》之例，以類相從，散附於各條之下。但舊《志》「藝文」今有採入「名宦」「人物」兩《志》者，如僅節取數言，仍依舊《志》錄入；如已菁華盡擷，即削之，以免歧複。

一、韓邦靖《朝邑縣志》七卷，末曰「雜記」；張鳴鳳《桂故》八卷，末曰「雜誌」，此例昉於宋朱長文《吳郡圖經續記》之有「雜錄」。今仍其例，綴以「雜類」，所以補各篇所未載，羅散佚之舊聞也，況災祲疏密，歲事豐凶，雖一邑之忻戚，關一代之盛衰，鑒戒所垂，不容漏略。沈《志》「寺觀」與「壇廟」並列，程《志》則抑「寺觀」入「雜誌」，今仍程《志》之例，微示屏黜二氏之意。舊《志》「仙釋」，今與「方技」並列「雜流」，其有不可入「選舉」「人物」及「職官」等《志》者，皆為附入，亦猶楊《志》之有「雜傳」也。舊《志》軼事，今名拾遺攟殘掇碎，增益良多，然詳遠略近，仍不違全書本恉。其有成書之後獲之他書而不可補入各卷者，亦依附綴焉。

鑒定

二品頂戴淮揚海兵備道謝元福

鹽運使銜二品頂戴淮安府知府張球

監修

同知銜鹽城縣知縣劉崇照

議修

前署鹽城縣知縣藍采錦
前署鹽城縣知縣於培澍
前署鹽城縣知縣依勒通阿
前署鹽城縣知縣王敬修
前署鹽城縣知縣祥安
前任鹽城縣知縣方道濟
前署鹽城縣知縣陳玉斌

總纂

前戶部主事龍繼棟
舉人陳玉澍

分纂

舉人萬人傑
廩生李詳
試用訓導沈曹元
附貢生張廷恩
試用訓導陶鴻恩

參訂

候選同知陶景龍
候選直隸州州判蕭向榮
增貢生裔丹
刑部候補主事金從新
候選訓導張覲恩

收掌

拔貢生沈先志
廩貢生徐彥鋆
舉人陶鴻慶
廩生高鏡蓉

拔貢生金谷元
舉人姜書欽
增生宋文燦

分校

候選訓導薛銘恩
廩貢生李樹滋
廩生陳玉冠
候選教諭陶鴻志
附生呂達材
附生崔康成
候選訓導張肇熙
廩生夏雨人

採訪

舉人曹昕
舉人邵澄瀾
附貢生周沚
舉人周垚
附貢生金汝霖
舉人邵暄
舉人周繹山
廩貢生陶鴻緒
候選訓導江山助
副貢生陳發賢
恩貢凌舉賢
舉人邵凌霄
廩貢生曹岑
廩貢生張彝壽
歲貢生梁汝恭
歲貢生吳兆文
歲貢生盧曉山
廩貢生陶鴻吉

廩貢生吳藎臣
候選訓導宋永謙
歲貢生馬為瑄
舉人蕭翰臣
附生陳根桐
廩貢生邵臨孚
副貢生張乙東
附貢生姜森
附貢生曹煦
附貢生王利賓
附生沈孔章
候選教諭王錫恩
廩生劉鐸
附貢生嚴以純
廩貢生張兆鵬
增生李棨
增生滕彥魁
附生楊同寅

謄錄

附生阮長濬
儒生顏桂馨
儒生徐子常
儒生姚繩祖
附生陳玉昆

目錄

形勢
城池
公署
街巷
莊鎮
都圖

卷二　輿地志下

岡阜
津梁
壇廟
古蹟
邱墓
坊表
風俗

卷三　河渠志

湖海支河
堤堰閘䃮

卷四　食貨志

蠲振
戶口
田賦
倉儲
物產
鹽法

卷五　學校志

學宮
經籍
學額
學田
書院

詩
書目

卷十七　雜類志

祥異
雜流
寺觀
善堂
拾遺

鹽城縣志·卷首·圖〔註 1〕

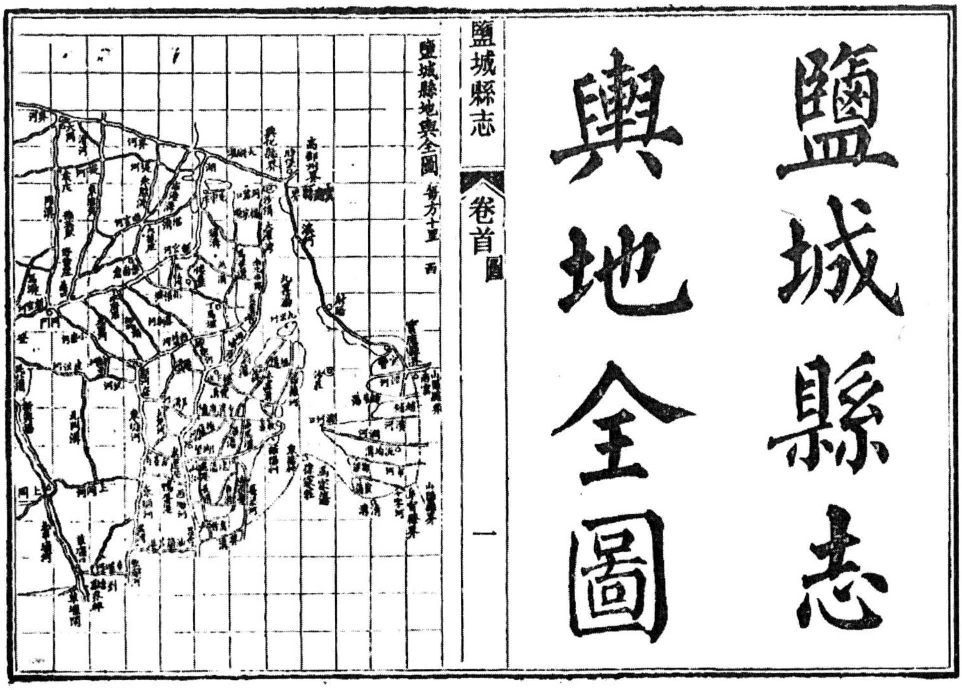

〔註 1〕目錄為「輿圖」。

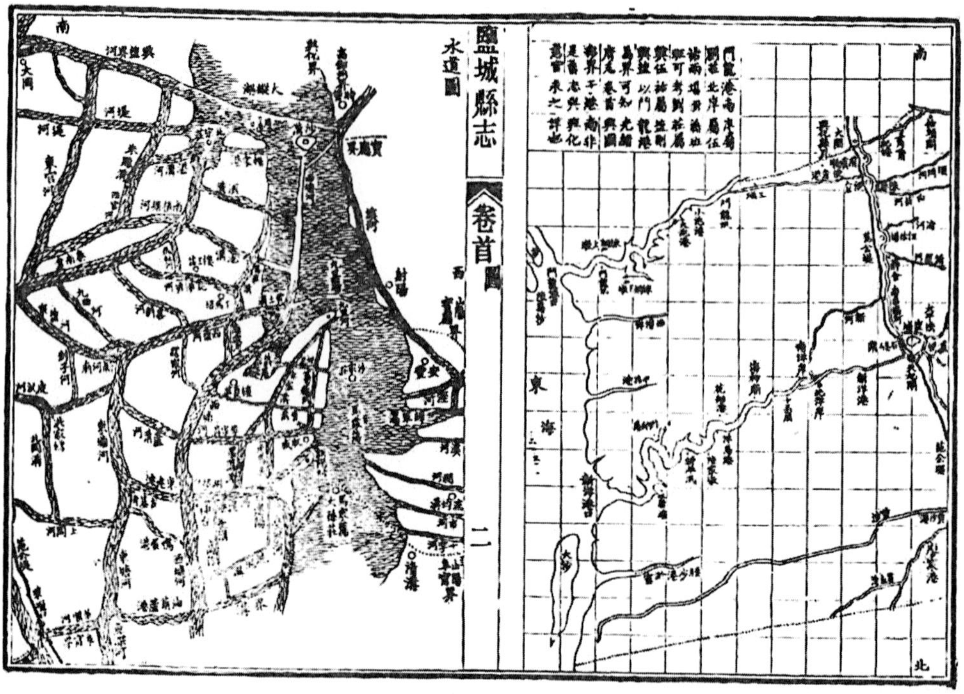
鹽城縣志
卷首圖
二
水道圖
南
西
東海
北

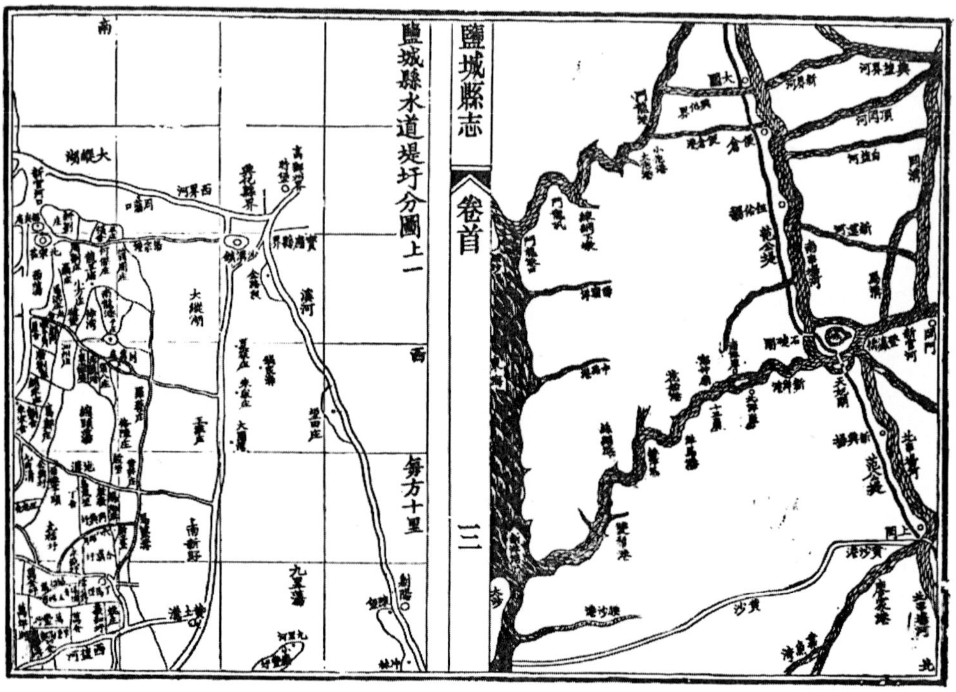
鹽城縣水道堤圩分圖上一
每方十里
南
西
鹽城縣志
卷首
三
北

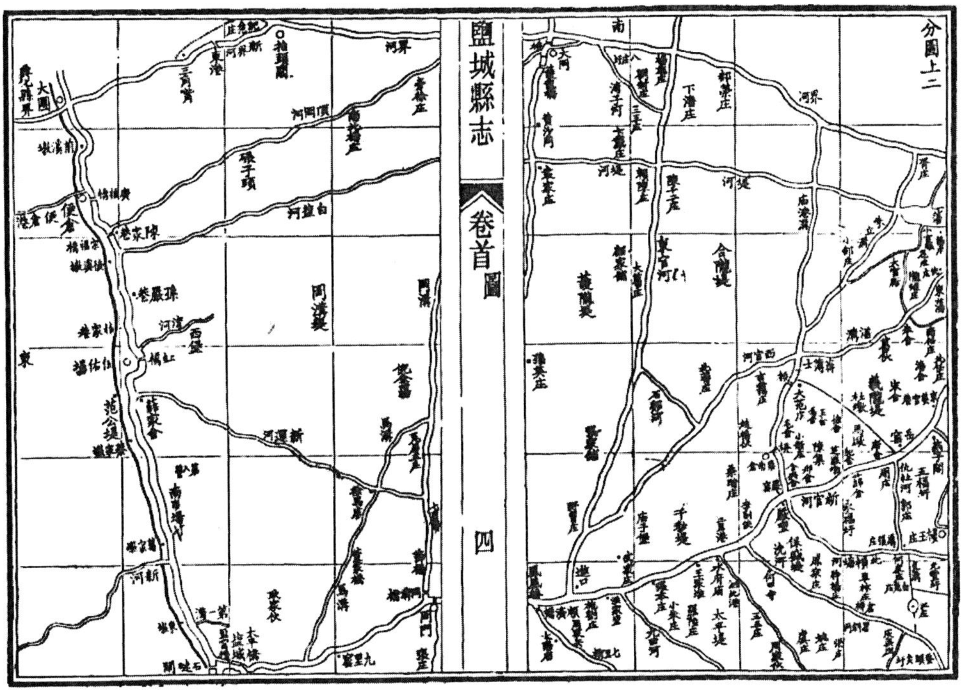
分圖上二
鹽城縣志
卷首圖
四

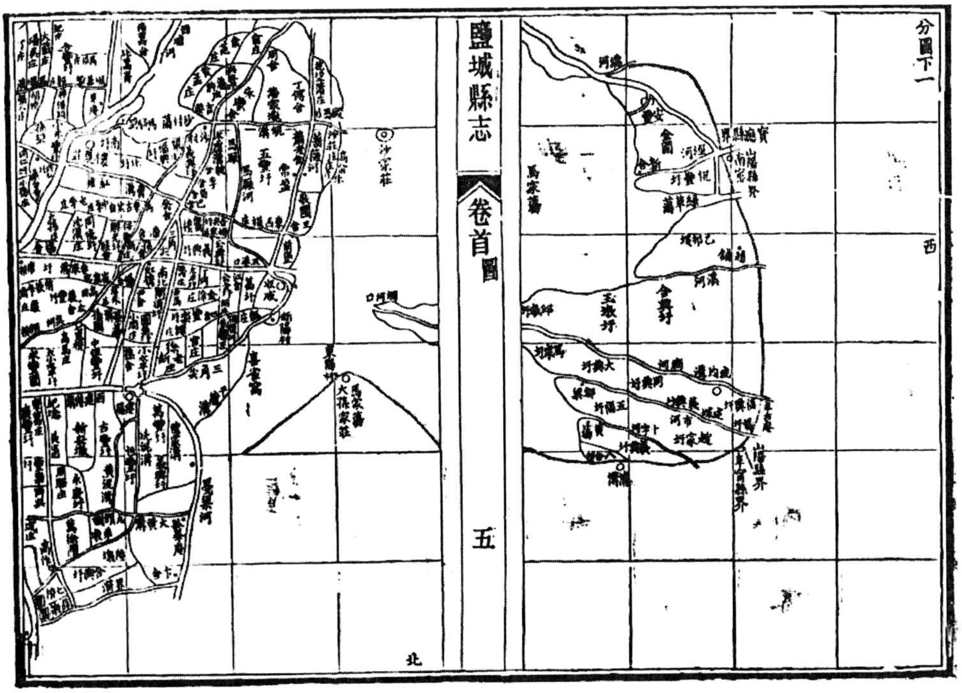
分圖下一
鹽城縣志
卷首圖
五

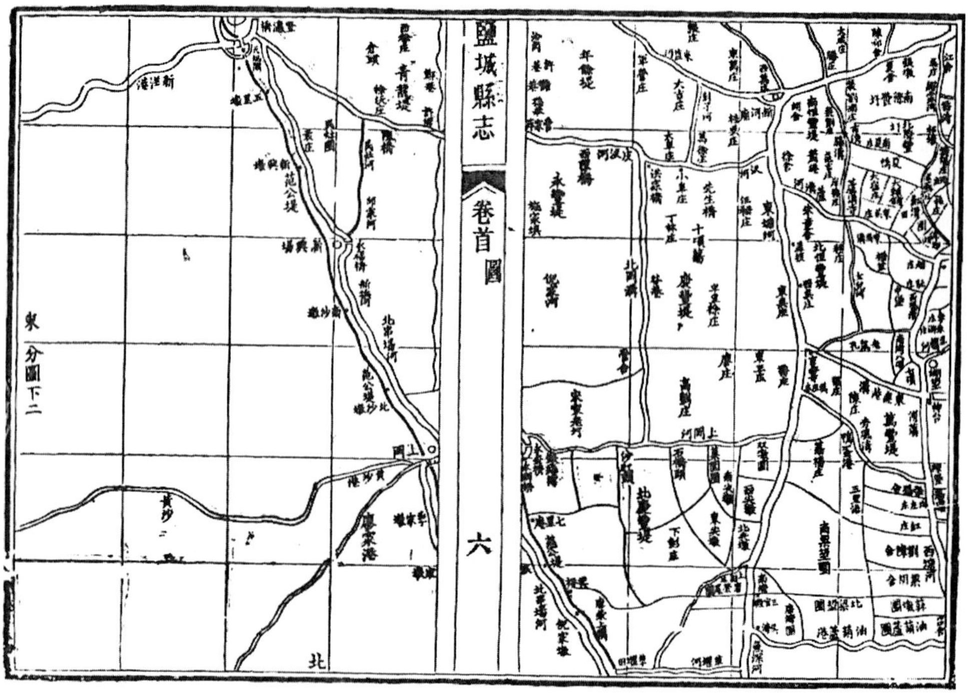
鹽城縣志
卷首圖
六
東分圖下二
北

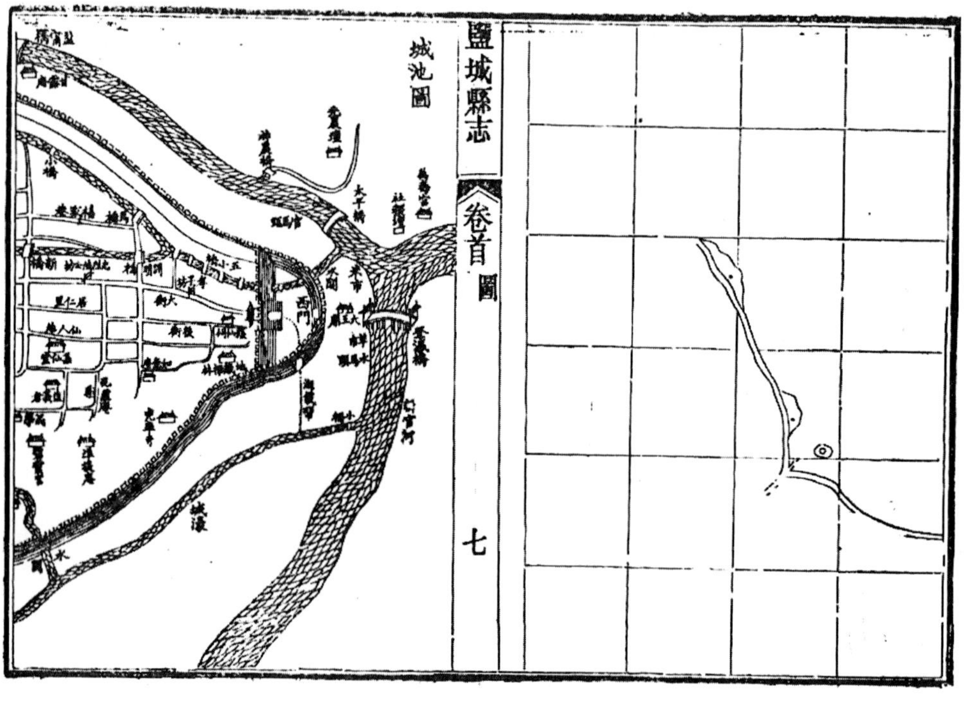
鹽城縣志
卷首圖
七
城池圖

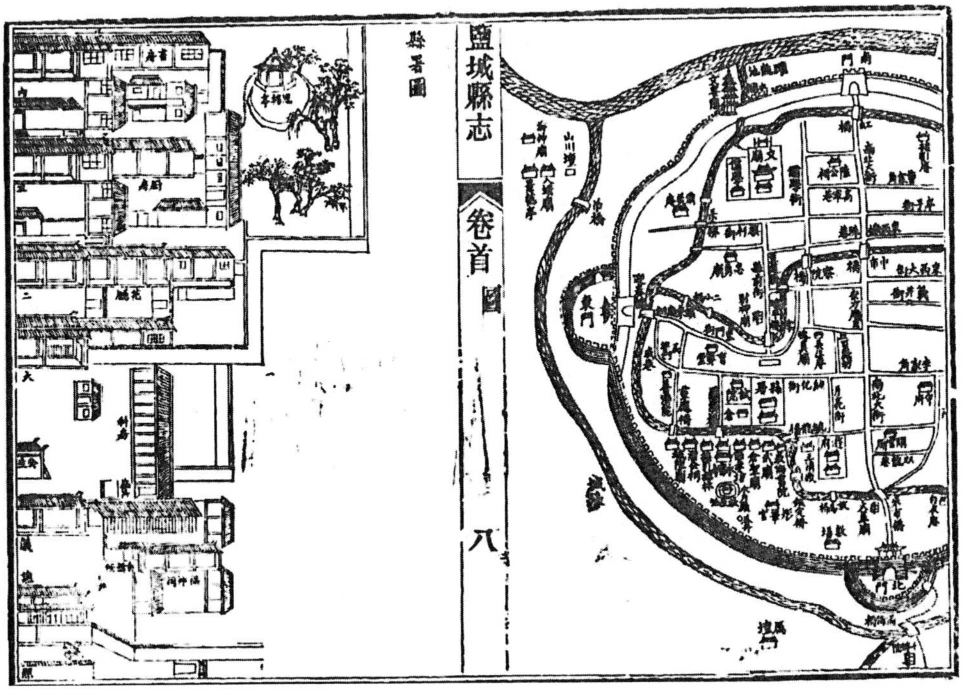
縣署圖
鹽城縣志
卷首 圖
八
南門
東門
北門

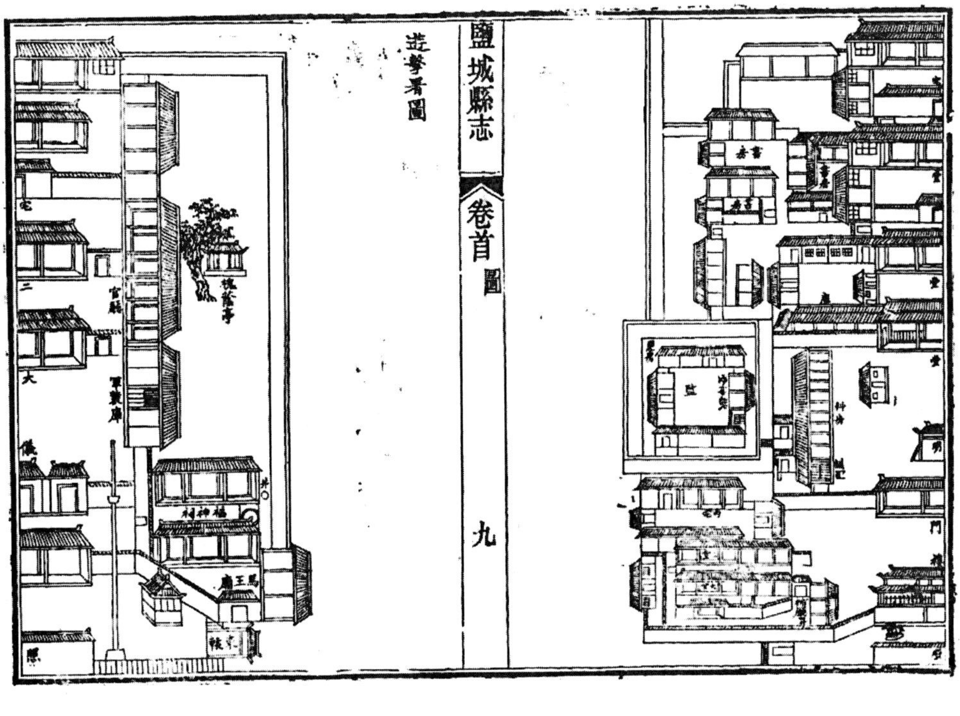
遊擊署圖
鹽城縣志
卷首 圖
九
福神祠
馬王廟
軍裝庫
官廳

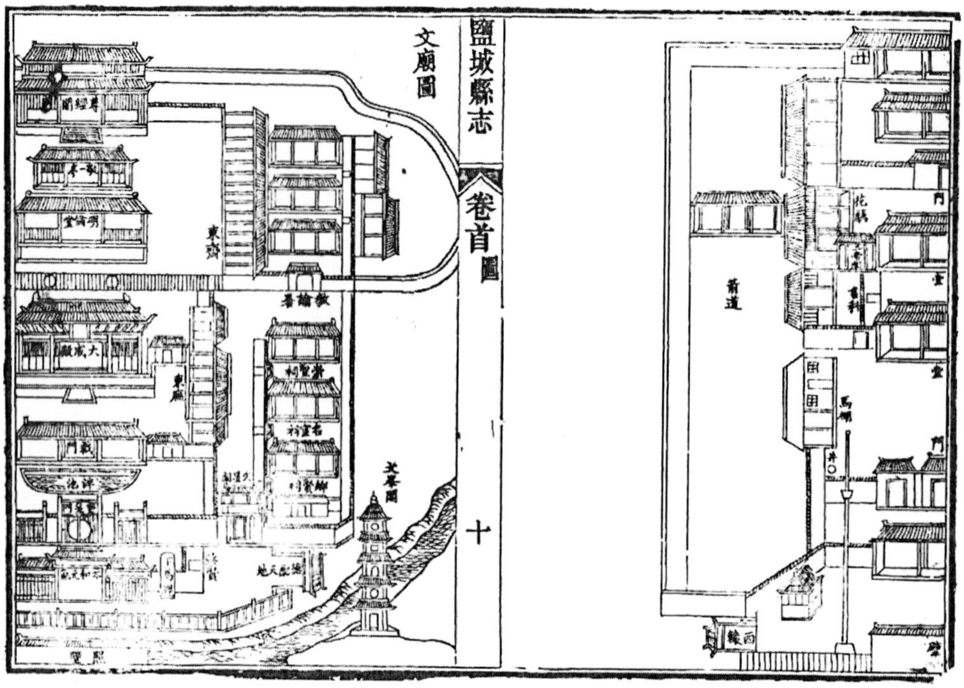
鹽城縣志
卷首圖
十
文廟圖
東齋
大成殿
東廡
西齋

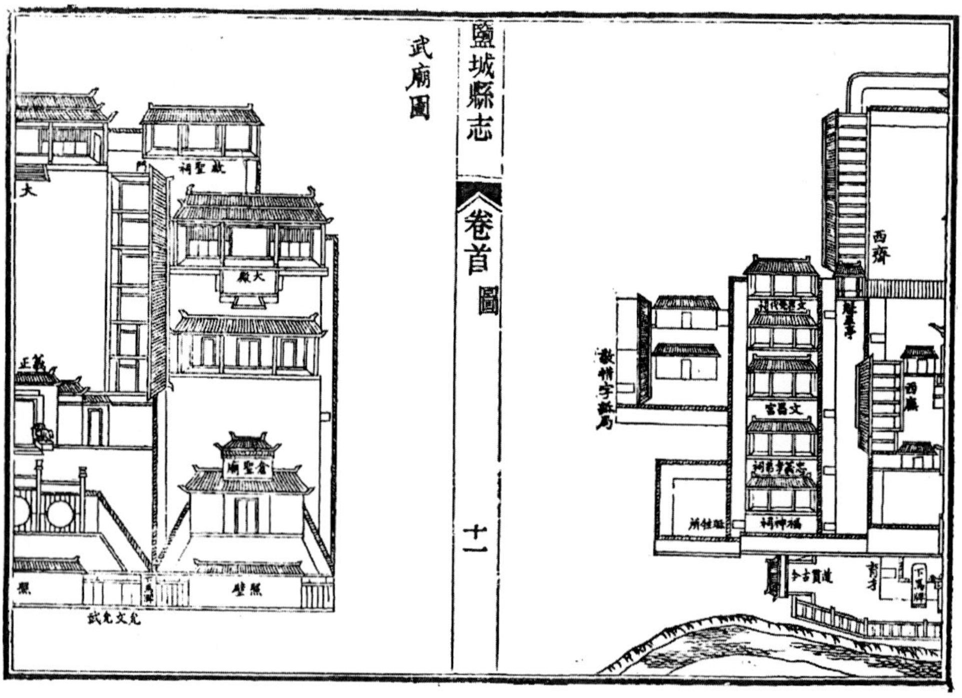
鹽城縣志
卷首圖
十一
武廟圖
大殿
西齋
西廡
文昌宮

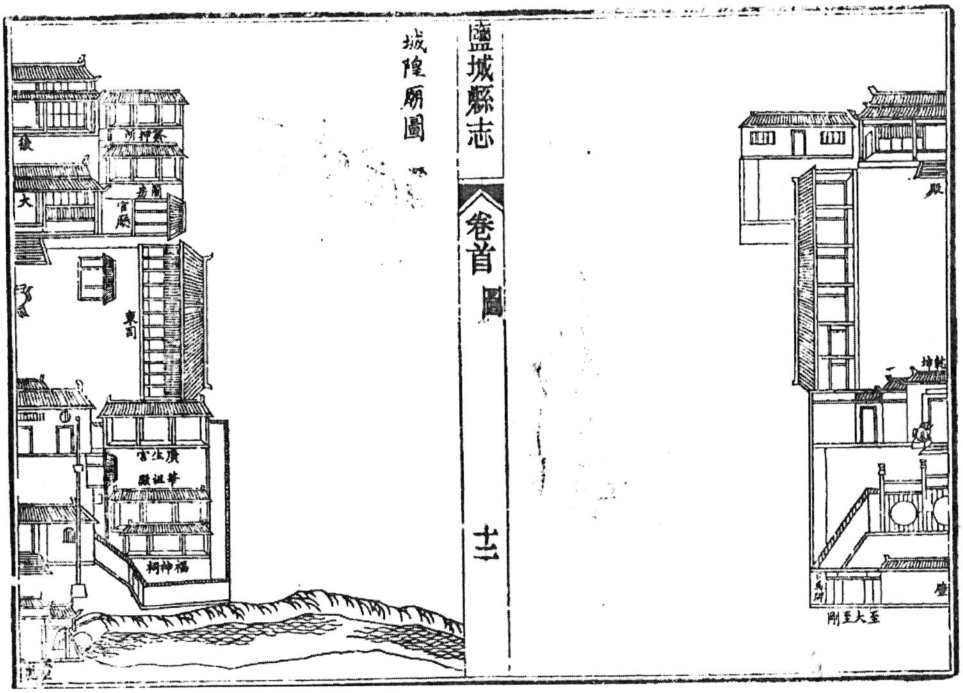
城隍廟圖
鹽城縣志
卷首　圖
十二
東司
福神祠

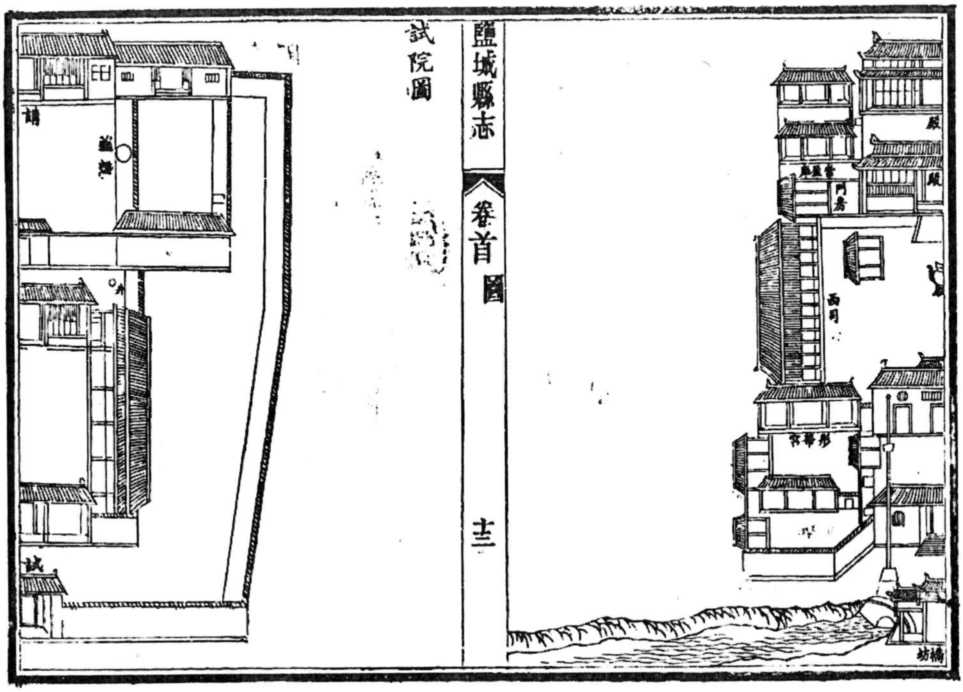
試院圖
鹽城縣志
卷首　圖
十三
西司

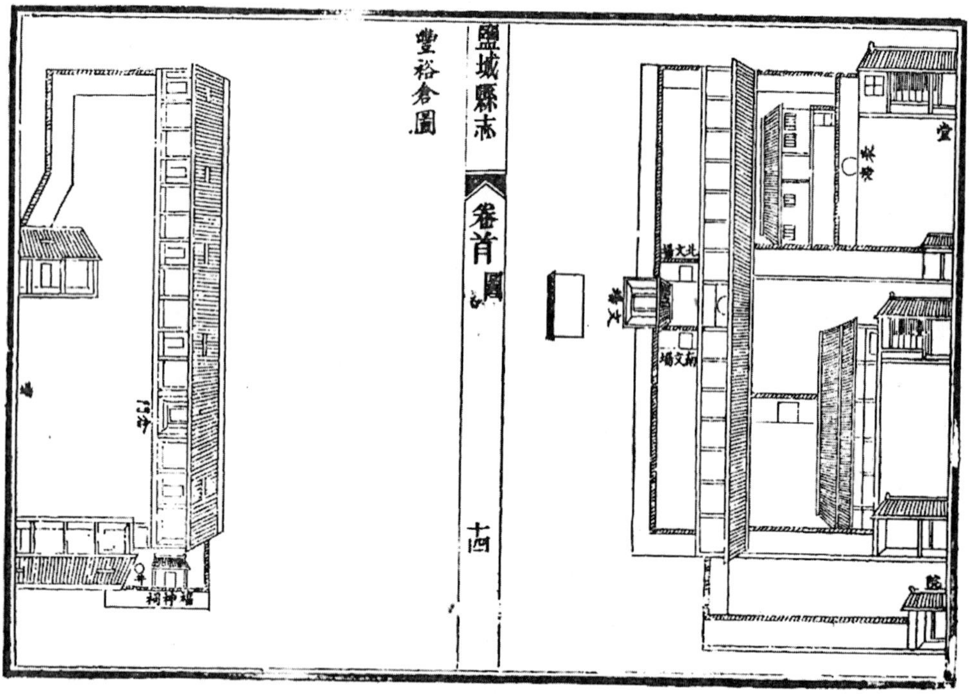
豐裕倉圖
鹽城縣志
卷首圖
十四

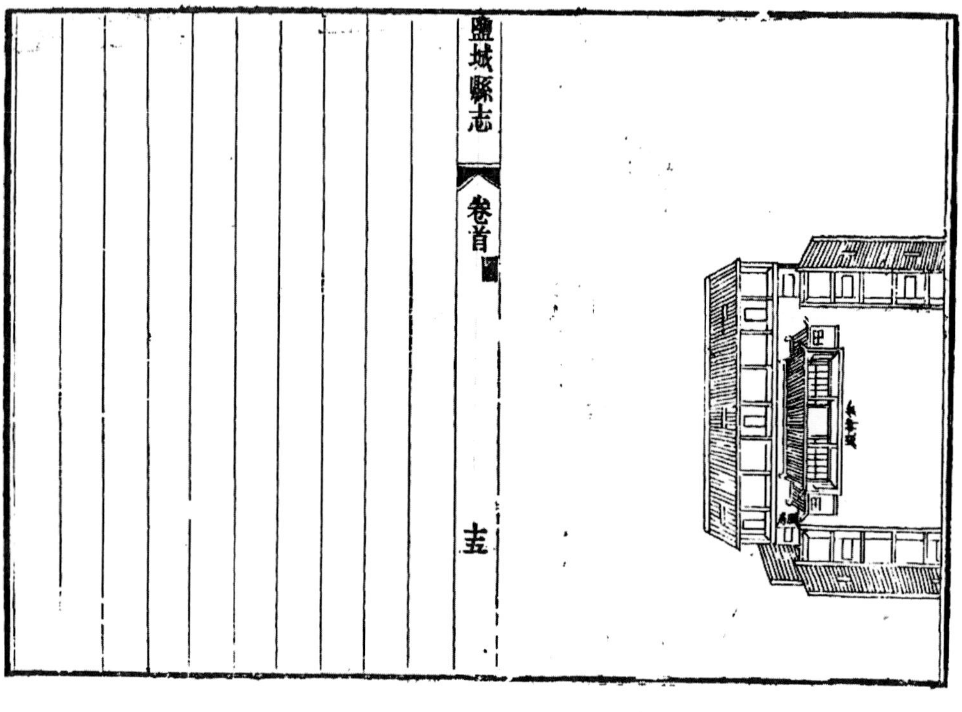
鹽城縣志
卷首圖
十五

鹽城縣志·卷一·輿地志上

鹽以府海，瀆以溉田。置邑奧區，商農嗔嗔。首裦建置，古史博延。終陳土風，還醇迺鮮。作輿地志第一〔註 1〕。

建置沿革考

鹽城為《禹貢》揚州之北境，《書·禹貢》：「淮海惟揚州。」孔《傳》：「北據淮，南距海，淮水入海。」故道，即今阜寧縣北之涸黃河。鹽城在淮南，故為揚州北境。胡渭《禹貢錐指》云：「淮安府則山陽、鹽城二縣地，古揚州域也。」殷為徐州之南境，《爾雅·釋地》：「江南曰揚州。」郝氏《義疏》云：「《禹貢》言『淮海惟揚州』，《爾雅》變淮言江者，明揚、徐二州以江為界，江南為揚州，則知江北為徐州矣。」又邵晉涵《爾雅正義》暨《禹貢錐指》皆云：「殷割淮南江北之地，以益徐。」鹽城在江北，故知為徐州南境。《爾雅》：「九州島為殷制。」李巡、孫炎、郭璞說並同。周為《職方》青州之域，《逸周書·職方》：「正東曰青州，其川淮泗。」朱亮曾《集訓校釋》曰〔註 2〕：「此青州當夏殷之徐州。」按：殷之徐州以江為界，周並徐入青，則青州亦逾淮南及於江矣。今淮安府山陽、鹽城、阜寧三縣及揚州各屬皆《職方》青州之域，而各志書皆誤云「屬《職方》揚州」。唯近人王錫元《盱眙縣志稿》及殷自芳《阜寧志》云「屬青州」，不誤。而皆為淮夷地。《禹貢》：「淮夷蠙珠泉魚。」是為虞夏之淮夷。《後漢·東夷傳》：「殷武乙衰敝，東夷浸盛，遂分遷。淮岱漸居東土。」是為殷之淮夷。《〈書〉序》曰：「成王東伐淮夷。」《〈詩〉序》曰：「命召公平淮夷。」是為周之淮夷。

〔註 1〕原書卷一、卷三、卷十五、卷十七中此處為「弟」，餘下各卷皆為「第」，統為「第」。

〔註 2〕清代歷史學家朱右曾「採各家之說，考定正文，正其訓詁，存是刪違，申以己意，成《逸周書集訓校釋》十卷」。朱右曾，字尊魯，又字述之、亮甫。此處「朱亮曾」有誤。

胡承珙《毛詩後箋》引陳氏埴曰：「淮夷之地不一，徐州有夷在淮北，揚州有夷則在淮南。」乾隆《府志·兵戎》曰：「清河、桃源、安東三縣，古徐州之城，淮北之夷也。山陽、阜寧、鹽城三縣，古揚州之域，淮南之夷也。」蔣廷錫《尚書地理今譯》曰：「淮夷，淮南北近海之夷。」今淮安、揚州二府，近海之地皆是。朱右曾《詩地理徵》暨《禹貢錐指》說並同。顧棟高《春秋大事表》謂「淮夷在山陽、安東二縣之間」，語未確。至春秋昭定時，吳日強大，滅淮夷而有其地。陳氏奐《毛詩傳疏》曰：「至魯昭公十三年，楚靈王會於申徐子，淮夷並書於經後，即尋為吳滅。」吳亡，地屬越。越滅，地屬楚。《元和郡縣志》：「楚州淮陰郡，春秋時地屬吳越，戰國地屬楚。」秦為射陽縣地，《漢書·高惠高后孝文功臣表》：「射陽侯劉纏，六年正月丙午封。」按：淮南初為西楚地，高帝五年十二月滅楚，即以其地封韓信為楚王。六年冬十二月，信被執，國除，地始入漢。正月，射陽已置侯國，非高帝所置縣甚明。射陽決為秦縣，《乾隆府廳州縣志》〔註 3〕、顧祖禹《讀史方輿紀要》謂為漢縣，止據《漢書·地理志》，未旁考《功臣表》耳。丁晏《山陽志》謂「漢武帝元狩六年，置射陽縣」，尤誤。射陽故城北，在今縣西九十里之射陽村，詳見卷二《古蹟》。屬泗水郡。舊《志》云「秦屬九江郡」，語本《通典》及《寰宇記》諸書，淮揚府縣各志並同此說。考《晉書·地理志》，秦泗水、薛、琅琊三郡，楚漢之間分置東陽郡，武帝分沛、東陽，置臨淮郡。《漢志》：「沛郡，故秦泗水郡，高帝更名。鹽瀆」〔註 4〕。射陽屬臨淮郡，據此知楚漢之際無臨淮郡，當屬東陽。秦時未有東陽郡，當屬泗水。劉寶楠《寶應圖經》謂「射陽不離沛與東陽二郡，沛與東陽皆秦泗水，不得南及九江」，其說是也。西楚屬東陽郡。楚東陽郡，文穎言「在下邳」，《水經注·淮水篇》謂「在廣陵」，《寶應圖經》謂「東陽郡治東陽縣，在寶應境內」，《方輿紀要》謂「治淮陰」，揚州府阿《志》從《方輿紀要》〔註 5〕。今按：《漢書·高帝紀》：「以故東陽郡、鄣郡、吳郡五十三縣，立劉賈為荊王。」《荊燕吳傳》云賈「王淮東」，蓋江北淮東之地皆楚東陽郡也。劉文淇《楚漢疆域志》：「楚東陽郡下有射陽、鹽瀆二縣。」其時有鹽瀆與否，史無明證。漢高帝六年正月，封劉纏為射陽侯。《史記·高帝功臣表》作「項纏」。《索隱》曰：「屬臨淮，一作貫。」孝惠三年，纏薨，嗣子睢有罪，不得代，國除。《史》、《漢》「功臣表」略同〔註 6〕。武帝元狩六年，置臨淮郡，領縣二十九，鹽瀆、射陽，《漢書·地理志》。按：《地理志》但云鹽瀆「有鐵官」，不言何年置縣。考《食貨志》，大將軍票騎大出擊胡之歲，「郡不出鐵者，置小鐵官，使屬在所縣。使孔僅、東郭咸陽乘傳舉行天下鹽鐵，作官府。」

〔註 3〕即《乾隆府廳州縣圖志》。

〔註 4〕據《漢書·地理志八上》，「故秦泗水郡，高帝更名」應是「沛郡」的注文，徑改。

〔註 5〕揚州府阿《志》，指清人阿克當阿的《揚州府志》。

〔註 6〕即《史記》、《漢書》中的《功臣表》。

以《武帝紀》及各列傳考之，蓋元狩四年也，後此無置鐵官之事。鹽瀆既有鐵官，則置縣必違，在元狩四年以前。其二也。而廣陵王胥亦元狩六年封。《漢書·武五子傳》。觀於宣帝時，廣陵王相勝之奏奪王射陂草田賦貧民。同上。張晏曰：「射，水之陂也，在射陽縣。」是宣帝時其地仍屬廣陵國，其改屬臨淮郡必在奏奪射陂之後矣。而廣陵未建國之先，其地屬荊國，屬吳國，屬江都國，屬廣陵郡，皆可知也。全祖望《漢書地理志稽疑》於「臨淮郡」下云：「故屬東陽郡，楚漢之際屬楚國，高帝五年屬漢，仍屬楚國，六年屬荊國，十二年屬吳國，景帝四年屬江都國，武帝元狩二年屬廣陵郡，六年分置臨淮郡，仍屬廣陵國。」射陽為今鹽城西境，鹽瀆為今鹽城本境，是為立縣之始。馬端臨《文獻通考·輿地門》誤為唐縣。東漢鹽瀆、射陽並屬徐州刺史部廣陵郡。司馬彪《續漢書·郡國志》。按：尹會一《揚州府志》：「建武初廣陵為侯國，十八年改廣陵郡，統十一縣：廣陵、江都、高郵、平安、淩、東陽、射陽、鹽瀆、輿、堂邑、海西。」是建武初仍屬臨淮郡，改屬廣陵郡。「十八年」，據汪中《廣陵通典》，當在順帝永和三年，《郡國志》未有明文。獻帝建安中，射陽縣為廣陵郡治。見卷八《名宦·陳登傳》。三國時與鹽瀆縣俱廢，《宋書·州郡志》於鹽瀆、射陽並立，云「三國時縣廢」。考《三國志·魏蔣濟傳》，太祖欲徙淮南民，江淮間十餘萬眾皆驚走吳。《孫權傳》：「曹公恐江瀕郡縣為權所略，徵令內徙，民轉相驚，九江、蘄春、廣陵戶十餘萬皆東渡江〔註7〕。」縣廢當在此時。魏郭淮、周濬封射陽侯，皆虛封無實土，然可為其地屬魏之一證。沈《志》不言縣廢，誤。其地屬魏之徐州廣陵郡。沈《志》云「屬魏，隸揚州」。考魏，揚州初治合肥，後移治壽春，領郡三：淮南、廬江、安豐，與今淮、揚二府無涉，且州領郡，郡領縣，不應捨郡專言州。《〈資治通鑒〉胡注》：「魏，徐州統彭城、下邳、東海、琅琊、廣陵、臨淮。」洪亮吉《三國疆域志》以「射陽、鹽瀆等縣屬魏廣陵郡」是也。又按：《〈左傳·桓公八年〉正義》引杜預《春秋釋例》云「淮水至廣陵縣入海」。元凱正，魏晉間人。淮水入海之地屬廣陵縣，則淮以南之射陽、鹽瀆諸縣併入廣陵縣，不待言矣。《宋書》言廣陵「三國時縣廢」，似有誤，否則《〈左傳〉疏》所引「縣」字係衍文，如范本禮《吳疆域圖說》所言，亦未可定也。晉武帝太康元年，復立射陽縣。二年，復立鹽瀆縣，《宋書·州郡志》。並屬徐州廣陵郡。《晉書·地理志》。郡初治淮陰，後治射陽。安帝更鹽瀆名鹽城。義熙七年，置山陽郡，治山陽縣，山陽係射陽境內地名，《宋書·州郡志》。其時射陽猶在也。高延第《淮安府志》。宋以鹽城令屬南兗州山陽太守，射陽令屬南徐州臨淮太守，《宋書·州郡志》。射陽係僑置江南，故射陽縣遂廢。《方輿紀要》。劉文淇《揚州水道記》：「自義熙立山陽郡，漢射陽故縣遂廢。」

〔註7〕據《三國志·吳志二·孫權傳》，「瀕」或為「濱」，「徙」或為「移」，「九江」前或脫「廬江」。

謂「射陽廢於義熙之世」說，非是。尹氏《揚州府志》謂「宋時射陽縣省」，其說是也。齊梁並仍宋制，屬山陽郡。《南齊書・州郡志》:「南兗州山陽郡，領縣四：東城、山陽、鹽城、左鄉。」《梁書》無地志。然《隋書》但言後齊置射陽郡，不言梁有更置，是梁因齊制。光緒《府志》及汪士鐸《南北史補志》於梁代仍以山陽、鹽城屬山陽郡，《方輿紀要》云「劉宋屬山陽郡，齊梁因之」是也。沈《志》於宋、梁兩代不言屬何州郡，於齊言置射陽郡，均誤。武帝太清三年，東魏取梁青州及山陽郡，盡有淮南之地。明年，東魏亡，齊代。《通鑒輯覽》。齊於鹽城置射陽郡。《隋書・地理志》、《圖書集成・職方典》第七百四十二卷、于成龍《江南通志》皆云北齊「立懷恩縣」。考《隋書・地理志》,「山陽」有後魏淮陰郡，東魏立淮州，後齊並魯、富陵，立懷恩縣，是懷恩在今山陽、清河二縣，與鹽城無涉。沈《志》不敘東魏、北齊梁之後，即繼以陳，誤甚。陳改鹽城郡。《隋書・地理志》。按：《陳書・徐度傳》：太建五年，徐敬成隨吳明徹「北伐克淮陰、山陽、鹽城三郡」,《隋志》言陳改鹽城郡，當在此時。克郡時，尚稱射陽。言克鹽城者，史官追敘之詞。程《志》疑鹽城郡亦後齊所改，非也。《南北史補志》「魏山陽郡、左鄉」下注云「齊分置射陽郡，陳改鹽城」。考，射陽郡立於鹽城，與左鄉無涉，其說與《隋志》不合，《魏書・地形志》亦無此說。太建十一年，周行軍元帥童孝寬侵陳，江北之地盡沒於周。《通鑒輯覽》。周仍稱鹽城郡。《方輿紀要》云：「陳改鹽城郡，後周因之。」沈《志》不敘後周，陳之後即繼以隋，非是。隋初郡廢為鹽城縣，屬楚州。大業初屬江都郡。《方輿紀要》。按：《隋志》但言開皇初郡廢，不言屬楚州。然江都郡置於大業初，開皇初未有江都郡，《方輿紀要》所言是也。隋末盜韋徹據其地，置射州及射陽、安樂、新安三縣。武德四年，徹歸唐。七年，州廢，省射陽、安樂、新安三縣，置鹽城縣，縣有鹽亭百二十三，屬淮南道楚州淮陰郡。《新唐書・地理志》。按：韋徹所置射陽縣即漢射陽故縣，見《方輿紀要》。又《元和郡縣補志》云：「鹽城有洲百六十里，在海中，洲上有鹽亭百二十三，歲煮鹽四十五萬石。」唐末地為吳王楊行密所據，仍屬楚州。《十國春秋地理表》:「鹽城，吳屬楚州。」南唐屬泰州。陸游《南唐書・烈祖》：昇元元年十一月，升海陵為泰州，割鹽城、泰興、如皋、興化屬焉。馬令《南唐書》同。周世宗顯德四年十二月伐唐取揚州，復襲取泰州。《通鑒輯覽》。鹽城地遂為周有，仍屬泰州。《新舊五代史》無「地理志」。考《宋史・荊罕儒傳》，顯德四年，拜泰州刺史，兼領海陵、鹽城二監，是周於鹽城仍屬泰州。又《宋史・地理志》可證也。舊《志》不敘楊吳及周唐之後，即繼以南唐，南唐之後即繼以宋，均誤。宋太平興國二年，以鹽城監還隸楚州。《宋史・地理志》。三年，割鹽城還楚州。《太平寰宇記》。按：樂史，太宗時人，所載當得其實。《宋史・地理志》謂為「開寶七年」,《文獻通考》作「開寶九年」，均非。建炎間，沒於金。紹興元年，隸漣水軍。三年，又來屬。《宋史・地理志》。按：紹興三年，鹽城沒於偽齊，見《宋史・叛臣劉豫傳》。縣有四鄉、九鹽場。見《元豐九域志》。《宋史》亦云「有九鹽場」。紹定元年，楚州改淮安軍。考周密《齊東野語》，紹定四年，北軍悉遁，制府露布聞於朝，乘勝復泰之鹽城。是鹽城於紹定中改屬泰州，不知何年又還隸淮安，史文不備。或云寶慶、紹定間，朝廷以淮亂相仍，不復建閫，命通判張國明權守，視之若羈縻州然。因以屬縣改隸他州，於當日情事亦合。端平元年，又改為淮安府，《宋史・地理志》。縣仍屬焉。沈《志》漏北宋不敘，徑敘南宋，云「紹興三年屬泰州，六年復屬楚州」，鈞誤。元屬淮安路總管府，隸淮東道宣慰司，而上統於河南江北行中書省，《元史・地理志》。沈《志》云：「元屬江北淮東道行省。」考《元志》，行中書省十有一，無江北淮東道行省，且行省亦不得稱道，江北淮東道乃肅政廉訪司也。與淮東道宣慰司皆治揚州，轄揚州、淮安二路與高郵府。又沈《志》云「至元中改淮安軍為總管府」，鈞誤。元末為張士誠所據。明興，縣屬淮安府，直隸南京。《明史・地理志》。鹽城東濱海有鹽場，北有射陽湖，西有清溝，西北有喻口鎮，二巡檢司。至國朝仍屬淮安府，隸江寧布政使司，而上統於江蘇巡撫暨兩江總督。立縣始於西漢，其為大縣小縣不可考。《前漢・百官表》：「萬戶以上為令，萬戶以下為長。」《後漢・百官志》云：「尉大縣二人，小縣一人。」歷唐宋元皆為上縣，《唐書》、《宋史》、《元史》「地理志」於鹽城皆注「上」字〔註 8〕。唐張辭稱鹽城為劇邑，見《太平廣記》引《桂苑叢談》。明代則為下縣，《明史・職官志》：「縣三等：糧十萬石以下為上縣，六萬石以下為中縣，三萬石以下為下縣。」據孫榘《被纓集》，明初鹽城額田八千三百餘頃，後雖增至三萬五千餘頃。至萬曆四十六年，徵糧仍照八千三百起科，其為下縣可知。國朝則為煩難，此古今建置沿革之源委也。

附表

唐	《禹貢》揚州之域，為淮夷地。《禹貢》雖《夏書》，而治水告成在帝堯之世，故九州亦唐制。
虞	《禹貢》揚州之域，為淮夷地。舜時雖十有二州，而揚、徐諸州與《禹貢》同。所增止幽、并、營三州耳。
夏	《禹貢》揚州之域，為淮夷地。
商	《爾雅》徐州之域，為淮夷地。
周	《職方》青州之域，為淮夷地。春秋時屬吳。元王三年，地屬越。顯王三十五年，楚滅越，地入楚時未有城邑。
秦	置射陽縣，屬泗水郡。西楚屬東陽郡。
漢	置鹽瀆縣，與射陽皆屬臨淮郡。東漢屬廣陵郡。建安五年，射陽為郡治。

〔註 8〕即《唐書》、《宋史》、《元史》中的《地理志》。

魏	鹽瀆、射陽縣並廢，地屬徐州廣陵郡。
晉	太康元年，立射陽縣。二年，立鹽瀆縣，並屬徐州廣陵郡。安帝更名鹽城，割射陽地置山陽縣，為山陽郡治，鹽城屬焉。
宋	射陽縣廢，鹽城令屬南兗州山陽太守。
齊	屬山陽郡。
梁	屬山陽郡。武帝太清三年，地入東魏。
北齊	於鹽城置射陽郡。
陳	宣帝太建五年，伐齊取其地，改射陽郡為鹽城郡。
後周	靜帝大象元年十二月，伐陳取其地，仍稱鹽城郡。
隋	開皇初，郡廢為鹽城縣，屬楚州。大業初，改屬江都郡。後為韋徹所據，置射州及射陽、新安、安樂三縣。
唐	武德七年，廢射州，省射陽、新安、安樂三縣，置鹽城縣，屬楚州。景福元年，為楊行密所據。
吳	屬楚州。
南唐	昇元元年，置泰州，鹽城屬焉。
周	顯德四年，代南唐，取泰州，鹽城仍屬焉。
宋	太平興國三年，改隸楚州。紹興元年，隸漣水軍。三年，仍屬楚州。紹定元年，屬淮安軍。據《齊東野語》，紹定間改屬泰州。《地理志》無明文。
金	天會八年，即宋建炎四年，秋九月，達賚破楚州，鹽城遂為所有，《宋史·地理志》所謂「建炎沒於金」也。天會九年三月，達賚北遁。四月，宋劉光世復楚州，鹽城地仍歸宋。
元	屬淮安路總管府，隸淮東宣慰司。順帝至正間為張士誠所據。
明	屬淮安府直隸南京。
國朝	仍屬淮安府。順治中隸江南布政使司。康熙中隸江蘇布政使司。雍正九年，割北境置阜寧縣。乾隆二十五年，隸江寧布政使司，遂為今制。

疆域

東西廣二百四十里，南北袤百三十里。程、沈兩《志》修於阜寧設縣之後，猶仍楊《志》及康熙《府志》舊說，云「南北袤百八十里」，誤甚，今從光緒《府志》。

東至海，陸路百四十里，由新洋港水路三百餘里。水路舊係四百二十里，今因激流沖蕩，改曲為直，故止三百餘里。

東南至前溪墩、興化縣界六十里。

南至大岡鎮界河、興化縣界六十里。

西南至大縱湖舊《志》作「大蹤湖」，今據《元史》改，詳見《河渠志》中流、興化縣界九十里。

西至沙溝鎮湖蕩、高郵州界九十六里，至射陽鎮、寶應縣界九十里。沈《志》於《疆域》云「至射陽鎮、寶應縣界百里」，於《莊鎮》則云「在縣治西九十里」。今按：云「九十里」者是也，射陽鎮即古射陽縣，《方輿紀要》亦云「在縣西九十里」。

西北至古射陽湖堤在流均溝西四里，士人稱古射陽湖堤、山陽縣界百三十四里，至清水港及戛糧河中流、阜寧縣界百一十里。舊《志》誤作「百六十里」。《阜寧志》曰：「戛梁河西岸，阜境也。」而夏家莊有鹽地。東岸，鹽境也，亦有阜地。鹽、阜界溝之南，鹽境也。而黃、顧二莊屬阜，皆所謂「插花地」也。

北至草堰口、阜寧縣界七十里。

東北至新興場屬之新灶、接廟灣場界百二十里。舊《志》云：「野潮洋中流與阜寧分界」。今按：《水道提綱》以野潮洋屬鹽城，《鹽法志》則屬廟灣場，《阜寧志》云「野潮洋在阜寧腹內，鹽城無涉」，其說是也。

西北至京師二千五百八十里。

西南至江寧府城、江寧布政司治所五百里。

東南至蘇州府城、江蘇巡撫治所八百里。舊《志》誤作「西南」，今改正。

西北至淮安府城二百里。按：程《志》、沈《志》、乾隆《府志》皆云「水路百七里，陸路二百八十里」，《行水金鑒》引《薈蕞》〔註 9〕，楊《志》、康熙《府志》、《方輿紀要》皆云「二百三十里」；《乾隆府廳州縣志》云「二百四里」，光緒《府志》云「二百八十里」，皆非是。唯《元和郡縣補志》云「鹽城在楚州東南，至州二百里得之」，《太平寰宇記》云「射陽湖在縣西北百二十里，在山陽東南八十里」，山陽即郡治，合計之則二百里也。且舊《志・莊鎮》云「流均溝在縣治西北一百三十里」，由流均溝二十五里至東家橋，又四十五里至府城，合計之亦止二百里。水陸路同。

附前代疆域考

漢，鹽瀆縣光緒《府志》云：「故城在今縣治西北。」東至海，宋捍海堰，唐曰常豐

〔註 9〕《薈蕞》，即清代俞樾的《薈蕞編》。該書《自序》：「國朝二百餘年來，人材特盛。其大者見於金匱石室之書，次者散見於名家碑傳之文……而平江李次青廉訪，乃有《先正事略》之作，近者湘陰李黼堂方伯，又有《耆獻類徵》之作，搜羅宏富，誠著述之盛心也。子夏不云乎：『賢者識其大者，不賢者識其小者。』愚以為諸巨公之磊落，幹天地者，不患無傳。惟匹夫匹婦一節之奇，往往淹沒不著，誠私心悼之。瀏覽諸家文集，隨手摘錄，積久成多，不忍遂棄，箧而藏之。昔唐鄭虔採輯異聞，成書四十卷，名日《薈蕞》，言多小碎之事，如草之小而多也。輒襲其名，題之簡端云。」

堰。未築常豐堰之先，范公堤左右皆瀕海沮洳之地。今之縣城在漢時係海灘，漢時煮海之地當在今縣城之西。南至海陵，漢時未有興化縣，故揚州阿《府志》卷五《沿革表》於漢以後、唐以前皆謂為海陵北境、鹽瀆南境。汪士鐸《水經注圖》以漢開陽為今興化，未知所本。西界射陽，今射陽湖，漢曰射陂，張晏《漢書注》謂射陂在射陽縣，不云在鹽瀆。劉寶楠《寶應圖經》所繪漢射陽縣四境圖，射陽東界鹽瀆，西界在今射陽湖東是也。北界射陽。《漢書·地理志》：「射陽，莽曰監淮亭。」是射陽北境至淮，今阜寧縣城以西、涸黃河以南之地為射陽縣北境。《水經注圖》以今阜寧為漢昌陽縣，係鄉壁虛造，《阜寧縣志》雖從其說，究不足據。

晉，鹽瀆縣安帝時雖改鹽城，而《晉書·地理志》仍稱鹽瀆東至海，南界海陵，西界射陽，北界淮浦。《晉書·地理志》：廣陵郡統縣，入淮陰、射陽、輿、海陽、廣陵、鹽瀆、淮浦、江都。「海陽」即「海陵」之訛，在南。輿、廣陵、江都在西南，淮陰在西北，射陽在西。鹽瀆之北唯有淮浦一縣。其時鹽瀆北界，淮浦無疑也。淮浦，今安東縣，在淮水北。《太平寰宇記》引《宋書·郡國志》及《山川記》云：「晉安帝義熙二年，分鹽城地，置山陽、東城、左鄉三縣為山陽郡。」據此，知山陽非專省併。射陽立縣，兼得鹽城地。而山陽外又立東城、左鄉。義熙以前，鹽瀆西北境最為遼闊。射陽北境無田，北至淮水，與漢縣異矣。左鄉，今在山、鹽、阜三縣交界之處。《山陽縣志》及光緒《府志》皆云「小市河過左鄉，穿古射陽湖入鹽城界」，即其處也。山陽，即今郡城，在左鄉之西。東城，故城當在左鄉之東，今無可考。

宋，鹽城縣東至海，南界海陵，西界山陽，射陽縣僑置江左，漢故縣遂廢。西北界左鄉，北界東城。說見上。南齊及梁並同劉宋，梁武帝太清三年以後地入東魏，南北互爭，廢置紛紜，延及於隋。西北及北二界，皆不能強為之說。至唐始有可徵。

唐，鹽城縣東至海，南界海陵，《興化縣志》：「李承大曆中築常豐堰，自鹽城入海陵，綿亙二百餘里。」西界安宜，唐楚州領山陽、淮陰、鹽城、安宜四縣。安宜，今寶應縣。西北界山陽，《舊唐書·地理志》：「山陽東南有射陽湖。」據此，知鹽之西北界不得逾射陽湖而西也。北界山陽，《新唐書·地理志》：「山陽有常豐堰。」按：即宋、元、明之捍海堰，今之范公堤也。既在山陽境內，則廟灣以南范堤左右之地昔屬山陽，彼時北界幾同今境。

宋，鹽城縣東至海，東南丁溪場界海陵，鹽城監管鹽場九所，丁溪其一也，見《太平寰宇記》。《寰宇記》又云：「泰州東北至鹽城丁溪界二百里。」又云：「海陵監北至楚州、鹽城界。」南界海陵、《寰宇記》云：「海北接楚州」。興化，楊吳割海陵地，置興化縣。又界高郵，《寰宇記》云：「高郵軍東北至楚州鹽城縣，水路百八十里。」西至射陽湖，界寶應，《寰宇記》云：「射陽湖在山陽縣東南六十里，中流與鹽城分界。」西北至射陽湖，界山陽，《寰宇記》云：「射陽湖在山陽縣東南八十里，與鹽城、寶應三縣分湖為界。」又云：「射陽湖在鹽城縣西北百二十里，闊三十丈，通海三百里。」其時，射陽湖入海之處亦屬鹽也。北距淮，界漣水。軍南渡以後，漣水軍屬金，金與宋分淮為界，鹽城遂為邊地。《宋史·洪邁傳》：首論淮東邊備六要地，三曰鹽城，謂宜設遊樁、置戍卒〔註 10〕。又《王萬傳》：端平二年，萬疏言「濠之東為盱眙，為楚州，以達鹽城，淮流深廣，敵所難渡。」《圖書集成·坤輿典》第四十四卷引黃氏云「淮水東至楚州、鹽城縣」，入海皆鹽城北境，瀕淮之確證。又《地理志》云：「鹽城，紹興元年屬漣水軍，若廟灣、北沙等地屬山陽。」山陽向隸楚州，鹽城不得越山陽，而北隸漣水軍也。然北境距淮在南渡以後，當北宋時則不然，《太平寰宇記》可證。由丁溪至淮水，南北其袤三百餘里。元至元中，丁溪仍屬鹽城，《元史·良吏許維楨傳》可據，而《順帝紀》以張士誠為泰州白駒場亭民，《明史·張士誠傳》亦云，然白駒屬泰州，丁溪在白駒之南，不得屬鹽，無疑。而楊《志》、沈《志》於明代「職官」皆有白駒、劉莊兩場大使各一員。注云：「二場分隸興化，年代失考。」至國初兩場復隸鹽城，見康熙《府志》。不知何時，又割屬興化。《揚州府志》、《兩淮鹽法志》皆無明文。元、明兩代鹽城南界之不可考，有如此。其見於萬曆楊《志》者，唯北與西北界山陽異於今界阜邑，而南與東南、西南三面與興化、高、寶接界則與今境大同。

里差

程《志》不載「星野」，沈《志》詆之，其考星野有云：「《文獻通考》注『臨淮入牛四度，徐之分野』，鹽城為徐州臨淮屬縣，當在牽牛之次。」而陳一舜《廟灣志·星野論》則云「淮東入鹽城，牛女初度之分」，吳玉楫《淮安分野考》暨光緒《府志》皆云「山陽、鹽城、阜寧地當古之揚州，星紀之次，牽牛之分」，《圖書集成》引《周天易覽》云「房：二度入寅，五至一，鹽城、清河、沭陽、桃源、安東」，諸書說各不同。考列宿分野，《天官書》屬十二州，《班志》屬十二國，已有異同。《文獻通考》載《州郡躔次》，謂「陳卓、范蠡、鬼谷先生、張良〔註 11〕、諸葛亮、譙周、京房、張衡並云」，云則謬誤相沿已久。梅循齋《操縵卮言》謂「天文家言無足深論」，洪容齋論分野亦不然其說。《欽定熱河志》載《御製題毛晃〈禹貢指南〉詩注》，直斥分野之說為天文家沿襲附會，其論尤詳，然則程《志》無「星野」一門，未可非也。邑人沈恩鴻麇生，通算學云：「於辰析宿，於宿析度，度有分秒之微，未有析分秒以配地之

〔註 10〕《宋史·洪邁傳》：「明年，召對，首論淮東邊備六要地：曰海陵，曰喻泇，曰鹽城，曰寶應，曰清口，曰盱眙。謂宜修城池，嚴屯兵，立遊樁，益戍卒。」
〔註 11〕原為「張亮」，據《晉書·天文志·州郡躔次》改。

百里、五十里者」，《寶應志》已詳言之。常春錦《蝦溝里乘》亦同此見。然則《縣志》「星野」一門可改為北極星里差考，無庸以星野標名。恩鴻撰《太陽高弧晷景表》有云：「京師北極出地高三十九度五十五分，鹽城北極出地高三十三度二十一分四十秒，丁取忠《輿地經緯表》載鹽城北極出地三十三度二十二分，不若張作楠《揣籥小錄》所測為密。較京師差六度三十三分二十秒，偏東三度三十四分。夏至，京師日出寅正二刻五分，日入戌初一刻十分，鹽城夏至日出寅正三刻十一分，日入戌初初刻四分，計鹽城日出後京師一刻六分，日入先京師一刻六分，晝長五十六刻八分，夜長三十九刻七分。冬至，京師日出辰初一刻十分，日入申正二刻五分，鹽城日出辰初初刻四分，日入申正三刻十一分，計鹽城日出先京師一刻六分，日入後京師一刻六分，晝如夏至之夜，夜如夏至之晝。」

形勢

鹽城，東控瀛海，西襟湖蕩，捍海堰貫穿其中；北達安阜，南走通泰為里下河，往徠夷庚。南宋紹興中劉豫黨徐文據縣，南窺通泰。紹定中李全試舟射陽湖，謀擅東南舟楫之利。明嘉靖中倭寇由通泰竄鹽城，北走廟灣。增兵防禦，遂為瀕海重鎮。國朝咸、同中髮捻蹂躪各省殆遍，獨里下河為完善之區。同治元年，春正月，捻首李成陷阜寧，謀南犯鹽城，窺里下河各州縣。邑中慓敢之士號召子弟，合官兵，扼之射陽湖，相持七日，賊懾不敢渡，相率北竄淮南，各鹽場得無害，湖蕩浩渺屏蔽之功為多。而近日鹽梟劇盜自西北來者多出沒湖蕩間，居人行旅恒被其害。論者謂宜設巡船以資游徼，而建陽鎮新陽村及東西兩塘河合流之處皆控扼要地也。又自泰西通商以來，海禁大弛，藩翰盡撤，鹽城海口雖較南北洋海口稍淺狹，然為國者不恃敵之不我攻而恃我之無可攻，且敵不得志於南北洋必將捨堅擣瑕以圖牽制，則新洋、射湖兩海口皆為可慮急，宜設備屏障東隅，以洽於周官掌固之義焉。昔知縣程國棟《論鹽邑形勢》以海防為第一義，謂自淮而江，山陽與江都為孔道，若咽喉一鎖，必以海洋為聯絡，兼之島夷窺伺，乘潮衝擊，邑之東偏有同邊塞，此誠見微慮遠之論，不可忽也。

鹽邑地勢，東高西下，要非往古形勢然也。范堤以東，古本沮洳庳濕之地，迨唐大曆中李承、宋天聖中范文正先後築堰捍海，潮汐為所壅遏不能逾堰而西，泥沙停積，久遂成甌窶然。明宣宗時堤東海灘止三十餘里，不如今日之廣，夏應星《禁墾海灘碑記》可據。其時范堤迤西尚窪下未高燥也。迨嘉、隆以後，高堰屢潰，湖淮之水挾泥沙東趨，阻於范堤，不能復東，日益淤澱，久乃彌高，而西境之窪下亦淮湖沖決所致。程《志》卷一《地理志》云：「鹽民舊重溪田，號沃壤，宜稻麥，後因河徙入淮，堤岸頻潰，積水壅閼，鹽邑境內由李家莊，歷安豐蕩、九里蕩、新野蕩、沙溝蕩、大縱湖，繞鹽西界百五十里，俱洪波接連，茭葦盤錯，溪田沃壤盡為龍蛇魚鱉之窟。迄今春祭祖墓，溪民猶望洋而祀焉。」此西境古非污下之明證。沈《志》有流均溝而無澗、市、溪、涇等河，其時射陽湖在流均溝西，流均溝鎮尚在湖蕩中，今則澗河逾流均溝而東，在鹽境者三十里，兩岸漸多稻田，市、溪、涇三河堤岸亦日淤，而東湖蕩較舊漸狹，百數十年後，昔之所謂「溪田」「沃壤」者，或可漸復。陵谷變遷，川原易位，此則形勢之不可預定者矣。

城池

漢鹽瀆故城在今縣西北，今之縣城近附范公堤，堤在唐曰常豐堰，在宋曰捍海堰，未築堰時其堤為海水漫溢，所及必不可建城，而《舊唐書・地理志》亦云「鹽城久無城邑」，然則今之城必築於有唐以後，然則創始何年，究不可考。舊《志》云：「晉安帝時始名鹽城。」意建城即在此時，此臆說不足據。又云：「相傳先世欲建城射陽，以射陽土不及海邊厚，且海可漁，灘可樵，為民生利，乃城海上。」今按：射陂草田，漢宣帝時已為貧民之利，遠在海灘之前，且射陽古縣非不可建城說，皆非是，今不取。其見於舊《志》可據者，宋紹熙、乾道間三加修築，山東寇皇甫炳攻之不克，嘉定間知縣尤焴修。舊《志》、《江南通志》、新舊各《府志》及《圖書集成・職方典》第七百四十三卷皆誤作「尤炳」，與《秩官志》歧異，今改正。元至正十五年，縣尹舊《志》作「知縣」，元時無此稱，今改正曹經重修，《圖書集成》、康熙《府志》作「秦曹經」。然尚土城也。明永樂十六年，備倭指揮楊清守禦、千戶馮善改用磚，增築月城雉堞，高二丈三尺，康熙《府志》作「二丈二尺」。闊如之，周七里百三十四步，東西徑二里二百十七步，南北徑二里百八十步。東、西、北，凡三門。東曰朝陽，西曰安泰，北曰拱斗。門各有樓、水門二，窩鋪二十八座。嘉靖三十六年，署縣事府檢校祝雲鶴重修。萬曆七年，知縣楊瑞雲闢南門曰迎薰。瑞雲《南城詩》云：「作者非今代，南門跡久荒。百年如有待，萬戶更迎陽。入郭聽弦誦，通衢引稻粱。莫孤來歲約，水閣慢荷香。高城一縱望，沙草出孤村。何代留遺址，如今闢四門。淮揚通達道，雲樹擁中原。從此看鹽瀆，輝光映紫垣。」楊《志》所錄詩文，程《志》多擯落，今從沈《志》錄而存之，不必其皆可存也，後放此。開鑿時適得故址，與學宮正相對上，建大樓三間，顏曰淮揚一覽，門外有池曰躍龍，亭曰迎恩。孫繼皋《新開南門碑記》：「淮之南臨海建鹽城設治焉。先故有南門閉塞，抑不知幾年代矣。南海楊君瑞雲以名進士補鹽城缺，初入射陽，適洪水之後，邑里蕭條，田野為蛟螭宅者什八九，立道傍蒼赤無復人色，進諸父老於廷，詢之，故曰：『吾鹽瀆，古稱淮富實邑。自先朝隆慶三年至今，無歲不被水，水沒鄉落盡，且灌城郭，二十年不一收。老稺棲舟，楫舉網鮮，食延旦夕，壯者傭於南場，萬家邑蕩無餘矣。』談者率歸罪於開海口、閉南門焉。楊侯曰：『海口之利害，嗣當與諸父老議之。南門建置日月可得聞與？』中有老軍火姓名玨者，自班中進言曰：『老朽且百歲，只聞古有南門云，而閉塞則未聞也。即千家俱在南，南門閉北門開，背陽向陰矣。』侯曰：『若舊門址可得乎？』玨曰：『日久矣，經亂離典故且失之，縣城圖不載矣。』侯曰：『闢郭開門，一方生靈命脈繫焉，非可苟且為也。』爰與守備都指揮燕楊天臣、教諭蜀張振羽、邑致仕知縣劉袞、應洪上下川原間，時徹車徒步，攜指南車行，或三二里。一日揖諸弟子員張三鳳、孟一龍等，語之曰：『吾得南門矣。其縣之南隅，黌宮之前乎！』諸生唯唯而退。侯因籌工役與諸木石費，手裁請之漕撫侍郎新原江公，河道尚書印川潘公，按治侍御會川李公、蒲汀姜公、翼海張公、雲原林公，兵巡憲副靜宇遊公，水利浦山張公，海道春宇龔公，營田正庵史公，郡守鑒弦宋公、寅齋樊公，丞鄭君國彥、劉君順之、王君琰判、況君於梧，推官王君國祚，僉報可。故事，兵餉籌以待，諸路緩急不得擅動。新原公與侯相得歡甚，業以四百金借侯。侯於是令耆老陸義芳採木與石粉於真州，委邑幕越吳木董其事〔註 12〕。經始於萬曆庚辰春正月之二日，吳木總諸兵夫穿城而下，得故南門基趾具在邑中。士庶數千人環視神之且云：『今所修複道洞口若再得故處乎？』侯曰：『此堪輿定理，不足為奇。先東門甲向，西門庚向，北門辛壬向。余於丙位得離門，耳道洞口宜從辛。』益工鑿城之辛方，果得古道洞口。因舊修之費工不多，故侯在江北有神明之號。門上建樓，廣五丈，高二丈五尺許。門之內為青雲橋，門以外為躍龍池，廣五尺，長十丈。池之南為迎恩亭，亭四面接水，樓橋門亭，壯麗炫耀，為東南巨觀，諸郡邑門無與比焉。門成，時辛巳十一月二十四日也。侯別以濬射陽，工成，奉特旨晉服俸一級，賜金。文武官員具儀仗，迎恩詔，由新門入，亦一時盛事云。鹽城諸耆碩應君洪、謝君與成等以予與侯同年成進士，相率徵予言，記其事。余詢諸父老，僉云：『侯大有造於鹽城，如塞海口以障鹹潮，疏射陽以泄積潦，均徭役以蘇貧困，請牛種以開荒蕪，愛養百姓，教育諸子弟，視國事如家。四年間百廢具舉，十登薦剡。』他可書者，詳之口碑，且勒《縣志》，余何贅焉！」今圮。後以城內多火災，南門復閉。崇禎十三年，知縣張桓復建於舊門之西數十步，至今仍之。國朝康熙七年，地震，城樓、窩鋪、雉堞多毀敗。乾隆中知縣程國棟詳請修建，以去任不果。乾隆三十二年，光緒《府志》誤作「三十九年」。知縣朱洛臣請帑重修。道光三十年，東北隅圮；同治八年，西北隅圮；光緒十三年，北門城樓圮，均修築。今西面女牆復多殘缺，亟宜修補。城形橢長，東闊西狹，如瓢，亦名瓢城。

〔註 12〕「幕越」應為「幕僚」，據文意改。

西門月城舊為屯兵之所，後貧民結茅棲止。咸豐六年，士民建造房屋，招商貿易，由知縣裘輔查明定案，歲納地租錢二十二千為水關修理、啟閉及疏濬城內市河公費。

水關，舊設東西兩水關。明萬曆間閉東水關，開北水關，名道洞口。國朝康熙中添設南水關。按合城地勢東高西下，水從西入，未免迂緩，若閉石礶口，蓄南串場河之水，繞城西流下新官河，則南門大河溜急，不患淤墊。水由巽關入城，流亦迅疾，城內市河庶無渟蓄之患云。

濠河，舊深九尺，圍繞四城。今西門外形勢猶存礙難開濬，因以南門大河為濠，此河屢濬，近仍淤淺。由南門而東入濠渠故道，經東北弔橋而北，此濠於同治十年與市河同濬。過北水關由范家溝達新官河。范家橋，同治十年濬。

城內市河，舊闊二三丈，深八九尺不等。繞城內如帶，其水自水西門入，至開平橋歧而為二：一支南繞學宮，一支東流穿中市橋，繞縣署南，同至東門內迎春橋合流，折而西北行，繞縣署北，過毓龍橋而北，而西穿米市橋，出北門道洞口，由范家溝達新官河。居民稱便，年久湮塞。明景泰四年，郡守邱陵、知縣劉諒濬之。未幾，復湮。舟楫不通，民多病噎。萬曆七年，知縣楊瑞雲濬之。久之，復湮。國朝康熙五十七年，知縣高鎬挑濬。嘉慶十六年九月，知縣陳霨大挑。光緒《府志》誤作「十七年」，今據霨所撰《碑記》改。十八年五月，告成，共用錢三千七百八十餘緡。里其事者，邑人邱兆蘭、徐燧等。水得暢流。嗣以兩岸居民拋棄糞土兼侵佔河壖地，復淤。道光二十五年，教諭歸令符濬。見張芳齡《自鳴詩集》。邑人金旭昌醵金疏濬三面支河。同治六年，邑人金從先復疏西南支河。十年，知縣潘祖棻捐貲復濬。光緒十四年，邑人以公款挑濬，仍未暢行，今益湮塞，士民病之。

公署

縣署在城東北，明以前無考。洪武元年，知縣陳天瑞建。宣德三年，知縣王彝、縣丞梅諫增建譙樓，置漏鼓。教諭潘洪有《記》。弘治十年，知縣邵遵道、縣丞陳章重建。正德初知縣馬清修、萬曆八年知縣楊瑞雲重修。瑞雲《張芳齋成誌述二首》〔註13〕：「別署初成日，移居尚及秋。院深人吏寂，煙鎖洞門幽。竹色新霜露，龍光逼斗牛。誰知荒服外，樽酒得優游。」「百年長浪跡，醉處便為家。卷幔迎江月，停杯問菊花。弟兄天外意，草樹坐來賒。吏隱曾如此，琴書靜晚霞。」二十七年，知縣劉之沂重修。

〔註13〕「張」不清楚，待考。

國朝康熙四十年，知縣鄭鼐修。雍正八年，知縣孫蔭孫修。乾隆元年，知縣魏哲治修；六年，知縣程國棟修內廨；八年，知縣沈世道修贊政廳。道光二十九年，知縣焦肇瀛修二堂。署之大門外，西偏為鄉約所，古之申明亭在焉；東偏為福神祠，古之旌善亭在焉。明洪武中，令天下邑里皆置申明、旌善二亭，民有善惡則書之，以示勸懲。凡戶婚、田土、鬥毆常事，里老於此剖決。今亭宇多廢，善惡不書。顧炎武以為獄訟之繁實由於此。大門上為譙樓，北為儀門。三間。儀門外為完課所，今併入土地祠。儀門內東為文場，西為監獄，北為戒石亭。康熙《府志》云「知縣楊瑞雲改建儀門外」，今在儀門內，不知始於何時。亭之北為大堂，三間。堂前有軒，三間。堂東為贊政廳，今為筒房。堂西為常盈庫，東而南、西而南，各有廊房，各八間。胥吏治簿書之所也。堂後為宅門，三間。門之北為二堂，三間。中懸世宗憲皇帝天語「鹽城亦非簡缺」六字，雍正七年，知縣孫蔭孫所恭紀也。二堂之東為花廳，西為書房，西而北復有書房，北為內宅。五間。宅後有土樓，五間。宅之後東偏為思補亭，詳《古蹟》。

典史署，康熙《府志》云：「典史宅在正堂東南，今在儀門外西偏。乾隆六年，典史陳允中修。」監獄一所。典史署後。

石磋閘官署。縣署西北，乾隆六年建。又上岡鎮、草堰口，舊均有閘官署，今廢。

沙溝司巡檢署。沙溝鎮。

上岡司巡檢署。雍正九年，置阜寧縣，改清溝司為上岡司，移駐上岡鎮。雍正十一年，建署。光緒中巡檢何楨修。

游擊署。在縣治西北。明嘉靖三十七年，參將朱仁即正學書院建，後改為守備署。萬曆六年，守備張大德、蔣尚孟先後增建。萬曆二十八年，重修。國朝順治七年，改為游擊署，游擊陳其瑚重修建後樓五間。乾隆七年，游擊金世超請帑再修，改造住宅三間。道光中游擊王大春、光緒中游擊陳金福均修。署之東偏有槐陰亭，金福建。

守備署。縣治西。同治中守備于國靖重修。

街巷

樂民街，康熙《府志》「街」作「巷」，縣治譙樓東。醇化街，譙樓前西。仁政街，縣前總鋪東南。宣化街，縣前申明亭西南。承宣街，縣治東。遵化街，縣治西南，即直道橋大街。利用街，縣治西南。會通街，縣治西南。仁壽街，縣治西南。淨善街，永寧寺。澄清街，即察院前大街。登俊街，澄清橋南。順德街，縣治西。光緒《府志》誤作「順往街」。靈應街，縣治南。阜民街，即東門大街。永興街，即北門大街。節文街，登俊街東。永安街，登俊街西。兜率巷，察院前。崇義巷，縣治西南。延陵巷，長建坊西。玉女巷，縣治西南。和濟巷，長建坊北街西。安方巷，縣治西，長建坊西。通真巷，祥暉觀前。普安巷，長建坊西。仙人巷，集仙堂前。砂朱巷，又名撒朱巷。舊府、縣《志》無是巷，光緒《府志》始有之。義井街，安方廟西南街有義井，故名。舊《志》載城內義井凡四。居仁里，義井街西。端平橋市，永興橋市，中市橋，關平橋市，新橋市。以上五市俱在城內。程、沈兩《志》不載，楊《志》，康熙、乾隆、光緒各《府志》皆載之。

莊鎮

伍祐場，縣治東南三十里，場大使治此。《太平寰宇記》作「五佑」。楊瑞雲《鹺場兩首》：「山川看欲盡，歸海幾場存。巨鱷頻吹浪，浮沙幾見猿。官胥時問課，雞犬杳空村。賴有春和詔，年年到海門。為逢鹺吏在，指點傍鮫宮。可道軍儲計，都從波浪中。」「庸人猶野鹿，茅屋入寒風。儉德如今主，寧論煮海功。極浦停車日，君王促發倉。風雲驚變幻，天地入蒼茫。得食群彝喜，牽衣稚子狂。聖恩真似海，沾灑盡扶桑。」便倉，縣治東南四十里，考《鹽法志》，各場皆有便倉，地以倉得名。抬頭閣，縣治南五十里，一名曹家廟。大岡鎮，縣治南六十里。王永吉《鐵山文集・重濬射陽湖議》、孫宗彝《愛日堂文集・康澤侯傳》並作「大港」。尚莊，縣治西南五十里。秦南倉，縣治西南五十里。岡門鎮，縣治西十八里，名見《宋史・李全傳》。新河廟，縣治西五十里。楊《志》，康熙、乾隆、光緒各《府志》皆有之。程《志》、沈《志》不載。樓王莊，縣治西五十里。北宋莊，縣治西七十里。一名湖北莊，見《崇禎長編》載邑人徐瑞奏以在大縱湖北故名。沙溝鎮，縣治西九十里，有巡檢司。沙溝亦曰石樑。見劉沁區《西渚詩存》、孫一致《世耕堂詩集》。又《湖州府志》載萬雲鵬號石樑。雲鵬，沙溝人也，故以石樑為號。楊瑞雲《沙溝魏將軍招同吳曰南、汪和叔二山人集二精舍亭二首》：「野寺臨江夜泊舟，可禁遠客思悠悠。四年不斷思鄉淚，萬里還添懋闕愁。秋色滄溟寒旅雁，人家水曲出新樓。亦知父老無窮意，我自天涯有釣洲。」「王事趨程夜不休，為君章曲一維舟。將軍開宴宵如晝，上客傳杯月滿樓。沙闊漁歌歸亂槳，波平負郭見方洲。雙雙畫棟凌雲起，應待詞人彩筆留。」射陽村，縣治西九十里，即漢射陽縣也。在寶應者為鎮，在鹽境者為村，村西有河為二縣界溝。沈《志》作「射陽鎮」，非是。寶應舊《志》亦作「射陽村」。楊瑞雲《射陽夜行偕陸伯生並呈吳曰南二首》：「夜色轉濛濛，扁舟細雨中。驚看天接水，忽覺海生風。浪跡從予老，揮毫羨女工。湖西人似玉，何日一尊同。」「四顧湖雲白，焚香坐轉清。自憐淮浦吏，慣聽海潮聲，濁酒人堪醉，悲歌氣未平。中宵牛斗色，有容拂青萍。」丁馬塍，縣治西六十里。湖垛鎮，縣治西北八十里。楊《志》有神臺、唐橋兩鎮，而無湖垛。孫椝《被纓集》曰湖垛村，至程《志》始曰湖垛鎮，唐橋久不成市鎮，故程《志》、沈《志》皆不載，而光緒《府志》猶載之，蓋本之乾隆《府志》。高作莊，縣治西北約百里。蒜墩，縣治西北約百里。虹橋，縣治西北。樓夏莊，縣治西北八十里。《重濬射陽湖議》作「婁下莊」，音之訛也。東夏莊，樓夏莊東三里。建陽鎮，縣治西北九十里。安豐鎮，縣治西北百二十里，舊《志》誤作「百四十里」。流均溝，縣治西北百三十里，《行水金鑒》卷一百五十三作「劉均溝」。新興場，縣治北十八里，自場大使移駐上岡，因稱新興場為舊場。上岡鎮，縣治北五十里有巡檢司，新興場大使亦治此。草堰口，縣治北七十五里。洋岸鎮，縣治東二十五里，有南北兩鎮。

都圖。顧炎武《日知錄》曰：「宋時《登科錄》必書某縣某鄉某里人。《蕭山縣志》曰：『改鄉為都，改里為圖。自元始。』《嘉定縣志》曰：『圖即里也，不曰里而曰圖者，以每里冊籍首列一圖，故名曰圖。』是矣。俗省作『啚』〔註 14〕。」今考康熙《府志》卷二所載鹽城坊都，唯岡門二廂稱圖，而仁義、新豐、長樂、建城四鄉所領概稱「里」，至程《志》則皆曰「圖」，不知何時所改。

城內三坊，東南隅、西北隅、西南隅。

城外關廂，岡門廂。舊《志》云：「一圖、二圖」。今縣署檔冊作岡門一里、岡門二里，改圖稱里不知始於何年。

仁義鄉：東村，縣南境，領都一。東一都共五圖。西村，縣西南境。領都五。東二都共七圖，東三都共五圖，東四都共七圖，東五都共七圖。內第七圖，康熙間知縣武韓均除。第五圖，雍正九年，分阜寧縣。西一都共四圖。仁義村，縣西境。沈《志》誤作「縣南境」，今從程《志》。領都二。西二都共四圖，西三都共七圖。內第七圖，知縣武韓均除。

新豐鄉：新豐村，縣西北境。領都一。封一都共五圖。張岐村，縣西北境。領都二。張一二都共四圖，張三四都共二圖。

長樂鄉：長樂村，縣西北境，領都一。長一二都共四圖。新安村，縣西北境。領都二。新一二都共四圖，新三四都共五圖。

建城鄉：建城村，縣西北境，領都三。建一都一圖，建二都共三圖，建三四都一圖。建三四都四圖，建三四都五圖，以上二圖，康熙間知縣武韓鈞除〔註 15〕。按：《元豐九域志》載鹽城四鄉，今仍四鄉，與宋制同，而寶佑四年《登科錄》載陸忠烈為長建鄉長建里人，疑即今之建城鄉建城村也。康熙間知縣武韓續增里圖。慈航二里，舊《志》云：「第一里分阜寧縣。」今查縣署檔冊，慈航仍二里，不知何年所增。劉莊場一里。今名富庶里，係雍正十年改名。伍祐場二里，舊《志》載伍祐場共三里，今縣署檔冊作二里。便倉一里，新興一里，廟灣場一里。雍正十年，改名裕字里。所字二里。雍正十年，改名盈字里。

同治初，續增樵字三里，又有冏租里、官地里、併所里，皆舊《志》所未載。

〔註 14〕據顧炎武《日知錄》，「俗」前脫「今」。
〔註 15〕「除」，原為「出」，據上文改。

鹽城縣志・卷二・輿地志下

岡阜

沙岡，《方輿紀要》云：「在縣西北，南抵縣西十八里之岡門鎮，東北距海，延袤五六十里。」康熙《府志》說同。程《志》、沈《志》則云：「北接阜寧起，伏綿亙百三十里。」今按：沙岡南起岡門鎮之北，北抵皮大河，逾河而北為北岡溝河西岸，又北至廖家港南岸，其北岸則石橋頭。自石橋頭北，無復逶迤形跡，蓋犁為田疇久矣。東岡，舊《志》云：「由縣治北門接阜寧。」今按：東岡亦沙岡也，在新興場北，上岡鎮南，地宜種藷，凡沙皆能生水，土人於岡下引水，時稻亦美。西岡，舊《志》云：「由董家橋北楊發神廟至絞口岡，通朦朧。」按：今尚有數處稍存舊跡。鐵柱岡，縣治北門外。康熙《府志》云：故老傳疑，謂是秦皇驅山鐸所逐以塞東海者，或謂神禹壓蛟龍所鑄，或謂即秦皇繫馬柱，說皆怪誕不經。乾隆《府志》引《明一統志》云「以鎮海龍之患」也，稍近理。硯臺墩，程《志》云「縣治南七十里」，沈《志》「南」作「西」。竹墩，縣治西十五里。龍墩，縣治西五十里，九曲河西岸。青墩，縣治西百里。隱山墩，舊《志》云：「在治西一百二十里。」今按：草堰口西南亦有隱山墩，在縣治北六十五里。舊《志》有和尚墩，注云：「縣治北百里。」今按：縣治北七十五里至草堰口，過此入阜寧界，治北百里則屬阜邑，非《鹽城志》所宜載，今刪之。《古蹟》削去巢城放此。紮墩，縣治西北五十里。塔墩，縣治西北百里，戛梁河東岸，大二十餘畝，土人每掘得瓦缶器用。頭墩，城東二里。五里墩，上岡北五里。石頭墩，上岡北九里，范公堤西。潮墩，創始於嘉靖十八年，轉運鄭暲添築於國朝乾隆十一年鹽政吉慶〔註1〕。在伍佑場境者，舊六十二座，光緒七年增築十一座。在新興場境者，舊共二十一座，光緒七年增築九座。謝宏宗《築

〔註1〕「轉運鄭暲添築於國朝乾隆十年鹽政吉慶」疑衍文。據清王士俊等監修《河南通志》卷九，「明天順二年，知縣鄭暲增築」陳留縣城。乾隆十一年兩淮鹽政吉慶曾奏清修《兩淮鹽法志》。似與「潮墩」無涉。

墩防潮議》〔註 2〕:「濱海之地,最苦海潮,史冊所載,不可勝紀。近者,康熙三年、四年及雍正二年,颶風飆發,潮汛暴起,倏忽水高丈餘,廬舍人民,立時淹沒。浮屍積骸,傷心慘目。從來災害未有如此之甚者,則防潮之道不可不亟講也。奈何?曰惟築墩則可以防之。今夫沿海居民,皆灶也。灶民煎鹽甚多暇日,以其暇日使之挑泥築墩甚便也。墩形四方,廣闊二丈,高一丈八。灶戶煎鹽利歸於商。領鐵代煎,利歸鐵主。灶戶也、商也、鐵主也,三者歲築一墩,共闊二丈,各任高二尺,共高六尺。次年每增一尺共三尺,連前高九尺,三年高一丈二尺,四年高一丈五尺,五年高一丈八尺,斯墩成矣。墩成,則一時潮發偕棲。闊二丈,高一丈八尺,墩上不但人可避水,即牛畜亦可全生。墩之四圍遍植笆籬柳草,防風湧浪卷峻土倒瀉,兼令牛畜什物有所繫屬。至商家公垣,亦令築土圍,高與公垣等。至沿海大路,民灶通行,有民人願捐資築墩者亦予獎勵。江北淮揚通海各屬悉委佐貳閒員董其事,令沿海鄉約挨查莊灶,開明人戶,度其地形,繪成墩圖,令民節次挑築,近墩之家擇老成勤幹者為墩頭,倡率挑挖,稽其勤惰。每年六月下旬乃秋汛潮起之候,先令鄉約查察墩若干,某某工竣,某某未竣,即押令如式挑竣。至七月上旬,董事之員逐墩查驗,具結申送其州縣官,亦不時稽察,考其殿最,如此數年則築墩之規模定矣。規模既定,墩屹樹繞,濱海之民勃勃皆有生氣,不俟潮之至而已。知災之弭,由是江北可行,凡各省沿海之地無不可行。於民不勞,於上不費,不過立勤課約束之方而已。行救災恤患之大益,莫遷於此矣,謹議。」**煙墩**。在伍祐場境內者四,在新興場境內者六,見嘉慶《鹽法志》。知縣陳繼美《初春巡閱墩臺二首》:「東望茫茫大海濆,傳來戍壘禦邊氛。臺高數仞嚴烽火,堡築多年苦士軍。曲岸驚鴻迷蔓草,荒塘野馬鎖寒雲。長天日暮聊蒼碧,遙見波光映夕曛。」「墩堡星羅接大荒,憑高遠眺海雲翔。射城廬舍臨蛟窟,淮甸桑田遍水鄉。試武春堤追細柳,談文紫陌憶長楊。年來域外波濤靜,島國猶知有聖王。」

津梁

徑口渡,程《志》云「岡門鎮西七里」,今尚存。石礓口渡、道洞口渡,今皆廢。又有解巷渡、善李渡,當時已失所在,今益無考。**里洋口渡**,為天妃、石礓二閘河合流之處,在縣治東北二里。**皮汊河口渡**,縣治西北三里。**新河廟渡**,縣治西四十五里。**唐橋渡**,縣治西七十里。**收成莊渡**,縣治西九十里。以上三渡皆道光間監生崔楹捐資創建,後廢。楹孫貢生煦復建立。**許家灣渡**,縣治西北二十五里,監生朱榮宗創立。**大濟溝十字河口渡**,

〔註 2〕乾隆《鹽城縣志》卷十五中「謝宏宗」中「宏」寫作「弘」;「奈何」前有「防潮之道」之文;「墩若干」之前「察」寫作「築」;「亦不時稽察」中「察」寫作「查」;「不俟潮之至」中「不」前有「當」字,「潮」前有「其」字;「知災之弭」中「災」前有「其」字;「行救災恤患」中「行」寫作「得」;「莫遷於此矣」之前有「脫防潮之策」。

監生孫秀山創立。高作河口渡。縣治西北百里，西塘河邊，同知銜馬紹閭立。

端平橋，縣署前三十餘步，俗名鳳皇橋，又名三思。直道橋，端平橋西南，又名玉帶河橋。察院橋，直道橋西南，一名永興，又名澄清。中市橋，察院橋西。板橋，中市橋西，舊名新橋。倉橋，板橋西，舊名開平橋。按：康熙《府志》、乾隆《府志》、光緒《府志》有關平橋市，城內無關平橋，疑即「開平橋」之訛。一書訛誤於前，則眾書沿襲於後。不得以三《志》胥同，疑為無誤。馬橋，倉橋西南。盛魁橋，儒學西。嘉靖十七年，縣丞胡鼈建。青雲橋，南門內。靈應橋，城隍朝前。毓龍橋，永寧寺西。林家橋，北門內，舊名米市橋，萬曆九年，知縣楊瑞雲建。迎春橋，東門內，每歲迎春東郊經此，故名。盈寧橋，南門外，乾隆六年建，光緒十五年重修。太平橋，盈寧橋西北，光緒十三年重修。登瀛橋，西門外，同治六年、光緒二十年先後修建。考程《志》名永豐橋。康熙《府志》、沈《志》同今名。此橋有市房二所，座落橋東。街南市房六間，街北市房十二間，歲收房租，存典生息，為修橋之用。通海橋，北門外。通惠橋，跨天妃口。自乾隆三年建，天妃閘橋遂廢。知縣武韓《通惠橋記》：「人苟有濟人之志，勿患其無濟也，誠則無不濟矣。余於壬申夏謁選得鹽城時，客有嘲餘者，曰：『子於學動言實用，今且仕鹽矣，聞鹽苦阪荒，積逋歲數萬賦，雖有而戶則無何學之能為？』余曰：『否！否！天下事苟以實心任之，則事罔不濟，戶果無賦，雖有亦可除也。』客微笑而去。及至鹽，未三日催檄，雨下閱戶籍，非逃亡則鬼錄也，余於是奮然而為之請，不憚連，詳累牘再，易年而降級者七，罰俸者五，卒得賴各憲力邀聖王恩，於是知天下事之可以實心為也。因取一邑之民風土俗，審其利之當興、患之當去者，稍稍為民興之、去之。城北三里許，有大河名天妃口，會淮左諸水入海，勢極澎湃，其地為南北孔道，往來之人不絕，向設舟以渡，或遇颶風，潮湧舟輒覆，民之沉溺飄蕩葬魚腹者，不可勝記。余惻然傷之，詢之土人，謀築橋其上。土人僉曰：『此水深凡數丈，且五邑之水俱匯此口，其勢甚急，前此會議築橋樁，甫下水輒淌去，是以中止。』余謂：『不然。古來大事大功，無不待人而成。待之者，固自有其宜而成之者，亦自有其道。前此之未成，必其未審悉於地之宜也。不則，其憚煩也，又不則，狃於因循而不殫心以為之謀也。吾既為之宰矣，其可坐視斯民之胥溺而不一為之所乎？』於是相地勢而經營之，度其中間而阜者，糾工庀材築梁於上。計其費不下千餘緡，余捐俸為倡，又勸邑之紳衿耆庶共協佐之。工始於甲戌秋八月，至十有二月而告成。父老子弟式歌且舞於斯。橋之克創也，請餘名其橋且為文以記之。余不禁瞿然曰：『余之為此橋也，非欲以為名也，固將以行吾志也。憶余童年時，讀《四子書》，見子產濟人一事，孟子譏之曰：惠而不知為政。心常竊竊然，以為知政之甚難，而惠之之亦未可以已也。余今者宰斯土，成斯橋，敢云惠哉？亦庶幾通古人之意云爾。名之曰通惠，從其實也，亦余之志也。』余因思天下之大利大害，無不主之自天而成之自人，人事盡則天心可見，人心誠則天意可回，迨天意回，而天下之大利以興，斯天下之大害以去。

然則天之需夫人也，其亦無事不類然也，而橋之利，特其一焉爾。余將以是意附於古之知政者，且將以是意告夫後之知政者，其庶有以通此橋之窮，而相維於勿替也，因援筆而為之記。」水關橋，西門、北門外各一。通濟橋，伍佑場。康熙《府志》云：「七里橋，西門外，更名通濟。」於此同名異處。肇豐橋，大岡鎮有東、西二座。臥龍橋，大岡鎮地藏院傍。安福橋，一名方橋，岡門鎮。馬永橋，岡門鎮。鳳凰橋，岡門鎮，俗名南橋，跨新官河，有田一頃。乾隆二十六年，民人倉我義施。順濟橋，岡門鎮西，俗名西橋，跨南鹽河口。仁和橋，文英橋，並沙溝鎮。利濟橋，神臺莊南。乾隆十一年，僧素風募建，後圮。同治十二年，里人成學儒、吳海仙等募建。古基寺旁，跨東塘河。舊亦有利濟橋，今圮。虹橋，湖垛鎮西市口。道光中歲貢管謌士、文生程在廷等同建。顧家橋，湖垛鎮西南，跨梅欄河。光緒元年，文生陳根桐等重修。雙虹橋，景忠橋，皆在建陽鎮。永安橋，有二，一在新興場，監生沈任創建；一在上岡鎮。永利橋，上岡鎮北。舊於此建閘。乾隆五年，閘移串場河東岸，改建橋。永濟橋，草堰口，舊於此建閘。乾隆五年，閘移劉端浦，改建橋。萬福橋，安豐鎮。康熙六十年建。昌盛橋，裴家團。石橋二座，監生馬昌年、馬盛年建。土人感其德，故名。新洋村橋，康熙《府志》、《圖書集成・職方典》俱有新洋浦橋。程《志》、沈《志》云：「新洋浦橋、馬家蕩橋淪為湖蕩。」今新洋村橋不知建於何時，近日改建石橋。七里橋，跨梅欄河。八字橋。一跨李家溝，一跨梅欄河，形如八字。

壇廟

社稷壇，西門外，新官河南。明洪武元年，知縣陳天瑞建，後圮。嘉靖十七年，知縣程爀重修壇壝。國朝乾隆元年，知縣衛哲治奉文與風雲雷雨壇同時重修，俱繚以垣。《大清通禮》：「直省、府、州、縣各建社稷，皆社右稷左。」《大清會典》云：「社稷壇皆北向。」歲以春秋二仲月上戊日，為民祈報。府、州、縣皆正官將事，以各學教官、糾儀生員充禮生。先農壇，西門外，三皇廟內。國朝雍正九年，知縣于本宏建置，籍田四畝九分。道光二十九年，圮於水。光緒十五年，知縣王敬修重修。考《會典》，直省、府、州、縣均歲以仲春吉亥行耕耤禮，各於治所東郊建先農壇。今壇在西門外，非禮也。神祇壇，東門外一里。明洪武元年，知縣陳天瑞建。嘉靖二十年，知縣程爀重修〔註 3〕，以後屢圮屢修。考《會典》，直省、府、州、縣各建神祇壇，中設雲雨風雷之位，左設本境山川之位，右設本境城隍之位，歲以春秋仲月諏日致祭。《通禮》所載同。舊《志》作「風雲雷雨山川壇舍」，《國朝典禮》而引明制，均誤，今更正。厲壇，北門外。明洪武二年，知縣陳天瑞建。國朝康熙三十三年，知縣武韓重建。同治十三年，知縣武守恆重修。《會典》云：「直省、府、州、縣，歲清明節、七月望、十月朔日，祭厲

〔註 3〕「程」，原為「陳」，據上文改。

壇於城北郊。」舊《志》作「邑厲壇」，今依《會典》去「邑」字。**文昌宮**，在儒學內。新興場、伍佑場、岡門鎮、安豐鎮、草堰口、沙家莊、蕭家莊、建陽鎮亦皆有之。《通禮》:「直省、府、州、縣，文昌廟以春秋仲月致祭。」**城隍廟**，縣治東北。舊《志》云:「宋嘉定十三年，知縣楊瓊建。」考王禮《重修城隍廟記》，云「治平四年知縣李黃、乾道三年知縣鄒燧、嘉定十二年邑人李顥等俱重修理，武舉狀元朱同宗嘗為督工，至於邑人縣隅提督楊榮則又景定四年也〔註4〕。大德丁未，三漣楊實來尉是邑，值旱禱而雨，遂與邑老劉鑒、李仁貴、陳淄等協力乃事。至大戊申八月興作，次年五月畢工。於其時，邑令蔣卞、高郵州學正李拱辰囑前儒學教諭王禮撰記。今本縣達魯花赤從仕教化、縣尹張承務答不歹、縣丞盧從仕行宣、主薄從仕保定、典史廖應孫取記文，以刻諸石」，云云，不言「嘉定十三年，知縣楊瓊建」。舊《志》不知何本。明洪武三年，知縣許居敬修。國朝康熙十二年，知縣陳繼美因義民瞿繼聖等之請募貲興工，正殿、寢宮、前殿、東西序內外門，以次修造，粲然改觀。繼美為記以鐫諸石。三十三年，知縣武韓重修。光緒十三年，正殿半毀於火，邑人張廷恩等集貲重修。《會典》載春秋仲月吉日與神祇壇合祀。又祭厲壇之先，有司具香燭、公服詣廟以祭厲告於神。**關帝廟**，縣署北。知縣楊瑞雲於萬曆九年創建，國朝康熙六十年毀於火，雍正三年邑人薛表重建。上岡、岡門、沙溝、伍佑場、新興場、樓夏莊東南皆有關帝廟。《通禮》:「直省、府、州、縣，關帝廟歲均以春秋仲月及五月旬有三日致祭。正殿後合建關帝曾祖光昭公、祖裕昌公、父成忠公殿，同日行禮。」鹽邑近尚未建，三公合殿。潘應詔《義勇武安王廟碑記略》云:「夫海嶽山瀆之神與百辟鄉士之利民者，類得從其方祀之，然未遍天下也。武安王雲長，上自大都郡以暨窮鄉邑咸廟食無間。鹽瀆署事之前，面夕陽而左峙者，王故廟也。南海楊侯瑞雲來蒞，謁王而愀然曰:『惜也，予方南面而理，王側面焉，何稱事神之道耶?』於始相厥吉土於署之元武，鳩工庀材，次第而鼎營之。築始於辛巳之季冬，落成於壬午之孟冬。士庶人相與慶曰:『幽明之禮稱哉，神其妥之而民安之。』遂稽首邑齋，丐為禱辭以勒之石，使祀者歌焉。辭曰:『王昔彷徨，浮遊荊襄。奕奕者宮，王其蒞之東海之洋。王昔齟齬，入洛出許。奕奕者宮，王其蒞之東海之滸。王心翊漢，功著於明靈神，英英薄海外內。惟王之憑忠堅義極，鑠金貫石，千載一日，薄海外內。惟王之謚犧尊將將，鏞鼓皇皇，神來徜徉，奠厥國家、黎民樂康。』」楊瑞雲《重建關王廟記》:「夫宇內所為神祠多矣，然亦多未之熾盛也。惟漢壽亭侯關公廟芾芾遍宇內，無論通都大邑、名山勝境，即遐荒絕域小而至於三家之市，無不建廟以祀，亦無不肅肅烝香而拜廟中者，蓋歷代尊祀所從來久遠矣。高皇帝定鼎金陵，首建十廟於鍾山，關廟儼然列其上，蓋諸神中惟關廟得入。《祀典》云:『漢壽亭侯後改封武安王，故宇內皆稱曰關王廟焉。』鹽城舊有關王廟，在縣治東南偏，又規度淺隘，弗稱。余謂王瑰偉奇碩人也，當恢宏其宇，彼其時鐘天地正氣，扶漢正統，乃其廟

〔註 4〕「隅」字漫漶不清。

卑卑城偏如王平生何？乃於縣治後正北得地焉，高厚夷廣，遂為王遷建於此。正殿三楹，廊房東西各五楹，繪王奇功大節於壁。後殿三楹，二門三楹，大門三楹，鐘樓一座，鼓樓一座，左建道院，右建公館，丹雘璀璨，規度壯麗。世所稱海上有黃金之宮、紫貝之闕殆在是乎！是可以稱神居鎮溟渤矣。肇工於萬曆九年十二月，明年冬落成，則僭為紀述其事，以諗於來祀。曰余讀陳壽《蜀志》載王戰功甚具。夫以王之忠勇，其提刀躍馬直搗吳會，長驅河朔，固一談笑間耳。顧天下不祚劉，王能扶將□之日月收已裂之山河乎？王與操書云：日在天之上以照萬物，心在人之內以表丹衷〔註5〕。嗟乎！王之心，蓋自表見之矣。丹心耿耿直對天日，一念為劉，九死不變，即齎志而歿，乃其心固未嘗一日不在宇宙間也。累朝以來，國家凡有封疆之警，王往往赭袍白刃自云中來，鼓我軍之氣，遂致奇捷。何者為劉，丹心至今存也！鹽城孤懸海上，卒有緩急，危如累卵。自宋紹興間山東寇皇甫炳攻城不能入，嘉靖間倭寇兩入境，盡殲之，我軍無傷者，斯豈人力，殆王之精靈默驅之乎！然又聞鹽人凡有祈禱於王，鮮不應者，王之祚鹽人厚矣。此余重建神廟意云。」**倉聖廟**，光緒二年，詔直省、郡、縣皆立倉聖廟，祀黃帝史官倉頡。三年，邑人金意誠等創建於關帝廟東。**龍王廟**，東門外。明萬曆九年，知縣楊瑞雲建。光緒四年，知縣王敬修重修。考《會典》曰龍神祠，無龍王廟之稱，東海曰顯仁龍神，守土官春秋致祭。上岡、伍佑場、新興場東南皆有龍王廟。**火神廟**，城內東北隅。一名彤華宮。康熙四十二年，知縣鄭鼐建，後圮。咸豐八年，知縣姚銑倡修，未成。同治間知縣陳蔭培、光緒間知縣張振鏞先後修。按：火神在天為火星，在人為炎帝祝融。《吾學錄》曰：「《會典》及《通禮》止載京師祭火神之儀。今省會及府、州、縣歲以春秋仲月守土官諏吉致祭，弭災患以安閭井，亦為民祈福之一端也。」**劉猛將軍廟**，東門外。乾隆甲子，知縣黃垣建，邑人沈儼有《記》。後圮。同治八年，知縣陳蔭培重建，改稱八蠟廟。按：八蠟之祭始於伊耆，見於《禮記》。鄭康成謂：「先嗇一、司嗇二、農三、郵表畷四、貓虎五、坊六〔註6〕、水庸七、昆蟲八也。」蔡邕《獨斷》：「蠟也者，祭日索此八神而祭之也。」《字林》作「䄍」。《廣雅．釋詁》：「䄍，祭也。」此與後世所祀劉猛將軍無涉，今合而一之，非是。沈儼《建劉猛將軍廟記》謂神之生時、里居及受封何代，史傳無考，今考《徐州府志》、《沂州府志》謂為宋制置使劉武穆公錡，景定四年，敕封為揚威侯。天曹猛將之神說，本褚人獲《堅瓠集》引《怡庵雜錄》〔註7〕，而《山東通志》、《泰安府志》、《臨邑縣志》謂為南宋之金壇劉文清宮宰，王士正《居易錄》以為宋詩人劉漫塘，王鏊《姑蘇志》，翟灝《通俗編》引汪沆《識小錄》以為劉錡弟劉銳。《臨邑志》又云：「神名承忠，吳川人，元末官指揮，弱冠臨戎，盜皆奔竄，適江淮飛蝗，千里揮劍逐之，須臾蝗飛境外。

〔註5〕《關羽辭曹丞相書》：「竊以日在天之上，心在人之內。日在天之上普照萬方，心在人之內以表丹誠。」

〔註6〕「坊」，原為「防」。

〔註7〕「獲」，原為「稼」。清人褚人獲，字稼軒、學稼。

後因鼎革自沉於河，有司奏請授猛將軍之號。」說本《降神錄》。《國朝會典》、《通禮》及《禮部則例》皆云「神為劉承忠」。諸說紛紜，皆不足據。《建德志》載雍正三年定例：每年冬至後第三戊日並正月十三日〔註 8〕，劉猛將軍誕辰，均致祭，《上海志》所載同。伍祐場、新興場皆有劉猛將軍廟，光緒七年建。天后宮，北門外二里。舊《志》曰：「天妃廟，萬曆八年知縣楊瑞雲建，國朝乾隆六年重建。後由海船商人陸續修建，分為東西兩廟。神係宋林氏女，莆田縣湄洲人，元明累封天妃，國朝康熙二十三年加封天后。」詳見《天後志》。光緒十九年，夏四月，邑人築堰扞潮，潮益盛漲，埽幾不保，群奔禱於廟，獲轉危為安。金龍四大王廟，在西門外。康熙三十五年，知縣曾昌進建。南洋岸、北洋岸、上岡鎮、伍祐場皆有之。《會典》載神為宋浙人，謝增《密縣志》引明徐渭《四大王傳》，係會稽諸生，宋亡赴水死後為河神。海神廟，一在東門外，一在伍祐場，一在上岡鎮，一在北龍港，一在新洋村。考《會典・東嶽泰山記》於山東泰安府，他州縣非所祀也。然廟貌遍天下，自宋世已然，見《密縣志》引《讕言長語》。馬王廟，在游擊署東。按：《周官・校人》：春祀馬祖。鄭康成曰：「馬祖，天駟也。」《孝經說》：「房為龍馬。」《星經》：「房四星，亦名天駟。」今所謂《地官・族師》「春秋祭酺」，注云：「為人物災害之神。」《文獻通考》載建炎二年六月，淮甸大蝗，令長史修酺祭。紹熙三十二年，淮南北蝗，頒祭酺禮式，則酺為司蝗之神，與劉猛將軍同。都天廟，在西門外。伍祐場、上岡、安豐、沙家莊、北宋莊亦皆有之，祀唐御史中丞張巡，國朝封顯佑安瀾寧漕助順之神。詳見《會典》。范公祠，祀宋參知政事范仲淹。嘉靖四十五年，教諭鄭文昇初建於儒學內。萬曆間，知縣楊瑞雲移建東門外。同治八年，知縣陳蔭培修祠及亭。有祭田一頃五十七畝，在繆家河西。陸公祠，學宮西，祀鄉人宋丞相陸秀夫。明嘉靖十年，知縣程爋建有仰止堂、中流砥柱坊、表忠亭。十七年，縣丞胡鼈於正殿後增建浩然堂，後圮，邑人高萬節復建。國朝康熙二十六年工部侍郎孫在豐、乾隆十一年知縣黃垣修，垣有記載。沈《志・藝文》：嘉慶二年知縣壽聰、十年知縣陸樹英均修。同治間浩然堂毀於火，表忠亭今亦圮。祠基東西闊七丈三尺，南北長二十一丈六尺五寸。祭田六十八畝五分，座落西門外泰山廟河南，明萬曆四十四年，巡鹽御使謝正蒙捐置。又順治間縣丞范時英施祭田六畝，坐落城南。又范家莊有草地十八畝。程爋《陸公祠仰止堂記》云：「仰止者何？仰宋丞相陸公也。何仰陸公也？仰其盡臣節也。公為宋丞相，搬遷閩闗，卒至成仁取義，以收宋室，三百年養士之功，無愧為人臣矣。是故仰陸公之盡臣職也。或曰：『古人願為良臣無為忠臣。』公值時不幸，凡為人臣者弗之願也。噫！治亂者，時也。忠良者，心也。時有幸、有不幸，則一也。是故治則都俞，過則諫諍，難以死義，臣職當如是也。故曰：『忠良，一道也。』李直講曰：『天下治，則談禮樂以陶吾民；一有不幸，當

〔註 8〕「冬」，原為「長」。清朝雍正十二年，詔令官員在每年冬至後第三個戊日以及正月十三致祭。

仗大節，為臣死忠，為子死孝。』嗟夫！此公之心也！此公盡臣之職也！夫宋遷碙州時，事可知矣。群臣欲散去，公曰：『古人有一旅一成中興者。』乃奉立衛王，此公存而宋存也。及厓山之急，公曰：『陛下不可再辱。』遂負帝同溺，是公亡而宋亡矣。嗚呼！莫大乎社稷，莫重乎君臣。而公之存亡以之，孰不於公而敬仰哉！予讀《宋史》即公行事而知公之心焉。夫行宫正笏者曰敬，泣感左右者曰誠，日講大學者曰正，外籌軍旅、內調工役而綜理周密者曰才，潮州之謫，宜中之意也，而無蒂芥於中者曰量。若公者可為萬世相天下者之法，豈獨鄉邦後生小子所當仰已哉？然則為人臣子無崇卑、無遠近，為終身謀、為兒女計者，視公腆顏否？予因作堂於公祠之前，聚徒講學，因名仰止，又為之記。」楊瑞雲《重修陸丞相祠記》：「夫宋亡，死節之臣多矣，乃余則以陸丞相為稱首云。蓋戎臣武將率貔虎之士，鼓勇血戰，敗北而死，死於一時；封疆之臣攖城自守，食盡力殫，先城未破而死，死於旬月；亦有舉其家同死者，然高樓止水猶載疆土中。乃陸丞相則自德佑元年至祥興二年，歷時久矣。一念忠赤，直與宋室相為存亡，心逾金石，氣貫日虹，諸臣相繼亡去，丞相獨不去。又召致陳宜中、張世傑同赴國難，周旋不捨。今年走溫州，明年走福州，更歷三主，間關播越至於海上。迨厓山既破，慮帝為元人所得，貽宗廟社稷之辱，乃驅妻子先入海，於是負帝入海死。嗟乎！難莫難於從容就義，終始不渝；烈莫烈於舉家沉海，盡葬魚腹。故余談品宋亡死節之臣，以陸丞相為稱首云。余家厓山下，最悉丞相死事。每登厓山，俯矚海濤，倚風悲弔之。顧當其時，七日浮屍出海上，人得收葬之。故潮州有侍郎嶼，即丞相墓也。歲久，墓就平，後遂莫考。覽丞相葬處，傷哉！萬曆乙卯，余受命宰鹽城，則首謁陸丞相祠。又獲拜於所葬衣冠之墓，有厚幸焉。蓋丞相死所，乃余之鄉也；余所宰邑，則又丞相之鄉也，有異代之誼矣！其時祠宇荒圮，余亟修飭之。既落成，灑酒而告，而誦《九歌》、《九章》，以為迎神、送神之曲。肅乎見其儼然正笏之容，而英英乎若其神之颯然而來也，則竊嗚唈太息曰：『史稱丞相仗劍驅妻子時，夫人有難色，按：此說本之《宋季三朝政要》。《四庫全書提要》謂「此書得之傳聞，語多附會」，此亦附會之一論也。豈謂夫人難一死哉？夫人從丞相蕩析者數年，習聞聖人之言，已自分一死，所云難色者，蓋欲與丞相同死耳。』以故丞相諭之曰：『爾先去，怕我不來？』遂與三子偕入海死矣。自古誤主賣國之臣，負罪天地，萬世而下，罵之不容口，姑無論矣。自其稷縷當朝，庸庸碌碌，無所表樹者，即貴盛顯赫一時，然死肉未寒，已光滅景絕同糞土也。乃陸丞相死，忠魂烈氣，千載如生；載之汗青，日星並麗；著之祀典，俎豆生馨；並其妻子亦琅琅炳炳，施聲來祀，丞相不死哉！余不丞相之悲，而丞相之豔，敬書於仰止之堂，以告萬世之為人臣者。」蘇茂相《陸丞相祠詩》云：「浮海南奔擁六飛，孤臣血淚灑朝衣。石銜精衛心猶壯，鼎抱龍髯願不違。粵嶼草荒樞密冢，厓門花滿侍郎磯。可憐舊國還祠廟，正笏忠魂歸未歸。」楊瑞雲《陸丞相祠詩》云：「欲挽重溟蕩虜塵，煙波萬里惜辛勤。行宮端笏如平日，講幄沾衣為幼君。曾共妻孥填瘴海，至今祠廟鎖寒雲。我來細訴瓢城老，世絕忠臣不忍聞。」「君自前身楚大夫，閶闔閭廣奉遺孤。淚邊華夏憑誰主，海上魚龍助劍呼。星落滄溟寒戰士，檣翻白浪盡雄圖。我家正在厓山下，慣聽淒涼野殿烏。」〔註 9〕王翼武《陸丞相祠詩》云：「臣子何為迫君死，或存或亡聽之耳。不知此是婦寺忠，相公大義寧同此。肯以孺子待其君，銜璧稱臣真堪恥。徽欽北狩竟如何，德佑皇帝再誤矣。完顏不屈奇渥溫，雉經蔡州猶爾爾。何況大宋異亡金，豈宜三有降天子！請君負在微臣背，君臣都俞赴海水。以濤為槨魚為棺，不使元臣得髮齒。可憐守緒骨已分，臣今葬君在波底。楊璉真珈毒難施，何繇獻骨燕京裏？只此勸君死社稷，猶是誠意正心理。鮫宮夜夜聞講聲，還與吾君相終始。嗚呼遍觀古忠臣，忠臣之忠忠一已。疇似相公善成君，贊君以義疇青史。君有臣兮祖有孫，亡國雖悲仍足喜。」沈漢《陸丞相祠詩》云：「先生信國兩誰磨，我欲同歌《正氣歌》。陞馬千山橫鐵笛〔註 10〕，樓船一片臥金戈。兵棲粵嶺流星隕，淚濺厓山古血多。自此君臣同不死，紫瀾時觸海中波。」陳蔚林《答陸蔭森書》云：「來書詢，《縣志》載顏敏《〈謁陸相祠詩〉序》云『丞相嫡裔在潮州，鹽城陸氏為丞相兄清夫之裔』，而《家譜》所載實以忠烈為始祖，與顏《跋》不符，疑二者必有一失，爰就正於愚，愚敢為足下詳道之。《宋史・本傳》言『度不能脫，乃仗劍驅妻子入海』，與《昭忠錄》暨《宋季三朝政要》所載略同。淮陰龔開作《陸君實傳》亦言『先驅妻子入海』，而其後又云『君實之子年已弱冠，假令不死，託之何人』，原未嘗言『陸公必無後』也。乾隆中濟源衛公哲治守淮郡，修《府志》，攟拾龔《傳》中語復為之傳，斥龔《傳》言『公無後』之非，其於『假令不死』之語未細繹耳。忠烈生四子，其一子名繇，好漁獵被逐得不死，遂繁衍其後。因之潮州有城南、城東二陸，此說權輿於楊《志》。至顏敏知海陽縣事，得見潮州《陸氏家譜》，益暢其說，遂謂吾鹽陸氏為忠烈兄清夫之後。沈儼撰《陸忠烈世系考》，採取顏說為多，謂饒平、揭陽、澄海、海陽等縣皆有公裔，自元明及今科名世宦不絕。以愚所見諸書考之，猶有未盡。歸安錢振倫《示樸齋集》云〔註 11〕：『陸忠烈公鐵如意為嘉興陸氏所藏，鎔鐵為之，反正所嵌銀絲均已剝落，惟背有「陸秀夫制」四字宛然尚存。忠烈十七世孫震寶之《遍徵題詠》，是公之後在嘉興也。』《福建通志》載戶部主事陸昭，仙遊人，宋丞相秀夫四世孫。《學政全書》『承襲奉祀』條內載嘉慶十四年部覆福建巡撫張師誠，諮宋左丞相陸秀夫盡忠扶主、為國忘身，興化府仙遊縣建有專祠，春秋官祭，緣子孫式微，未經呈請設祀生，茲有二十三代嫡孫陸尤紹、允堪、承充等因應准其充補，是公之後在仙遊也。《宋史・本傳》謂『公生三歲，其父徙家鎮江』，《學政全書》載丹徒陸公祠亦有奉祀生。凡祀生，例以嫡裔為之，故丹徒縣舊《志》載陸忠烈公祠，裔孫陸其筠移建鶴林寺側，玉澍按：丹徒縣新《志》載咸豐間祠毀於寇。同治十二年，裔孫陸長賡、

〔註 9〕「野」，或為「故」。

〔註 10〕「陞」，或為「塞」。

〔註 11〕原為「樗」，誤。錢振倫，號示樸，浙江歸安人，有《示樸齋文集》、《示樸齋隨筆》。

長生移建城內青雲門大街。是公之後在丹徒也。《三老詩存》載徐燧《重修陸丞相祠堂詩》有『鳧飛仙令仗文孫』之句，自注云：『陸公樹英，廣東高要人，為公裔孫。嘉慶九年，攝篆吾鹽，謁公祠廟，捐貲重建，棟宇一新。』是公之後在高要也。陸求可《密庵文集》載《〈陸氏家譜〉序》言其先世為陸丞相之後，由鹽城遷山陽，是公之後在山陽也。又黃宗羲《南雷文定．參議密庵陸公墓碑》云：『公諱求可，姓陸氏，宋丞相忠貞之裔，世居鹽瀆，明初有以賢能推擇築大河衛城，遷於淮，遂為山陽人。』南雷，國朝大儒，與寧人夏峰齊名〔註 12〕，其說較諸家尤為可據。由諸家之說而知公之後不專在潮州，由梨洲先生之說而知公之後世居鹽瀆，今吾邑人未見南雷先生之文，而唯顏、沈兩先生之言是信，謂鹽城陸氏舉非忠烈苗裔，其與衛尚書未見吳萊《〈桑海遺錄〉序》，不知龔開所撰《傳》同於司馬遷、班固所為，而反斥之為無也。何以異哉？唯是仙遊、丹徒陸公祠皆已設奉祀生，世主烝嘗，而鹽邑為公故籍，靈爽之所往來，而祠宇反闕，祀生不設，固由後裔疏於典禮，而亦顏、沈兩先生之說之有以誤之也。由吾之說知他日必有援以請命者，是所望於後來之賢哲與良有司矣。」潘公祠，祀明總河尚書潘公季馴，在城隍廟西。萬曆八年，知縣楊瑞雲建，並置祭田三十一畝，在城西湯家堡。祠後圮。國朝乾隆二年，知縣衛哲治重建。明何維柏《尚書潘公生祠記》云：「司空潘公生祠，鹽人創建於鹽者也。公之功在兩河，以其故德之而生祠之者，不特在淮城。云鹽城東跨海而西為眾水所委，自兩河告變，而鹽城蒙其患尤甚。蓋黃河奪柳鋪灣而東，則直注鹽城，渟為巨壑；淮河潰高家堰而南，則決寶應堤而北奔注鹽城，以一鹽城而受兩河之匯，孰能堪之？是故頻年以來，鹽城之田盡為龍蛇蛟鱉所窟宅，其民流徙星散，或作溝中之瘠，鬻子販女遂為人市，至有爨子而咬其骨者，凡所為痛心酸鼻至矣。蓋相與仰天而號曰：『嗟乎！天其竟無活吾土人意耶？』皇上憫念江淮赤子，廑宵旰憂。歲遣治水使者行水，冠蓋相望於道。工役繁興，所費帑金且數十萬，然卒無尺寸效。歲戊寅上簡中外大臣才望素著能治水者，廷議盡推潘公，於是以御史大夫兼工部右侍郎按：《明史．本傳》作「工部左侍郎」開府於淮，總督兩河，得便宜行事。公以己卯春至淮，覽歷兩河之地，諮訪土人，集司道諸公之議，而又考鏡平江陳公之遺跡，決策曰：『夫兩河所為南徙者，勢分而流徐，流徐而沙積，沙積而故道壅，由是走海不得而南徙也。』於是請於上，修高家堰以防淮勢之分，塞崔鎮諸決，修柳鋪灣諸所以防河勢之分，則河、淮勢合而趨海力壯，河治而海亦治。此以水治水之術也。上是其議，降溫旨褒答。於是公既已得請，則瓜分其土，委百執事程督之。丁夫雲集，披雪沐雨，無間寒暑。明年庚辰夏，諸工同時奏成，由是河、淮合流趨海，盡復禹之故道，無南徙患。其在鹽城則河水阻柳鋪灣不來，淮水隔高家堰不復決，寶應堤而下向所淹沒田畢出，畹畎纚連，塍埒綺錯，鹽人競請牛種事，春耕扶犁，荷笠相望，隴畝間流民歸復。

〔註 12〕「寧」誤。孫奇逢，容城人，明末清初理學大家，因晚年講學於河南輝縣夏峰村，世稱夏峰先生，與黃宗羲齊名。

故業鱗萃麕至，構黃茆屋，種榆植柳，曖曖成村落。是年秋黃雲彌望，則皆釃酒相賀，得復見平成之盛。曰：『所以使我離昏墊而享穰歲，知有生之樂者，咸督府公之賜也。』於是里設燕社，家設畫像，飲食必以祝公，乃諸父老則請於鹽令南海楊君，願醵金為生祠崇報之，楊君蓋受知公最深，每為鹽民請蠲租給種、賑金賑粟，無不報可。於是楊君從父老請，建生祠於縣北菊花溝東祠前。門三楹，中為甬道，歷二門而入至露臺，東西廂各三楹，中為祠堂，塑潘公像，曰：『登其堂得覩接公顏色也。』後為燕享之堂，東西廂如前，西設庖，令俎豆公者得集享於堂中。燕享堂之後則周遭築長垣，而中建一大亭，額曰四照亭，言公之澤大洽能照千里，不遺海濱也〔註 13〕。祠成，楊君率諸賓寮祀祠中，觴焉，謂宜有碑以紀述公之勳烈，垂之永永，乃遠馳書幣以碑文見屬柏。按祀典，有功於民則祀之，能御大災則祀之，能捍大患則祀之。若潘公者，蓋兼之矣，祀之固當。竊見海濱，故有范公祠。范公者，范文正公仲淹也。范公監西溪鹽倉，築捍海堤，自鹽城南抵海陵，紆斜迤邐如坡形，自是海潮不得浸淫壞良田，海濱人德之，立祠祀之，而名其堤曰范公堤。乃今者復有潘公祠，兩祠對峙於海上，丹青輝映，有榮觀焉。余竊謂潘公視范公其功尤溥，其事尤艱。何者？范公堤直一百四十餘里，利及通、泰、興、鹽四州邑耳，而潘公所築堤蓋千里，利及三省，為州邑且百計，是故其功尤溥。范公其時當宋天聖間，左右刺史同心協贊，無撓之者。潘公當水災溢溢大變，久不能治之，後公方握筭而主高家堰之議，而鼓喙者盈庭，射影者在側，賴上聖明，任其計為可必用，而公亦力排群議，攘臂以肩其重，乃於是有成功，是故其事尤艱。至其勳庸德望偉然為國家柱石之臣，則兩公所同，莫能軒輊之矣。潘公名季馴，吳興人，嘉靖庚戌科進士，以河功晉宮保，今為留都大司馬。」**趙公祠**，祀明趙善鳴，在縣治東，久圮。**王公祠**，祀順治初知縣王我字，在西門外。光緒十五年重修。**忠勇廟**，祀明戰歿營兵張極等二十九人。天啟二年，知縣趙善鳴建於北門外。乾隆間移建縣署東南。光緒十四年，邑人孫公項重修。明宋祖舜《記略》云：「天啟乙丑季夏八月，御史陸巡鹽城，予守例往謁，過北門忠勇廟，心甚惻然，歎此平妖陣亡張極等二十九人者仗義可嘉，各給賞銀一兩以示矜恤，仍置木扁一懸之廟中，賞畢。翌日眾兵家屬謝階下，號痛之聲動天，聞見殊為可悲，因憶七尺丈夫懷金紆紫，不能捐軀自矢以濟國家之難，其於成仁取義視此輩匹夫不如也，能無愧乎？因記之。」宋統殷《記》已採入《人物志》〔註 14〕，分立兩傳，此不具錄。**烈女祠**，祀沈烈女。康熙四十二年，女嫂高氏捐銀二百兩建祠，在縣治東。**節孝祠**，祀本邑貞烈節孝婦女，在關帝廟東。雍正七年建。考《會典》，節孝祠宜在儒學內，與名宦、鄉賢並列。**王心齋祠**，在伍祐場，祀明王艮，乾隆九年建，五十五年重修，今廢。**王太保祠**。在沙溝鎮，祀晉王祥。程《志》云：「廟前溪水，冬月不冰。」

〔註 13〕原為「不海濱遺」。

〔註 14〕明人宋統殷著有《忠勇廟碑記》。

古蹟

射陽故城，《方輿紀要》云：「射陽城在縣西九十里。漢縣屬臨淮郡，三國時廢，晉復置，劉宋僑置於江南而故射陽縣遂廢。隋末韋徹據鹽城，置射州於故射陽縣。」《明史稿·地理志》：鹽城縣西北有射陽賡縣〔註 15〕，近射陽湖。嘉慶《揚州府志》卷八《山川門》云：「《漢書》張晏注云：『射水之陂在射陽縣。』凡水北曰陽。射陽故縣在鹽城西九十里，正在湖北，則以射陽湖為射陂者得之。」今按：即縣西九十里之射陽村也。又按：喬萊《寶應志》、〔孫珩〕《歸田集》〔註 16〕、王式丹《樓村集》、尹會一《揚州府志》、趙宏恩《江南通志》、王昶《金石萃編》引汪中說，皆云「寶應縣東七十里射陽鎮，漢射陽故城」。蓋射陽分屬鹽、寶兩縣，故或云「在寶」實則一。唐李賢《〈後漢書〉注》云「射陽故城在今安宜縣東」，安宜即今寶應射陽村，正在寶應縣東，其說亦合。尹會一乃云「射陽故城在鹽瀆者，晉大康所重置」；劉寶楠《寶應圖經》又謂「鹽城射陽故城，後齊置」，皆臆說，不足據。酈道元《水經注》以山陽城為射陽故城。考山陽為射陽縣地名，晉安帝時割以置縣。《宋書·州郡志》所載甚明。今之山陽城非漢射陽故城，劉文淇《揚州水道記》已辨其誤。而光緒《府志·古蹟門》謂射陽故城在山陽東南，與舊《志》不載射陽故城，皆誤。鹽瀆故城，光緒《府志》云：「在縣西北。」孫堅故宅，舊《志》載楊瑞雲《經孫司馬堅故居二首》：「風景蕭蕭起暮愁，英雄去矣地還留。中原當日悲劉氏，建業行看有仲謀。近海魚龍千疊浪，西風葭葦滿城秋。只今弔古憑詞賦，不盡淒涼對古邱。」「邱壟迢迢賦客過，當年司馬擁琱戈。會盟莫是縱橫計，分王其姐子姓何。此日射陽城市致，故宮衰草鹿麈多。霸圖回首鎖沉盡，細聽斜陽麥秀歌。」今失所在。漢射陂，即今射陽湖，詳見《河渠志》。唐常豐堰，即今范公堤，詳見《河渠志》。東漸橋，唐時鹽城有東漸橋，見《酉陽雜俎·張辭〈上鹽城秋令詩〉》〔註 17〕，今無考。十里亭，治西南十里，見《宋史·李全傳》。陸忠烈公故里，在建陽鎮，即寶佑四年《登科錄》之「長建鄉長建里」也。鎮有酺神廟，有碑云「宋陸丞相讀書處」，舊有景忠書院，今廢。又城內儒學街亦有丞相陸公故里碑。萬曆辛丑孟春，建上有「海國孤忠」四字。今按：公為長建鄉人，城內非公故里。至建陽雖其故里所在，然公生三歲即隨父避地居京口，不聞復歸鄉里。似建陽鎮不應有公讀書處，疑出於後人附會。瓜井，沈《志·藝文·楊瑞雲〈瓜井二首〉》：「自為尋孫宅，驅車歷大荒。瓜田猶在眼，興王事非常。蔓草埋狐穴，寒雲鎖女牆。居人勞指點，中是聚仙堂。」「欲問龍興地，川原久屬僧。種瓜非故主，有井近平陵。城枕滄溟立，雲依古寺層。芳蘋那可薦，世代已無憑。」劉沁區《瓜

〔註 15〕「賡」疑為衍文。

〔註 16〕《歸田集》是清代孫珩的著作，循例補「孫珩」。

〔註 17〕「秋」衍文。唐代張辭著有《上鹽城令述德詩》，即「門風常有蕙蘭馨，鼎族家傳霸國名。容貌靜懸秋月彩，文章高振海濤聲。訟堂無事調琴軫，郡閣何妨醉玉觥。今日東漸橋下水，一條從此鎮常清。」

井詩》：「苔荒石甃故城隅，百丈何年斷轆轤。秋圃縱橫雙鶴沓，灌蔬人尚說孫吳。」按：陳沂《南畿志》云：「瓜井，去治東北半里，大旱不竭。」至楊《志》乃謂「孫堅父鍾嘗種瓜於此」，又謂「堅為丞時於父種瓜處開鑿是井」，康熙《府志》謂之孫鍾井，謂「鍾為鹽瀆丞，鑿井種瓜於此」，皆謬說。程《志》、乾隆《府志》已詳辨之。又縣署儀門東有洌井，北門外一里有沙井，味甘洌，皆舊《志》所載附錄於此。**鐘樓**，縣治前端平橋南。洪武十五年，知縣俞順辰建，久廢。**登津館**，西門外。今久廢。康熙《府志》云「洪武十五年，知縣俞順辰改名承亭」，《圖書集成・職方典》謂「洪武十八年，知縣俞順辰建」，說互異。**望夫臺**，縣治西八十里。**姜神臺**，縣治西北六十里。**燕子閣**，縣西南七十里。相傳有烈女夜啟戶飼饑燕，家人疑之，女遂懷燕沉河以自明。及葬，有紫燕無數，爭銜泥壘其墓，居人驚歎，建閣遂以名。今久廢。程《志》、沈《志》皆載入「軼事」，今移「古蹟」。**石人頭**，從土中出，高四五尺，縣治北六十里。按：此不足謂為古蹟，舊《志》所載，故仍之。**鹽城監**，《明史稿・地理志》云：「縣南有鹽城監。」舊《志》引《太平寰宇記》云：「鹽城，古之鹽亭也，歷代海岸煎鹽之所。南唐以為鹽城監，其後因而不改。管鹽場九所，在縣南北，俱臨海岸，曰伍祐、曰紫莊、曰南八遊、曰北八遊、曰丁溪、曰竹溪〔註 18〕、曰新興、曰七惠、曰四安。」考鹽城監始於唐乾元元年，鹽鐵使第五琦變鹽法〔註 19〕，就山海井灶之地，置監院，令游民無業者為亭戶，見《新唐書・食貨志》。又《叛臣高駢傳》亦言鹽城監，《寰宇記》謂始於南唐，非是。**曻園**，在沙溝鎮，明季廩生姜長榮園，今之日照庵是其故址。長榮事蹟，詳《人物志》。**蔬枰**，徵士宋曹園名，在城西南六里湯村，今廢。魏禧《題宋射陵蔬枰》云：「藝蔬亦有道，菜窩植韭以為君；治圃亦有法，縱橫不亂如部軍。重後輕前謝機智，一心負缶何殷勤？種之貴土宜，用之貴及時。即此經物有生理〔註 20〕，聖人何以小樊遲！我本南州士，常遊東湖曲，雲卿廢圃至今傳，歲歲春風春草綠。嗚呼！古之小人今大人，試看蔬枰霜雪後，有青松黃韭何畇畇〔註 21〕。」見《寧都三魏集》。王士正《題蔬枰圖》云：「相逢射陵叟，獨見古人心。解作一生事，蕭然三徑深，忘機成老圃，抱甕偃空林，銅輦他年夢，依依直到今。」見《精華錄》。尤侗《題宋射陵蔬枰》云：「昔讀王磐《野菜譜》，香風黯淡入牙根。今朝又見蔬枰味，恨不攜鋤到鹿門。吾愛徐州萬年少，風流放誕世間無。為君題贈蔬枰字，只少王維作畫圖。」「雨中過我水哉軒，瓜豆盈畦小草繁。堪作蔬枰附庸地，東籬端不羨西園。老母年高正倚閭，蔬枰偕隱賦閒居。漢廷莫下蒲輪詔，不換淮陰

〔註 18〕據《太平寰宇記》，「溪」為「子」。

〔註 19〕「琦」字漫漶不清。《新唐書・食貨志》：「第五琦乾元元年，鹽鐵鑄錢使第五琦初變鹽法，就山海井灶近利之地，置鹽院。游民業鹽者為亭戶，免雜徭。」據此得「琦」。

〔註 20〕「生」，或為「深」。

〔註 21〕「有」疑為衍文。

種樹書。」見《看雲草堂集》。汪懋麟《同胡天仿飲蔬枰賦得青陽逼歲除》〔註 22〕:「為客此何日，驚心歲漸除。窮陰催舊臘，殘雪憶君閭。萬感燈前集，孤懷醉後舒。停杯對朋友，春到轉躊躇。」見《百尺梧桐閣集》。按：宋曹《蔬枰草堂雜詩》云:「關河不可問，宿草未全醒。晚望煙雲白，天高竹柏青。荷蓧招野客，看劍惜晨星。何處長歌發，蕭蕭入遠聽。」又考孫一致《寄答宋射陵》云:「長安久處望鄉難，憶別何期寄羽翰。海國三年人各異，燕山六月雪猶寒。鬚眉宦跡愁中改，風雨蔬枰局外看。臂病漸增歸思起，其君握手臥雲端。」自注云:「蔬枰，草堂名。」與諸詩以蔬枰為園不合。然一致又有《贈射陵詩》云:「泥塗混跡與偏孤，自號蔬枰老灌夫。藥果數畦懷壽母，弓旌三避得真吾。」則蔬枰仍以園言，非草堂所專也。湯村，一名湯莊。一致有《宿湯莊水月庵同宋秀才穉茶限韻詩》。又宋曹《王筠長先生同志錄》云:「結伴桑陵，作耦耕圖以老。」又《居桑陵詩》云:「澗外尋鷗息，秋來可抱書。雨聲親僻徑，兵氣隔荒居。鳥或無心集，人因久病疏。中田屬蔓草，何地可誅鋤？」又王之楨《〈會秋堂詩集〉序》云:「君已先期趨舅氏闢館，以待予為同隱桑陵計。」桑陵，今不知所在。《西渚詩存》有《桑村雜詩五首》，疑即其地也。俁園，城南，國初高氏園，今廢。孫一致《俁園觀菊》云:「歷落疏籬護短牆，城南今復見柴桑。千杯綠送重陽雨，三徑黃迎九月霜。傲骨亭亭秋正老，新英采采味還長。一時詞客饒幽興，歌出高樓夜未央。」《題俁園牡丹名醉楊妃》云:「風流當日擅紅顏，天寶承恩獨壓班。塵暗胭脂零落盡，卻餘花影在人間。」《俁園石假山二首》云:「胡少乎拳石，胡卑乎土壤。胸臆起層巒，雲霞結夢想。居然得我山，宛坐嵩華上。」「邱壑以意為，造物失權力。乃遂主人情，春風感舊識。試看亭子開，梅花亂山色。」沈漢《俁園磊石為山同人雅集分韻》云:「昔有宗少文，撫弦響四壁。又有謝康樂，搜奇更無敵。臥遊只自娛，幽討亦稱癖。何如巨靈小，鞭石隨所檄。高下無遁情，徙倚可共適。我從夜郎還，停船漢江側。沽酒黃鵠磯，醉聽梅花笛。遙呼謫仙人，江月照蘆荻。倦歸已八年，夢魂長惻惻。布襪共青鞋，枕流兼漱石。誰知看竹來，兩峰插天碧。策杖一躋攀，雲霞蕩胸臆。峙者似虎蹲，伏者如兕匿。石樑何窈窕，蜀道空寂歷〔註 23〕。雪浪及松濤，對之生寒慄。頓覺樊籠開，遂令塵襟滌。尋壑復經邱，衣沾不足惜。仰天歌一聲，風光青欲滴。」劉沁區《題樹隱居》雲:《序》云:「俁園西南隅多老樹，主人構小屋其下，顏曰『闒隱』，索余題之。」「深叢園角樹，小構樾間亭。霽色全難辨，秋聲近滿聽。參差帶亂石〔註 24〕，彷彿出疏欞。坐我煙霏裏，鬚眉渾欲青。幽棲雖未遠，不異臥林坳。窗拂風鳴葉，簷懸雨折梢。小猶同鶴柵，寬絕勝鷦巢。咫尺迷歸路，瞢然密蔭交。」思補亭。縣署東北隅。咸豐中知縣姚銑重修。沈《志》云:「知縣程國棟葺亭、濬池、雜植桃柳。」程《志》

〔註 22〕即《同胡天仿飲斌臣蔬枰賦得清陽逼歲除》。
〔註 23〕「蜀」或為「間」。
〔註 24〕「帶亂」不清楚，待考。

云：「思補亭在宅後東偏。舊名喜雨亭，宋改暉素，元改觀海，明正德間改抱甕，又改後樂，國朝康熙中改矩亭，又改思補。」康熙《府志》所載略同。乾隆《府志》列入「古蹟」，云：「宋知縣袁植改暉素，而又有燕喜、清肅兩名。」按：康熙中知縣陳繼美始改暉素為後樂，有王之楨、孫一致詩可據。舊府、縣《志》說多誤。一致《後樂亭詩》云：自注云：「故址在縣署內之東園，原名暉素，陳侯新之，因更名。」「廊廟與江湖，懸隔知何許？進退總懷憂，范公乃千古。巍祠立東郊，羹牆如在睹。今復見陳侯，五載令茲土。孤城薄海隅，瘠壤飽斥鹵。河淮攻其右，決波送強弩。田祖已無靈，馮彝遂擊鼓。四野蛟龍腥，萬家皮肉腐。勞心實已多，顦顇不遑處。署有暉素亭，歷年蝕風雨。一旦度荒基，峨峨敞楹宇。更名曰後樂，顧名心轉苦。永懷范公憂，此念足歌舞。」王之楨《暉素亭更為後樂亭　題諸公詩卷後》云：「後食堂東留古亭，亭邊老樹凌霜青。海氣暉暉射潮日，絃歌琅琅入疏欞。苔石不知何代碧，琴磚久作斷紋橫。元龍到處匡頹隮，更以後樂名吾亭。綠塘環抱曲欄外，開牖手列東西銘。浣花分得瀼溪勝，菜盤芳越五侯鯖。紫囊玉軸交相尚，閒看白鶴來滄溟。古人作官與作客，淡泊能全真性靈。在中之樂浩難測，蔑視鯨鱷猶蝘蜓。九載民艱繪未厭，時將國計書連屏。公餘趣發青邱秘，自煮中冷續水經。」按：後食堂，舊《志》不載，今無考。

《四庫全書提要》謂志乘景必有八。八景之詩七律〔註25〕，最為惡習，而美張聖誥《登封縣志》力破是例，差為有識。《山陽縣志》援《提要》之說，於康熙《府志》所載山邑八景削而不錄，其識卓矣。鹽邑舊《志》所載八景曰鐵柱潮聲，明嘉靖時邑人王信有《鐵柱潮聲詩》，其時縣志尚未創也，然則八景之說匪始於楊《志》。曰范堤煙雨，康熙《府志》卷一《疆域門》「范堤煙景」。曰瓜井仙蹤，康熙《府志》曰「瓜井靈湫」。曰龍祠勝概，康熙《府志》曰「龍祠樹色」。曰石橋春漲，康熙《府志》曰「石橋春水」。曰登瀛晚眺，康熙《府志》曰「登瀛晚霞」。曰楊樓蒼翠，康熙《府志》曰「楊樓翠靄」。曰太湖秋月。康熙《府志》曰「太湖灝波」。按：太湖即縣西南大縱湖。按：八景以太湖灝波為最勝，餘皆無足稱述。而瓜井仙蹤尤為附會無稽，欲概削之，恐駭時流，姑附綴於後，而不錄一詩於隨俗之中，仍徽寓矯俗之意云。

邱墓

漢陳琳墓，在射陽村。唐溫庭筠《過陳琳墓詩》〔註26〕：「曾於青史見遺文，今日飄零過古墳，詞客有靈應識我，霸才無主始憐君，石麟埋沒藏秋草，銅雀荒涼鎖暮雲，莫怪臨風

〔註25〕據《四庫全書總目提要》，「七律」前脫「必」。
〔註26〕該詩中「古」「秋」兩字，又作「此」「春」。

倍惆悵，欲將書劍學從軍。」明楊瑞雲《阻雪射陽弔陳記室》云：「欲雪五湖天，遲同弔昔賢。飄零誰見女，霸王重相憐。文藻留今代，精靈追瞑煙。寥寥千載意，故阻北風船。懷古從延眺，風煙萬里賒。淮南存故國，冀北是君家。青自墳頭草，香飄雪裏花。千秋一祠宇，憑爾振豪華。」晉東海王彥璋墓，同治十年十二月，收成莊耕者得古墓，甋磚為槨，中藏朱棺。磚修九寸、廣四寸有半，厚寸許，紋細而色黝，下有「東海王」三字，右側有「儀熙三年」四字，皆八分書。好古者弆其磚，墓封閉如故。按：古無改元儀熙者。儀熙即義熙，為晉安帝改元。「儀」與「義」古字通用。《毛詩．楚茨》「禮儀卒度」，《韓詩》作「禮義卒度」，《周禮．小宗伯》「肄儀、為位」，在□□□為義，《春秋》□儀□〔註 27〕。《漢書．鄒陽傳》作「義」文。安帝以會稽王道子次子彥璋繼東海哀王沖，後為桓元所殺，見《晉書．東海王越傳》〔註 28〕，當即其人也。彥璋遇害在元興元年三月辛未，見《晉書．安帝紀》，至義熙三年已五載，久而後葬，為亂世常有之事，無足異者。會骸山，徐堅《初學記》：「縣西南有會骸山，山有金牛，昔有兄弟三人共鑿坎，求同死穴中因名。」按：鹽境無山，當是因岡阜為冢，遂名山耳。《〈漢書．地理志〉注》引如淳云：「《黃圖》謂陵冢為山。」宋左丞相陸秀夫墓，縣西南五十里，大陸莊葬衣冠處。按：舊《志》所載葉元玉《陸丞相墓考》本之張詡《厓山志》，不如《圖書集成．坤輿典》第一百三十六卷所載明潮州府知府郭子章《陸丞相墓辨》為詳，今錄於後：「予來潮二年餘，四境稍敉定，郡鄉先生請予續《郡志》，則先檄南澳於將軍。澳，重鎮，全粵東蔽不可以亡志。而遺之書曰：『不佞聞宋陸丞相墓在澳山北青徑口，將軍訪其神道安在已？』於將軍報予：『址石僅存，碑表蕪沒。』予傷之，令威不歸，童牧哀歌，責在守臣。乃為伐石，題曰『有宋陸丞相君實之墓』。且下令禁樵蘇。雖然，竊有疑焉。考《宋史》，宋亡厓山之日，丞相走帝舟，舟大，度不得出，乃負帝昺投海中。七日，浮屍出於海十餘萬人。《丞相傳》：『祥興二年癸未，大戰，宋師亂，丞相朝服抱帝赴水死。』未載丞相墓。元至元十七年三月，潮州路總管丁聚立碑於青徑口墓下，記曰：『陸君實甲於文天祥榜，與陳宜中議不合，謫潮數載。母夫人卒於潮，不能歸葬。聚為擇地，封其墓，坐北向東，五峰前秀。次子九郎俊雅能文，予甚愛之。不幸繼卒，附於大母之側。聚知君實顛沛流離，隨龍沒波，遂給官田五頃，以贍遺孤。』亦未載丞相墓。我明天順五年，修《一統志》，載陸秀夫墓在府城南八十里海中嶼上。丞相墓在潮州境，其說始著。弘治十四年，漁人伐南澳墓，陸氏子孫訟之官，知府張景暘、同知林廷模製衣冠遷於負郭山廢庵桂臨官地，而自為記。弘治十六年，南海張廷實詡修《厓山志》，貽潮守葉元玉書曰：『考陸丞相墓，在潮治城南海中嶼上。厓山破，丞相驅妻子、負幼主赴海。前居潮時，長子繇好漁獵，遂居海陽鬬望沙岡，天

〔註 27〕所缺字漫漶難辨。

〔註 28〕據《晉書．東海王越傳》，「隆安初，安帝更以會稽忠王次子彥璋為東海王，繼沖為曾孫。為桓玄所害，國除。」

重絕忠臣後也。』《一統志》與潮府新、舊《志》同，而新《志》則云：『訪其碑已不存，莫得其處。』僕為歎恨，幸多方物色，以慰忠魂。其後葉守與丞相孫陸某求之，終未得，乃立新祠於韓山之傍，而廷實為之記。今《厓山志》中所稱丞相墓說，與葉守書同，而末又疑，其詞曰：『秀夫死厓山，墓乃在潮，豈浮屍出海後，有負骨以畀其子，如天祥之歸葬吉州者耶？』則《厓志》亦未有定論。又考《陸氏家故》，元至順三年，丞相三世孫海遺言：『陳宜中與丞相議不合，丞相得罪，安置潮州，乃奉曾祖母及祖母趙，攜父長七郎、八郎，叔九郎，弟秀甫來，家於潮之辟望港口。曾祖母、九郎連喪，知潮州軍事周梅叟為營葬於南澳山，九郎附葬。景炎二年，召丞相還朝，趙氏、二子留潮。丞相攜妾倪同幼子家僮端兒、正兒赴召。厓山之變，丞相負主，七日沉海，浮屍〔註 29〕。端兒、正兒貯丞相屍歸葬南澳山。鄉人俗名祖墳。屋地為學士館，名田為陸處園。』以此然則廷實骨歸葬之說，豈其聞此耶？子章反覆推之，信書外史不如史信人言，聞不若見。《宋史・帝昺》與《丞相傳》俱不載墓。元以至元十三年滅宋，丁總管至元十七年為立南澳墓碑，距丞相死才四年耳。《記》云：聚為擇地，葬大母，九郎附焉，則南澳之墓，實大母骨。《記》又云：君實隨龍沒波，若有感於不得歸葬之意。史信書，丁總管見知，則丞相墓之在潮，其有無可概已。張守負郭之葬，直衣冠耳。葉守失之，與求之祠，祠韓山，蓋慎之也。史稱『十餘萬屍浮海』，而陸氏二僮獨生。丁總管《碑記》：『自擇地葬大母，而陸海屬之。』周梅叟其說矛盾，予未敢遽謂然，而予題南澳墓必曰丞相墓，何也？世亡不朽之骨，而有不死之靈。丞相靈在南海，而母在南澳，孤墳幽忠，隨潮上下，神往神來，能不依依？予故知南澳北土封，丞相魂將依焉。而墓不曰丞相，豈所謂『宏宣教義闡揚忠烈』者乎？過首陽者，哭夷齊。絕汨羅者，弔靈均。而矧夫母骨子魂，若坊若斧於海之濱也。予惡知其孰為母，孰為子也？曩予為郎，金陵入觀古帝王廟。凡創業君必祀，而元祖獨闕。問之守者，守者曰：『嘉靖庚戌，俺答薄都城，世宗皇帝赫然怒，令以一甕封之金川門外。』與狐兔伍，乃丞相墓與？予鄉文信國墓，巍然青徑，螺山之巔。伏、臘，守臣虔其祀，不敢不舉。夫然後知生王之頭，曾不若死士之壟也。有味哉，匫之言也。郭子章記。」文天祥《集杜・弔陸樞密秀夫》〔註 30〕：原序云：「字君實，自維揚幕入朝。京師陷。永嘉推戴有力。及駐厓山，兼丞相。凡朝廷事，皆秀夫潤色綱紀之。厓山陷，與全家赴水死，哀哉！」「文采珊瑚鉤《奉同郭給事靈感作》，淑氣含公鼎張九齡。炯炯一心在嚴武，天水相與永漢陵西南臺。」龔開《陸君實挽詩》：「立事寧將敗事論，在邊難與在朝分。從來大地為滄海，可得孤臣抱幼君。南北一家今又見，乾坤三造可曾聞。他年自有春秋筆，不比田橫祭墓文。」尹應許挽詩〔註 31〕：「古今忠義獨斯人，危在須臾見益真。身不遠亡憂喪節，君非同逝

〔註 29〕據郭子章《陸丞相墓辨》，當為「負主沉海，七日屍浮」。
〔註 30〕該詩原題為「陸樞密秀夫第五十二」，出自文天祥《集杜詩》。「弔」為衍文。
〔註 31〕《挽陸君實其二》。

慮蒙塵。平時誰執朝廷柄，末路方知社稷臣。楚些欲招招不得，滄溟南望浩無津。」劉塤《弔陸丞相》〔註 32〕云：「天地無託足，海天同隰光。明知復何為，不忍隳三綱。裸薦冀少延，謳歌甫遠忘。或者莒在齊，聊且帝一方。竭蹶意委頓，臣謀非不臧。運去天莫留，力盡心彌強。終不負吾主，名義天地長。懷璽隨龍游，舉意水中央。斯人文華士，乃爾百鍊鋼。機雲倘通譜，應羞朝洛陽。」湯炳龍《陸君實挽詩》：「七日陰霾事可知，樓船魚貫果誰為。人心自感興元詔，天意難同建武時。黃屋朔風那有濟，角巾東路覺無期。公為萬古綱常計，兒女扳船不暇悲。」按：「兒女扳船」語與《宋季三朝政要》所載略似，蓋所聞異詞也。李東陽《弔陸丞相一首》：「國亡不廢君臣義，莫道祥興是靖康。奔走恥隨燕道路，死生唯著宋冠裳。天南星斗空淪落，水底魚龍欲奮揚。此恨到今猶不極，厓山東下海茫茫。」卞元亨墓，大岡。明四川按察使劉洵墓，建陽鎮東北五里，土人稱為「御史墳」，因稱墓西之溝為「御史溝」云。廣東按察副使成寧可墓，太平堤內大成莊西北。戶部右侍郎巡撫浙江成均墓，太平堤內大成莊北。萊州知府夏昇墓，桑臺寺西。即墨縣知縣夏萱墓，樓夏莊西，有碑。大理寺評事藍郁墓，天后宮西串場河東。福建右市政使萬雲鵬墓，沙溝鎮東七里，楊家港。戶部主事陳斗南墓，治東南十里，南港頭。孝子梁秀墓，桑臺寺東沈甸莊南，有祭田四畝，墓土色白，與他處異。蒙陰縣知縣宋敬墓，湯村。崇明守備謚節愍王百度墓，樓王莊西橫塘河北岸。諸生邵德舜墓，新興場西陳家橋韋陀庵東。戶科給事中孫榘墓，大孫莊西半里。內閣中書宋曹墓，新興場南五里上地面。新樂侯劉文照墓，宋曹《明新樂侯劉公雪舫墓記》云：「明崇禎甲申之變，新樂侯劉文炳及其弟文耀歎曰：『身為戚臣不可不殉國難。』女弟適李，年三十而寡，亦召之歸，闔門殉節。其三弟雪舫，予姻親也。女許字余季子桓貽〔註 33〕，聞變急自縊，繩斷不死者至再至三。祖母瀛國太夫人，年九十餘，帝外祖母也。諭之曰：『我劉氏仰承祖德，累葉貂蟬，汝三縊三墮，天必不欲絕劉氏後矣。宜急赴東宮行在，竭忠盡志，以慰先帝之靈。春野一蔬，秋田一黍，且堪拜奠於忠魂墓下也。』語畢，太夫人赴井死。按：此語本之文照，當不誤。《明史》及諸稗史言太夫人為太學生申湛然所匿，疑所載非實。雪舫遂微服出京，迨諗太子、二王為賊所得，知事不可為，遜荒至寶應，與余遇，偕隱湯村，死即葬焉。余不及修雪舫先人之墓以慰雪舫於地下，後之人尚體余意，歲修雪舫之墓而祭焉，其毋忽因述其顛末而為之記。」興化李儒環《衛如詩集．宋射陵先生載故新樂侯弟雪舫櫬歸葬鹽瀆詩》云：「酸風冷雨赴重泉，一去忠魂不復旋。已分全家成大節，獨留遺種問蒼天。無兒有女知何用，甥死孤存倍可憐。密鑰飄零麟角絕，合拋弓治付荒煙。」按：文照未襲侯爵，《宋記》稱為「故明新樂侯」，又孫一

〔註 32〕據《補史十忠詩．其四　參政行丞相事陸公（秀夫）》，「巽」為「覬」。「甫」為「寧」，「意」為「室」。

〔註 33〕下文又為「詒」。

致《〈弔宋南禺詩〉序》云「娶故新樂侯劉氏女」，又《贈劉雪舫詩》云「乾坤老大他鄉客，禾黍欷歔勝國侯」，皆以侯稱，文照未知何說。拔貢生王之楨墓，天妃越閘西，串場河東岸。國朝寧都知縣王世噩墓，城東十八里，二墩。侍讀學士孫一致墓，城西南十五里，大馬溝西。太和教諭凌嘉瑞墓，城西三里，李家舍東北。工科給事中薛鼎臣墓，蔡家巷串場河西岸。歲貢生劉沁區墓，樓王莊西北塔院寺。鄢陵知縣宋恭貽墓，小馬溝西成家橋北。孝子宋桓詒墓，上地面。寧海州知州成永健墓，皮汊河西、黃家巷東北，其西一墳有豐碑，為康熙癸未冬巡撫四川等處都察院右副御史年羹堯所題，蓋永健父尊一墓也。海陽縣知縣顏敏墓，城東四里，瓦屋舍。永豐縣知縣沈儼墓，城北凌家莊。山東布政使徐鐸墓，徐馬莊。孝廉方正唐耀遠墓，伍祐場北第八營。孝子張介墓，東夏莊。孝子薛宮墓，收成莊東張家溝北。王烈婦墓，顏家莊西南。烈婦夏氏，阜寧人，王保如妻。隨夫丐食於鹽，事姑甚孝，謹食之，潔者必以奉姑。光緒十五年五月，夫病歿，哭之甚哀，既葬，姑欲使其次子妻之，烈婦遂自縊，莊民槁葬之。廩貢劉敬存等為遷葬，伐石表其墓。張烈女墓，荀家舍西南。鎮江府知府王仁堪撰《墓誌銘》云：「壬辰秋八月，鹽城陳孝廉玉澍以書來為其鄉烈女求銘幽之文於予。予德薄召眚，捕蝗勘災無虛日，復何暇為文？然今者婦道衰薄久矣。成烈女之死，正氣彌綸兩間，可以扶植世教於弗墜。予惜以逖闊，不獲往拜其墓，僅求文以表之，何可辭也？謹據孝廉所撰《行狀》為序而銘焉。」《序》曰：「烈女姓成氏，前明監察御史寧可戶部侍郎均之後〔註 34〕，王父、暨父皆武舉。烈女生而溫肅，寡言笑，而於里婦食貧守志者輒矜憐之，賙以衣食，事父母以孝聞。父有喘疾，或數月發，或一月數發，烈女奉湯藥，械窬皆手滌，昏夜罕就枕席，久而不怠。父母篤愛之，不欲輕以許人。同邑士人張以慶聞而委禽焉，未娶而遘疾，歿。家人秘之，不使知也。詭言疾少，間能飲粥矣。烈女始聞疾劇，大驚，默坐涕洟，寢食俱廢。既聞疾瘥，大疑，欲遣使往詢而難於發言，越二日知其已死也，則大慟曰：『吾本欲與張生同日死，今雖死已稍遲矣。』父母知其欲死也，守之甚嚴。烈女乃夜侍父疾，若不甚哀者。勸之寢，曰：『不倦。』勸之食，曰：『不饑。』問：『欲往弔乎？』俯首不答，父疑其未必遽死。明日早起理裝，紿守者他往，竟仰藥死矣。時光緒十八年七月二十一日也，生於同治八年十一月初七日，卒年二十有四歲。張之母，郁節婦也，哀烈女之死，遷其厝與其子祔焉。銘曰：『君臣、父子、夫婦，宇宙之三綱也。忠臣、孝子、烈婦，宇宙之三光也。婦寡而烈，死於夫之房也；女寡而烈，死於親之堂也。豈不愛慕父母？不敢殉夫之剛腸也。緣情制禮，生未同室而居，死可同穴而藏也。誰為此銘？閩人王可莊也。』」程烈婦墓。夫名保樂，婦劉氏墓在岡門鎮關帝廟傍，初瘞叢冢中。光緒十九年冬，鎮中義士買僧田為之遷葬，且建坊焉。

〔註 34〕「監」，原為「鑒」。

坊表

三思坊，樂民坊，淳化坊，皆在縣治前。崇文坊，儒學前。登俊坊，儒學西為夏雷、夏應星立。長建坊，中市橋南。永福坊，中市橋北。通濟坊，昌明橋南。樂善坊，昌明橋北。崇正坊，祥輝觀東。起敬坊，在靈應橋。澄清坊，在察院橋。百里陽春坊，書知縣有賢聲者。狀元坊，為武舉狀元朱同宗立。鹽瀆賢才坊，中市橋，書歷朝登科致位通顯者。步雲衢坊，為舉人楊清立。躍龍門坊，為舉人吳世英立。進士坊，一在本城，為藍郁立；一在沙溝鎮，為萬雲鵬立。以上俱廢。陸忠烈公坊，西門大街。同治八年，邑人重修。孝子坊，一在西門大街，道光六年為孝廉方正府學生員唐耀逵建；一在八總居仁里，道光二十年為生員楊薪建；一在新興場，同治十年為武生劉鶴雲建；一在十里亭，為州判銜沈名山建；一在岡門，光緒八年為廩貢生王際寅、廩生王忱、西平縣知縣王鑽建。百歲坊，一在新興場，為徐維亮妻周氏建；一在安方廟，為顏四印妻張氏建。節烈貞孝總坊，一在節孝祠大門內，道光十一年為陸丞相夫人建，並刊節、烈、貞、孝各婦女姓氏於陰；一在節孝祠大門外，道光十七年建；一在節孝祠門東。烈婦坊，一在八總大街，康熙間為廩生成肇孫妻王氏建，後圮，光緒間監生成竹英復建。一在東門外，乾隆四十九年為於歲有妻張氏建；一在節孝祠前，為庠生左臧生妻張氏建；一在歐馮莊，光緒十八年為李在井妻顏氏建。烈女坊，在上岡。有二：一為趙盛如聘妻陸氏建；一為陳繼中聘妻王氏建。貞女坊，一在六總，為方筠聘妻劉氏建；一在左家莊唐河西，為丁鶴齡聘妻左氏建；二在上岡，光緒十七年為仇效仙聘妻王氏建、光緒八年為蔣東和聘妻周氏建。節孝坊，一在中市橋，明天順間為唐彥實妻李氏建，今廢；一在新橋南，為劉存仁妻王氏建，今廢；一在八總，為樂環妻薛氏建，一在八總，為楊綱妻張氏建；一在四總，為高維岳妻孫氏建；一在沙溝鎮，為劉合士妻許氏建；一在丁馬埋，為凌苞山妻王氏建；一在大岡鎮，為郭怡妻卞氏建；一莊樓王莊，為王廣封女建；一在樓夏莊，為夏禹治妻劉氏建；一在西門外三里，為徐元利妻韓氏建；一在上岡鎮南，為王友薛女建；一在滕溝，為潘兆晟妻陳氏建；一在小阜莊，為陳維坦妻吳氏建；一在西門大街，為監生金冠年妻陳氏建；一在育嬰堂前，為程可信妻倉氏建；一在二總，為嶧縣丞唐琦妾孔氏建；一在七總，為吳鑒妻許氏建；一在四總，為張麟性妻陶氏建；一在中市橋東為徐嘉穎妻沈氏建；一在四總，嘉廣二十年為孫履祥妻沈氏建；一在毓龍橋東，為生員徐軾妻乘氏建；一在縣治東，道光十六年為徐源淑妻淩氏建；一在上岡鎮，道光二＋五年為生員孫景賢妻戴氏建；一在陶家巷串場河東岸，道光三十年為彭有興妻王氏建；一在高作，同治七年為孫圓明妻張氏建；一在洋岸，為吳蕃輝妻秦氏建；一在南門外，為王謨妻吳氏建；一在單家溝，光緒九年為劉青雲妻傅氏建；一在在新河廟，為滕儒林妻吳氏建；一在安豐鎮，為監生梁豫卿妻左氏建；在新興場者凡三，一為沈琮玉妻邵氏建；一為沈裕妻倪氏建；一為朱明倫妻徐氏建。金氏節孝總坊，在居仁里，為運同銜金階妻張氏、生員金曙昌繼妻曹氏、五品銜金從弼妻祁氏、候選訓導金從恩妻楊氏、廩生金從衡妻張氏建。劉氏節孝總坊，在新興場，同治十年為劉銓妻倪氏、劉偲妻楊氏、增生劉咸其妻沈氏、劉檀妻陳氏、劉縉妻洪氏、劉慶恩妻王氏、劉美成妻陳氏、文生劉謙慶繼妻李氏、劉蟾桂繼妻許氏、劉延楨妻戴氏、劉長發妻吳氏建。曹氏節孝總坊。在新興場，光緒十七年為曹純妻沈氏、曹石實妻朱氏、曹仁厚妻吳氏建。

風俗

《太平寰宇紀》云：「縣人以漁鹽為業，略不耕種，擅利巨海，能致富饒，公私商運，充實四遠，舳艫往來，恒以千記，此吳王所以富國強兵而抗漢室也。」〔註35〕

楊《志》云：「地僻海邊，俗尚簡樸。士惇禮讓之風，民樂漁鹽之利。嘉隆以來，大水為壑〔註36〕，百姓鮮食，衣不蔽體，愚者重貨輕訟，致以法律為詩書〔註37〕。自潘中丞築高家堰，凌尚書開射陽湖，向者魚鱉之窟〔註38〕，率就耕鋤衣食足，而禮義興信哉！」楊《志》又云：「明正統間，成侍郎均宦成歸里不輿不蓋，鄉音無改。夏太守昇，徒步開明橋，數腳夫踞地坐不起，揖請乃走。士大夫不驕其鄉里如此。」

康熙《府志》云：「輕生樂鬥、負氣自輕、薄惡健訟，間多有之。」

程《志》云：「海濱瘠土，四方舟車不至，物產無多，稼穡而外捕魚治鹺，採薪織蒲，聊以謀生。往昔布帛未粟專尚節儉，今則酒醪纂組稍事奢侈，素鮮蓋藏。一遇歲祲，遂至困不能支。間或睚眥逞忿，負氣健訟，示儉導和，是在長民者加之意云。」

沈《志》云：「立春前一日，迎春東郊，傾城聚觀，喧遊街市，為昇平樂事；元旦拜節；上元觀燈；清明祀先，擇期上冢，紙錢遍野，四郊趾錯；端陽插艾；中秋祀月；冬至謂之小年；歲終送灶、接灶、易桃符、插松盆、鳴爆竹，此鹽邑歲時之大略也。」

乾隆《府志》云：「士習獨為醇謹，所謂『武斷鄉曲，結交權要』者，近亦鮮有。其人但志趨卑薄學忘遠大，往往陷於名利，拘於詞章，不究性道之源，罔敦忠孝之實，為可慮也。又其大不可者，朋友相見不以講學論文為先，而從

〔註35〕《太平寰宇記》中「能致富饒」為「用致饒沃」，「記」為「計」。
〔註36〕據楊端雲《鹽城縣志》，「壑」前脫「百里」。
〔註37〕據楊端雲《鹽城縣志》，「書」後脫「之號」。
〔註38〕據楊端雲《鹽城縣志》，「窟」前衍「之」。

事於圍棋、葉子等戲。夫群居縱談已為廢時失業，何況博弈！諸凡戾於禮者不可不挽，砥柱中流存乎有志之士。」

《阜寧志》曰：「鄉俗索厚聘、覬奩資，婦家亦以儀飾不盛為生人大恥，而婚嫁多失時矣。初喪，訃告四出，為人子者皇皇焉周旋賓客，何暇盡哀？附身附棺恐有不誠不信者矣。」又曰：「題主延請顯貴，鼓吹旌旗、招搖過市，若村人賽會者然。」又曰：「自吸鴉片者眾，而遊惰滋多，愚民陷溺不足論，乃有衣冠才俊一飲狂藥，輒淪胥其中，無所不至。江河日下，長此安窮廓清庠序？然後禁遏齊民，是良有司之責也，亦賢士大夫之責也。」又曰：「邑人之崇尚風誼，閨閣以節孝貞烈著者，集之成帙，而蚩蚩之氓，乃挈持稚幼，輕去其鄉，甚有墮其廉恥而不恤者，豈端使然哉？地荒蕪而凍餒迫也。且蠶織之政未修，婦女無以自給，則其自視也輕，一失所依，救死不暇，洪涊依違，識者愍之。泰靖以南，女未毀齒，教之紡，稍長教之織。慧且勤者一晝夜得布三四疋，足以自贍，贍子女有餘。而吳興蠶利猶厚，邑婦勤樸不在泰靖下。苟倡率而鼓舞之，則貧婦有以自存，易俗維風於是乎在。」又曰：「搶孀之俗，窮鄉不免靡它矢志，遂難以終。」阜寧為鹽邑分縣，壤地接邇，風俗大同，故引其說。

統論古今風俗異同

嗚呼，古今風俗移易之，故氣運、人事二者兼之，或閱數百年而大變，或閱百數十年而不同，其歷千百年不改者無有也。考新、舊《唐書》載，大曆中李承為淮南道黜陟使，奏置常豐堰於楚州，以禦海潮溉屯田瘠鹵，收當十倍它歲。觀於此，知當時鹽民尚以耕獲為重。至樂史生於宋初，則云「縣人以魚鹽為業，略不耕種」，蓋由唐至宋而俗一變矣。然其時利擅巨海，能致富饒，牢盆之利未聞盡為客民所奪。至康熙《府志》則云「民憚遠涉，百物取給於外商」，即有興販者，自稻秫麥菽園蔬水鮮之外，無聞焉。若鹽鹺之利，則皆為晉徽有力者負之而趨，蓋由有宋至國初而俗又一變矣。又《明史．河渠志》載崇正間黃、淮奔注，興、鹽為壑，少壯轉徙江、儀、通、泰間。孫椝《被纓集》則謂鹽邑流民多逃往山陽〔註39〕，皆無渡江而南之說，蓋路近而邦族易復，途遠則鄉閭難歸，其時猶有安土重遷之思。今則每遇水旱，窮佃隱民競棄田廬，攜婦孺過江乞食，絡繹於途。江南經寇亂，田疇榛蕪，招徠墾治〔註40〕，去者或留

〔註39〕「椝」，原為「渠」。
〔註40〕「墾」，原為「懇」。

而不歸，而本境之田益荒，如光緒《府志》所言有大可慨者，蓋由明季至今日而俗又一變矣。此皆閱數百年而大變者也。又楊《志》云「正統間成侍郎均宦成歸里，不輿不蓋」，而康熙《府志》引天啟《府志》云「童稚輒乘肩輿，行不讓長，靡靡頹風，漸不可挽」，又云「宏正間〔註41〕，民尚殷庶，敦龐儉質，有從先進之風。嘉隆以來，凋瘵日甚，俗漸澆漓，儇黠者復從而鼓煽之，郡邑之間寖以多，故詞訟侜張。此倡彼和，月異歲殊，囂淩已極。」此閱百數十年而不同也。其最可異者，程《志》成於乾隆辛卯，云「酒醪纂組，稍事華侈」，《府志》修於乾隆戊辰，則云「酒漿纂組，踵事增華」；程《志》云「喪事，細民用浮屠，士夫或不染其俗」，乾隆《府志》云「延浮屠作佛事，名曰追薦」，則統士民言之；程《志》云「婚禮必親迎」，《府志》則云「婿不親迎，倩人代往」，閱六七年而風俗奢縱有加，此宜歸咎於人事，而氣運不為之任過者也，往昔無論矣。統論今之風俗，有較善於昔者，有較甚於昔者。康熙《府志》言「居亢不知鑿灌之利，近澇不解排障之方」，今則甌窶咸濬溝瀆，污邪久築堤防，兼撈取河泥糞田，田益沃而河益深，耆老言，此五十年前所未有。又程《志》言「惑於風水，殯不輕發，發殯之家，弔客駢擁，一日之內，坐食者幾百人，供應頗煩，物力不繼，故營葬亦難，有淹至十年不葬者」，近人雖亦惑於堪輿家言，講求風水，而守禮之家，或遵古人三月之制，未聞有淹葬至十年者。又程《志》云「慶壽多造門投刺，不盡登堂」，今則以不登堂為大不敬，而投刺者稀，此為善於昔矣。唯士女競華飾，被服麗都，婚嫁殯葬，歲時伏臘多浮費，酬燕務求相勝。中人之家亦習為豪舉，珍錯羅山海，庖人擇技精，城倡鄉隨，前呼後訏，稍不如是，則相率訾議，其陋較乾隆《府志》所謂「踵事增募」者，抑又甚焉。四鄉蚩氓，負氣好爭，一歲之中入城數四，識一豪猾胥役，即誇述於人，以為榮幸，緣毫末之釁而醞邱山之爭，以鬥訟破其家者，比比皆是。較之程《志》所謂「睚眥逞忿」者，抑又甚焉。夫民生在勤，耕織並重。鹽邑則男勤女窳，不任紡績，寸縑尺布皆購於市，即縫紉所資亦必至臨用時始撚綿為線，以手而不以器，准其所用而止。弗勤則匱，凍餒隨之，乃或不能自持，淪於污賤，較之康熙《府志》所謂「女不蠶織，俯仰無資」者，抑又甚焉。此皆人事之失，非關氣運之衰。示以儉而祛其奢，率以讓而化其爭，導以勤而砭其惰。凡士君子生長是土，皆與有責焉。康熙《府志》云「由數鄉紳謙謹之倡而俗漸醇古」，今讀書談道之士不少於古，詎不足為民倡乎？然楊《志》云：「鹽

〔註41〕據《欽定古今圖書集成・方輿彙編・職方典・淮安府部匯考八》，「宏」為「宣」。

民輕生樂鬥，一言不相能，輒自經死。」楊令禁抑之，民間始無經死者。又崇禎間，教諭郝忠烈公教士以忠孝大義，逮鼎革之際，鹽邑諸生多起兵殉難，此則官是土者之轉移風俗捷於紳士之明徵矣。

鹽城縣志・卷三・河渠志

窪邪西廣，甌窶東博。曷盈車篝，載防載墍。墍毋亟淤，防毋庳薄。微閘扞潮，何民不瘼？作河渠志第二。

湖海支河

海，在縣治一百四十里。《明史・河渠志》云：「洪武中，餉遼卒者，從儀真上淮安，由鹽城汛海。」《方輿紀要》及《郡國利病書》云：「海在縣東，自海浦東北出洋凡五十里，相傳元時漕運由此出海以達直沽。」康熙《府志》說同。程《志》云：「海中有高埂，名五條沙，距海灘八十餘里。」《海國聞見錄》：「鹽城海外有長沙一條，又東有陳馬沙、腰沙，又東有蠻子沙、陰沙。」汪士鐸《梅村文集》說同。明高谷《鹽城觀海詩》云：「瓢城東望水漫漫，暇日登臨眼界寬。萬馬挾兵開地脈，六鼇擎日上雲端。濤聲吹雨滄溟濕，霧氣橫空白晝寒。塵世不須傷往事，桑田更變幾回看。」楊瑞雲《觀海二首》：「地自神州盡，川容萬派深。蜃浮空外彩，龍起晝常陰。波浪看如倒，蓬萊望若林。平生登眺眼，到此豁胸襟。刻漏才三轉，雲霞海角賒。魚龍扶赤日，光采遍天涯。鯨轉潮依岸，熠春樹欲花。憑君有彩筆，揮灑遍寒沙。」鬥龍港，縣治東南，一名牛灣河。見《兩淮鹽法志》及《郡國利病書》。其上流在興化境內，至伍祐場之淌網墩，北岸屬鹽；再下迤東稍北，大曲四五，約八十里出大洋。串場河南來之水，白塗、海溝，諸河西來之水皆歸此港，宣洩入海。便倉港，縣治東南，在便倉西首，有壩，不與串場河通。東亦有壩，水大則掘之，宣洩入海。新洋港，縣治東，上流有二河：一為東門外之石𥗽閘引河，泄南串場河之水；一為北門外之天妃閘引河，泄新官河之水。兩河分流里餘，至里洋口合流，謂之新洋港。東流經洋岸、洋馬港、雙幫港、海神廟、絲網港等處入海。程《志》、沈《志》云：「新洋港縣治北門外三里。」按：此乃天妃口，非新洋港也。如謂天妃口即新洋港，則石𥗽口亦即新洋港，又當云「在東門外一里」矣。《經世文編》載徐旭旦《下河末議》云：「天妃、石磋入新洋港海口。」又載乾隆二十六年南河總督高晉《籌下河水利疏》有云：「今鹽城境內石磋、天妃閘引河深闊，由新洋港歸海，泄水甚速。」《興化志》云：「天妃閘，即古姜家堰，稍東與石磋河合流入新洋港。」諸説皆為分斷。程《志》云：「港舊淺狹。康熙七年，特命重臣親勘，按：重臣孫明珠，見《興化志》。委縣督濬。九年，再濬。」當時止而闊四丈、底深一丈。今此港通，闊十五六丈至二三十丈，底深二丈或三丈。緣康熙一十六年新官河大開，暢流入海，故不濬而深寬如此。《行水金鑒》云：「新洋港，一作信陽港。」《東華錄》載吏部尚書伊桑阿奏亦作「信陽港」。石磋閘引河，見上。天妃閘引河，見上。唐流河，縣治西，上承新官河，下流仍入新官河。新官河，縣治西南，其水由大縱湖東北流經北宋莊、江官巷、燕子閣、水府廟、張本莊、洪家垛、涇口、岡門、九里窯等處，穿登瀛橋，下天妃口，趨新洋港入海。程《志》曰：「新河行泄水最捷，七邑民命攸關。」前明萬曆二十三年，吏科祝世祿奏稱：「從廣洋湖至射陽湖東入於海。廣洋湖闊僅八里，射陽湖闊僅二十五丈，迤邐至海三百里，迂迴淺窄。高、寶七州縣之水，注此一線，宣洩不及，即若淹沒，而又淮注之田廬，鹽城必無幸矣。廣洋湖東有一湖，名大湖。湖北有舊官河直至鹽城，逼海只五十三里，若加挑深廣，此導淮下流入海之一便也。」事下河漕議，竟以空言而止。嗣後黃淮屢決，官河淤塞，馬鞍湖左右河不容舟，江官巷以西滿目汪洋。康熙二十六年，特勅侍郎孫在豐監修下河工程，至次年秋竣事。西由江官巷按：江官巷舊作潘劉莊，見《明史·孫在豐傳》至岡門東五十餘里，挑挖深闊，宣暢通流，達新洋港入海，七邑淹沒之田俱從此節次陞涸，變湖泊為阡陌，罾罶網作犁鋤。迄今污澤之民，耕田鑿井，出作入息者，聖祖睿慮深切、湛恩汪濊之所遺留也。《詩》曰：「前王不忘。」不其然乎！新官河，楊《志》、康熙《府志》曰：「官河，前明一曰登瀛橋河。」見《行水金鑒》引《明神宗實錄》載萬曆十年總河凌雲翼《疏包世臣〈安吳四種〉》稱為「蟒蛇河」。《興化志·河渠三》誤分新官河、蟒蛇河為二。大縱湖，縣治西南。匯高、寶、興、泰之水為湖，北流入新官河，東流入興鹽界河，西北分流由西塘河入射陽湖。按：舊府、縣《志》及《方輿紀要》、《郡國利病書》皆作「大蹤湖」，《揚州府志》、《高郵州志》、《興化縣志》、《海國聞見錄》、《水道提綱》作「大縱湖」。作「大縱」於義為「長」。《元史·董博霄傳》亦作「縱」，今從之。大縱湖，一名大湖。《明史·河渠志》載給事中祝世祿疏云「廣陽湖按：《行水金鑒》引《明神宗實錄》作「廣洋湖」東有一湖名曰大湖是也」，劉寶楠《寶應圖經》謂「廣洋湖東無大湖」，即射陽湖之一舊說，非是。雍正《揚州府志》卷之八引祝世祿《疏文》作「大縱」，可以證。《行水金鑒》引《明神宗實錄》載祝世祿疏作「太湖」，《行水金鑒》又云「由中堡莊入太湖，經北宋莊、岡門鎮，字亦作『太』」，康熙《府志》「太湖灝波」為鹽城八景之一。大湖、太湖皆即大縱湖。舊《志》、康熙《府志》、《郡國利病書》皆言湖南北三十里、東西十五里，《明史·河渠志》載祝世祿疏云「方廣六十里」。程《志》引世祿《疏》脫此語，沈《志》同。舊《志》不言入射陽湖，考《郡國利病書》云「由馬長汀以達射陽」，《乾隆府廳州縣志》云「西北通射陽湖」，雍正《揚州府志》云「在興化縣北四十五里，湖心與鹽城分界，西入射陽湖」，《興化志》云「西北入射陽湖」，又云「護金蕩、蜈蚣、平望諸湖，由大縱湖直上九里、馬家諸蕩」。周藩口，由沙溝、溪河東流十二里入大縱湖。又有村名周藩口，在沙溝東少南。**楊家港**，由沙溝東流十八里，至北宋莊入新官河。又有村名楊家港，在沙溝東少北。**鬚溝**，又名馬家溝，由西塘河東南流十餘里，至夏家舍入新官河。**池溝**，由西塘河南、莘野東流二十餘里，至江官巷北入新官河。**馬婆溝**，南承蕩水，經丁馬港西，又北流至姚家莊，西北入西鹽河。又樓夏莊西南亦有馬婆溝，分蕩水東北，流入西塘河。**北橫塘河**，由西塘河、黃土溝南入口東流，經丁馬港西，又經樓王莊北，又東入新官河。**略斜河**，分新官河之水，西北流二十餘里，至江家莊入西鹽河。又有泗北港，源流與略斜河同。**九曲河**，由洪家垛分新官河之水，北流十八里，至新河廟入東鹽河。**仇垛河**〔註1〕，由北橫塘河分流，經漢張莊南入新官河。**西鹽河**，由黃土溝分西塘河之水，東流至新河廟，分流而北為東塘河，東南流為東鹽河、西鹽河。乾隆五年，濬。嘉慶十五年，廩生馬繼良等呈請挑濬，知縣陳霽詳請借藩庫銀三萬九千餘兩，於兩岸得沾水利田畝，分五年攤徵歸還。十八年，領銀開濬。二十年，啟徵，至二十四年止。**東鹽河**，由新河廟東南流至岡門鎮，入新官河，與西鹽河實一河也，舊《志》已分為二，今仍之。東西鹽河向非鹺商運艘所經，以鹽命名未知何義。凡運鹽有一定河道，如今廟灣場，商由東、西塘河運鹽，非舊制也。自周藩口至此皆在縣治西。**西界河**，與興化縣分中流為界，其水自溪河由時堡北東流至南周莊入大縱湖，今半淪為湖。**東界河**，與興化縣分中流為界，其水自大縱湖入口，東流七十里至劉莊入南穿場河，《興化志》、《揚州府志》謂之興鹽界河。雍正七年原任山東巡撫陳世倌、郎中鄂禮，乾隆三年大理寺卿汪漋、通政使德爾敏，先後督濬。**堪溝河**，其水由大縱湖入口，東流三十里入西官河。**廟港溝**，其水由胥仇莊分界，河水北流三十里匯南橫塘河。**南橫塘河**，程《志》、沈《志》皆云其水南接大縱湖、界河各水，西北流入新河，東入西官河。按：此河在秦南倉西、嚴家窯東、義隴堤北，長僅四五里，土人於「橫」讀「硬」之平聲，音之訛也。或以西官河、石卵河當之，誤矣。**西官河**，西南承界河之水，東北至秦南倉之南，又東北至涇口會東官河入新官河。土人於河之上流呼為朱臘溝，舊《志》無此稱，或疑河之下流為南橫塘河，土人無此稱。**東官河**，南承界河，北流五十里，至涇口會西官河入新官河。此河與西官河，乾隆九年知縣黃垣傾帑挑濬。**堤河**，由大縱湖東流穿西官河入合隴堤，又穿東官河入護隴堤，又東達岡溝河，接白鹽河。**石卵河**，在合隴堤內，其水由大還莊分西官河之水，東流七里入東官河。今土人誤呼為橫塘河，而以石卵河名其村。**岡溝河**，南承界河，北流五十里至岡門入新官河，此河北一帶淤淺宜濬。**灣子河**〔註2〕，其

〔註1〕卷首《水道圖》《鹽城縣水道堤圩分圖》中「仇垛河」寫作「仇杜河」。
〔註2〕卷首《鹽城縣水道堤圩分圖》中又稱為「灣河」。

水由界河西北流入東官河，護隴堤之西南隅也。馬溝，康熙《府志》作「馬家港」，其水由岡溝河東北流十餘里入新官河。土人稱大馬溝其東有小馬溝，支流有油坊溝，皆北流入新官河。頂岡河，由界河入口，東北穿岡溝堤至便倉，北入南串場河。白鹽河，分岡溝河之水，東流穿岡溝堤入南串場河。新運河，由岡溝河入口，東流穿岡溝堤，至小李舍入南串場河。程《志》、沈《志》皆云此河運鹽。今河水淤淺，非鹺商運艘所經。自西界河以下至此皆在縣治西南。紀家港河，興鹽界河至劉莊西十五里之曹家廟分為兩支：一支東流仍名界河，一支東北流為紀家港河，一名新界河。《興化志》謂「界河分支，東北流名為新河，亦入串場河者」是也。近日土人皆稱為「新河」，而以紀家河為村名矣。南串場河，上流在興化境內，西納蚌蜒、車路、梓新、白塗、海溝五河之水，東下劉莊、大團等閘，由鬥龍港入海，至大團北之前溪墩入鹽境，北流經便倉、伍祐等處，至縣城東下石殑閘，入新洋港。康熙四十五年，都統孫渣齊委員挑濬，自便倉起至石殑口止，長六千五百四十一丈三尺。雍正七年，郎中鄂禮再濬。乾隆十年，知縣黃垣領帑挑挖。《明史・河渠志》：「正統五年，濬鹽城伍祐、新興二場運河。」《行水金鑒》引《明英宗實錄》載正統五年二月乙巳直隸淮安府鹽城縣奏伍祐、新興二場運河壅塞乞濬之事，下行在工部，覆奏請俟豐年興役從之。二說各殊。伍祐場運河即此。夏應星《禁墾海灘德政碑記》、《河防一覽》載巡鹽御史姜璧疏皆謂之巡河，楊《志》、康熙《府志》、《方輿紀要》謂之新運河，《興化志》、《揚州府志》、《河防一覽》、《行水金鑒》謂之串場河。《憲廟朱批上諭》〔註 3〕載雍正七年閏七月二十六日郎中鄂禮奏稱：鹽城縣所屬之串場河七十里，前以產鹽無多，未議開濬。細加訪察，鹽城各灶產鹽固多，因河道淤淺，搬運維艱，是以官商買出者少而鹽梟私販者多。今查勘河水深不過二三尺，應一律開通，以濟鹽艘行運。新開減水河，由南串場河分流入新洋港。光緒十四年，按察使張富年開此河。初開時，邑人士多方阻之，不獲，因稟請兩頭築壩，由臬司批准挑成。後築攔潮壩，如遇高郵啟壩之年，屆時派員前來啟放，平時不得擅挖，永遠立案遵行。以上三河皆在縣治東南。南門大河，由南串場河分流，西行繞城出太平橋，下新官河。此河有瓦房千間，座落南門大街。又有糧田十六畝，水田五畝七分。園田東西長二十七丈八尺五寸、南北長一丈三尺，均座落在朱公墩。又有閘塘田二十四畝，附近朱公墩，所收田房租均存儲以備挑濬。自石殑閘引河以下至此皆由新洋港入海。射陽湖，縣治西北。自東尤莊以下數百里至入海之處皆屬阜寧，唯上流之在東尤莊迤南者尚屬鹽城。土人稱為「潮河」，古又有「鬚溝」之謂，《阜寧志》謂「鬚溝即潮河」是也。古射陽湖起寶、鹽分界之射陽鎮，西北至安豐，又西北至古晉〔註 4〕，又北過太倉至東作宥城，又北循張公堤越澗河至溼口，又北循官渡堤越市河、過蛇風北至十字河、至梁家舍，又東北越小市河至左鄉大

〔註 3〕即世宗憲皇帝朱批諭旨。

〔註 4〕書中有「古晉」「固晉」兩種寫法，實為一地，今為「固晉」，屬於安豐鎮。

壩口。自固晉至此皆為山、鹽分界之處。越大壩口而東，魚變河合窯頭河北來注之，則河之西，山、鹽境；河之東，阜寧境也。此一支填淤已二百餘年，而溪、澗、市諸河又截潮為堰，而故跡愈湮，遂以由湖入海之鬚溝被以射湖之名，非其舊矣。《左氏春秋傳》：「哀公九年秋，吳城邗溝通江淮。」注云：「東北通射陽湖。」《漢書・武五子傳》作「射陂」，《輿地紀勝》引《元和郡縣志》，《太平寰宇記》、《通鑒地理通釋》、《明一統志》、《禹貢錐指》、《行水金鑒》皆謂射陽湖即射陂，《說文》：「湖，大陂也。」獨閻若璩謂射陂非射陽湖，而以寶應之白水塘當之，其說非是。王應麟《玉海》以射陽湖為五湖之一，又云「一作謝陽湖」。嘉靖《淮揚志》、萬曆《寶應志》皆云「俗即謝陽湖」。陸德明《左傳音義》：「射陽之射，又音亦。」楊《志》云：「射陽湖，在城西北一百四十里，《寰宇記》云：「在縣西北二十里。」西接寶應縣，西北接山陽縣，縈回約三百里。」《寰宇記》云「闊三十丈」，祝世祿《疏》云「二十五丈」，皆以下湖入海處言之。嘉隆以來，湖乃大淤。萬曆七年，民李雯等建議開濬。九年春，知縣楊瑞雲申詳具題請發帑金重濬。余孟麟《重開射陽湖記》云：「鹽城蔽長淮而阻於海，去縣治百四十里為射陽湖，山陽、寶應、高郵、興化、通泰諸水皆匯於湖，由湖入海。先是湖水縈流，不湮不潰，沃原膏土，纚纚乎百利可興也。歲久填淤，諸水叢奔而至，無以泄水怒，田廬既圮，舟楫不通，環湖居民一望荒墟。用是胥戚，蓋越三十年所矣。其有捍患興利者，或情狃於便安，或事畫於惜費，迄無成功。邑大夫楊君至，惻然傷之，乃按行隱度議上報，可。楊君既受事，朝嚴夕徵〔註5〕，畫地分工，奉其軀於橇樺鍬钁之間，與肩負跣馳之眾同其甘苦，疏濬積淤，增葺頹岸。經始於萬曆九年正月，凡七閱月而告成。義官李雯等敘其事而徵文於予，爰記其開湖始末，以告後之君子。」《郡國利病書》於瑞雲開湖事，考引諸說，或褒或貶，極為駁雜，今不取。崇禎四年、五年，河決蘇家嘴諸處，湖復大淤。邑人孫榘建議濬湖，漕撫朱大典委同知許某開濬，貪婪誤事，卒未深通。延及國朝，淤墊益甚。侍郎王永吉采邑人梁卓、周國顧之說，作《重濬射陽湖議》，將全湖分為三段：其上一段自寶應、鹽城界上射陽鎮起至安豐鎮止約長二十一里，自安豐鎮至山陽縣東作地方止約長十六七里，自東作至涇口止約長五里，自東作至山陽、鹽城界上清溝止約長二十里，此處接連湖面，查湖面舊制闊三十六丈，今止存三四丈或六七丈。中一段自鹽城奪基廟起奪基廟，地名，在射陽鎮西北至林上止約十二里，自林上舊蒲河至馬家蕩止約長三十里，自馬家蕩至陶家林止約長十里〔註6〕，此處舊名蝦溝。從此至東尤莊約長二十里，則入鬚溝，而水道遠於射陽湖矣。其東一段則單在鹽城境內，舊名西塘河〔註7〕。西塘河，自黃土溝起至許家灣止約長二十里〔註8〕，只此淤淺，急宜挑濬。

〔註5〕「徵」字不清楚，疑為「儆」，待考。

〔註6〕「至」，原為「自」，據上下文改。

〔註7〕原為「東塘河」，據該書卷首《鹽城縣水道堤圩圖》及上下文，此處應為「西塘河」。

〔註8〕「至」，原為「自」，據上下文改。

從此入於樓下莊即今樓夏莊、唐橋鎮，則一路深闊，直達射陽，出廟灣，通行入海，無礙也。東塘河，自唐子鎮起至安豐王莊約長三十里〔註 9〕，自王莊過界河至大港鎮止即大岡鎮約長二十里，自大港至九曲河廟止即新河廟約長三十里，從此二十里至古吉寺即古基寺，又二十里至院道港入朦朧、喻口，達射陽入於海矣。議不果行。至康熙三十五年，河決，童家營並湖之支流亦塞。三十八年三月初一日，奉上諭：「下河現有積水，不得不引出歸海，將串場河、射陽湖、蝦鬚溝一帶挑通，引積水流出歸海。欽此。」總河張鵬翮將蝦鬚溝工程估計具題。至四十五年，都統孫渣齊督濬深通，共計工長一萬六百七十丈，各寬深六尺不等，共估土方銀四萬二千三百八十五兩零。其河底板沙之下，或有油淤五六尺不等，人難站立，難以施工，則挑至油淤而止，以扣除土方銀，略為疏篦，令其通行。射陽湖出，路始闊。今東尤莊一帶南北約二十里，茭葦茂密，河道淤淺，急宜挑濬。宋范仲淹《詩》：「渺渺指平湖，煙波入望初。縱橫皆釣者，何處得嘉魚。」楊萬里《雪小霽順風過射陽湖詩》〔註 10〕：「都梁三日雪沒屋，小船行水如行陸。山陽一朝帆遇風，大船行水如行空。昨來牽天凍得泣〔註 11〕，買蘆燎衣蘆自濕。朝來牽夫皆上船，收纜脫巾篷底眠。樓船忽然生兩翼，橫飛直過陽侯國。千村一抹片子時，四岸人家眼中失。似聞咫尺是揚州〔註 12〕，更數寶應兼高郵。青天萬里當徑度，不堪回首都梁路。」元薩天錫《詩》〔註 13〕：「飄蕭樹梢風，淅瀝湖上雨。不見打魚人，菰蒲雁相語。霜落大湖淺，漁家懸破罾。此時生計別，小艇買秋菱。」國朝王士正《詩》：「畫舫垂楊千萬絲，淮南淮北斷腸時。誰堪此夜青天月，碧草濃煙宿射陂。」孫一致《宿湖上山房懷友詩》：「渺渺射陽水，春潮晚欲平。月隨波影動，風送棹歌輕。寒夜生鄉思，疏煙貯磬聲〔註 14〕。故人消息遠，深樹復鴉鳴。」劉沁區《詩》：「東北歸墟路，從來自射陽。眾川爭灌注，三邑接陂塘。濬淺功猶易，趨卑性有常。如何違故道，屢歲議更張。」又《晚泊射陽詩》：「空陂臨積水，去此泊應難。寺帶荒村小，湖吞落日寬。歸漁炊傍岸，旅雁宿依灘。何事川途暝，孤蓬枕未安。」**馬家蕩**，西納溼、溪、闆、市諸河之流南匯高、寶、興化諸州縣之水，北流由射陽湖入海。程《志》云：「考《府志》載射陽湖在府治東南七十里山、寶、鹽三邑分界，則馬家蕩即射陽湖之一隅，止因湖日淤墊，歷次請開，俱稱射陽湖，後遂以入海之河為射陽湖，而湖身之猶存者為馬家蕩」云。閻揆伯《晚過馬家蕩詩》：「擊楫出深樹，掛帆趁落暉。斷雲孤雁叫，渾水大魚飛。百里鄉心逼，千村暝色黴。欲尋沽酒處，多半掩荊扉。」**綠草蕩**，在溪、溼兩河之間，上屬山陽，

〔註 9〕同上。
〔註 10〕詩名中的「射陽湖」，或為「謝陽湖」。
〔註 11〕原書為「水」。
〔註 12〕「似」，原為「是」。
〔註 13〕薩天錫的這一首詩名為「過高郵射陽湖」。
〔註 14〕「貯」，或為「聽」。

下屬鹽城。澀河，源出山陽之運河，由閘進水，下流分為三枝：南一枝半屬寶應，半屬鹽城；北一枝流入綠草蕩，半屬山陽，半屬鹽城；中一枝全屬鹽城。明景泰五年，知府邱陵建閘置倉，交兌鹽城漕糧。久之，倉廢閘存，厥後時塞時開。國朝康熙三十九年，總河張鵬翮奉旨挑濬。嘉慶十二年、十五年、十九年皆濬。同治元年，大加挑濬通河，按畝攤捐。寶應、鹽城，由山陽示諭統徵興辦。溪河，一名大溪河。源出山陽之運河，有石洞十座，逕水至趙家堡以下入鹽城界，東流入馬家蕩。雍正中，知府朱奎揚詳請起夫挑濬。乾隆十一年，知府衛哲治復濬。乾隆五十六年、嘉慶二十年、同治六年，皆濬。姚家河，《山陽志》云：「在澗河南岸、溪河北岸、孫家溝東，宣洩上游之水，東經鹽城邱、王二墩出口，下達馬家蕩，歲久淤墊。」道光十年，挑河，民捐民辦。同治九年，復挑，照舊章按畝起夫。往年鹽城有東平堤一道捍禦南水，凡鹽城數十頃應出之貲作為歲修堤工之用，今東平堤已坍塌無存，鹽城各業戶亦一律受工。澗河，源出山陽之運河，至澀口東之古射陽堤入鹽城境，東流入馬家蕩下射陽湖。明萬曆二十一年，天啟四年，國朝三十九年、五十七年，雍正九年，乾隆三十一年，道光三年、十六年，咸豐元年，均濬。同治元年，漕督吳常以皖寇故大挑全河，下游在鹽城者，由府飭鹽城縣接濟。光緒三年，總督沈葆楨撥銀二萬八千兩，委候補道張富年興挑山、鹽澗河，自興文閘至流均溝。今復淤淺，淮揚道謝元福詳請挑濬。澗河口淤田，每年額徵銀二百二兩六錢八分三釐。道光八年，知縣臧析芝詳請留存縣庫挑濬澗河。舊《志》有流均溝而無澗河。考流均溝，古為澗河之委，由此東入馬家蕩，下蝦鬚工溝〔註 15〕，入射陽湖，其道徑直，後閉。流均溝引澗河水至澀口，北通清溝、軋東等溝，下湖道遠數十里，居民行旅交病。康熙四十五年，黃河潰，童家營、澀口以北悉淤，澗河乃自決流均溝故道，朝使者欲因民便開流均溝，而山陽令與上人齮齕詭詞以阻，於是復閉澗河下流口，高上流，湮塞三城，積水不泄，民至架木而棲。至康熙五十九年，知府劉澐始復流均溝古道，民大稱便。今以流均溝為莊鎮之稱，無稱澗河為流均溝者。市河，源出山陽之運河，至蛇風穿古射陽湖入鹽城界，過都梁、朱家圍入淺蕩，又東入馬家蕩。乾隆八年，山陽知縣金秉祚詳請開挑，起阜成門至馬家蕩，長一萬四千五百餘丈。同治元年，山、鹽士民以河淤田廢呈請興挑。三年，知府章儀林飭山、鹽二縣會勘興辦，至次年秋竣工，計工長二萬七千餘丈。又有小市河、十字河為市河之分支。小市河至左鄉，穿古射陽湖入鹽城界，過八社〔註 16〕，南流至黃蕩下閘東北隅入淺蕩，又東北入馬家蕩、十字河至梁家舍，穿古射陽湖入鹽城界，過黃蕩，至盧家圍入淺蕩，又東入馬家蕩。清水河，《山陽志》云：「在馬家蕩西、綠草蕩東，長七里余，寬二十四丈。」乾隆二十四年，挑濬，其後河口為澀溪渾水

〔註 15〕據王永吉《重濬射陽湖議》，有「蝦鬚溝」或者「蝦溝」「鬚溝」之說。此處「工」或為「二」字。

〔註 16〕卷首《鹽城縣水道堤圩分圖》中標為「八舍」。

淤墊，民田被淹。五十九年，府飭山、鹽二縣會勘興辦，迄未興工。至嘉慶二年始挑，十三年復挑。海陵溪，《山陽志》云：「清水河下游，海陵溪為河之尾閭，舊寬四十八丈，河水暢流。」自乾隆二十四年挑濬後，漸就湮淤，居人占以為田，致河流被束，宣洩不暢。嘉慶二年，覆議興挑，乃公買觀音庵僧田一塊，開寬如舊。十三年，三堡河決口，復淤。道光九年，復買胡、俞、張三姓田一頃十三畝零，挑寬四十餘丈。今歲久葑田阻塞，無復四十八丈舊制矣。此溪屬鹽城，緣其利病與此河相關，附著於此。光緒《府志・山陽河防》「清水河」下說同。按：光緒《府志》於《阜寧河防》云「海陵溪本經鹽邑，而《鹽志》失載，其水下游與馬長汀匯流入阜寧界，今通謂之海陵溪。」據此說，則海陵溪甚闊，不專在清水河之下游。又興化、寶應、阜寧皆有海陵溪在湖蕩中。《興化志》云：「海陵溪西北經寶應界入射陽湖。」《寶應志》云：「海陵溪，俗名琵琶頭，在縣東北九十里，西北通射陽湖、接馬長汀。」《阜寧志》云：「蝦溝，一名海陵溪，經山墩北流至劉家嘴。」據興、寶二《志》，海陵溪當在南，與阜寧無涉。據《阜寧志》，則海陵溪當在北，與興、寶二縣無涉。《阜寧志》，晚出之書，不足據。據《山陽志》所言，為在南不在北之確證。然清水河下流之四十八丈與《寶應志》所謂「俗名琵琶頭」者無涉。今大潭灣西北有村名琵琶頭，其西為寶應界，其南有海陵溪，通沙溝。土人皆同此稱，此即《行水金鑑》康熙二十七年廷臣會議所謂「挑海陵溪，欲使高郵所受之水由岡門下海」者也。然則海陵溪在鹽境當有二矣。嘉靖時邑人王信有《海陵溪酬徐山人詩》，崇禎時邑人王百度有《海陵溪孤舟夜雨詩》。自射陽湖以下至此皆在縣治西北，自綠草蕩以下至此皆舊《志》所不載。溪河，在縣治西南百里，與自山陽流入者同名異處。其水由高郵流入至沙溝西，分兩支：一支東北流，由小團灣入西塘河；一支西北流，與寶應分中流為界，由金路段歷垛田莊，至射陽鎮入馬家蕩。考《高郵州志》無此河，或謂即高郵之馬霓河，《州志》所謂「注鹽城縣沙溝湖」也。西塘河，其上流為大縱湖，自沙溝北流經小團灣、大團灣、南莘野、黃土溝、鬚溝口、樓夏莊、唐橋、湖垛、湯家碾、高作河口等處，至油葫蘆港口入阜寧境。又西北達射陽湖入海。此河灌溉田畝甚廣，現在自黃土溝至樓夏莊一帶淤淺，急宜挑濬。康熙四十年，總河張鵬翮委員疏挑東、西塘河，見《行水金鑑》。《方輿紀要》云：「縣西有南塘河，又西有西塘河，俱自大縱湖分流至此合為蘆溝河，又西北二十里合於張歧塘。」所載與今河道稍異。前明又曰神臺河。《方輿紀要》云：「明萬曆中，興化令歐陽東鳳以射陽淤塞，欲於湖旁二十餘里開神臺河，迤北繇葫蘆港，迤西出朦朧、喻口，直走廟灣。」《郡國利病書》云：「神臺者，起自沙溝、黃土溝、陂絲網〔註17〕、唐橋、湖垛，至於神臺。三十餘里，有三汊河，分西由西塘河經建陽河、據此說，是神臺莊南為神臺河，神臺莊北為西塘河，至所云『建陽河』即今建港溝。瓦子莊、戛糧河，下朦朧口

〔註17〕「陂絲網」下文有「披絲網」的說法。

入於海；分東由姜家莊，對高作寺，由葫蘆港入朦朧口，入於海；分中一河亦對姜家莊、高作，下朦朧口入海。此則河有故道，地有剛土，濬之可使深，闢之可使闊，導之可使下也。」萬曆二十年，興化令歐陽東鳳濬治，民甚賴之，計用帑金一萬四千六百餘兩。《興化縣志》云：「歐陽令有濬神臺之舉。神臺者，起自沙溝至神臺，河身窄狹，不久亦廢。」揚州舊《志・水利說》曰：「射陽神臺，行水之正路也。」九里河，全在蕩中，自射陽鎮東流，經潘家莊、花家莊、九里莊等處，又東流至黃土溝入西塘河，即《大金國志》之「九里涇」也。其南有蕩，曰九里蕩。祥梅河〔註 18〕，自射陽九里河分水，北流經苗駱莊、蕭家莊、花垛至常盈莊北。分為二支：一支西北流入蕩，俗謂之解子河口；一支北流經李家溝，至收成莊北入蕩。祥梅，一作「薔莓」，明季曾開濬，見孫棨《被纓集・開射陽湖後議》。梅欄河，由沙村蕩分水，北流經顏單莊、古汊湫、七里橋等處，東北至湖垛鎮入西塘河。舊《志》謂「由收成口東南行入繆家河」，說誤。蜆溝，由沙家莊分蕩水東流，經祥梅河，又東入太虛溝。曹溝，由尋葭舍北分太虛溝之水，東流至顏單莊，東穿梅欄河至洪家舍之東，入西塘河。繆家河，分梅欄河之水，東流入西塘河。李家溝，由收成莊五港口東流二十五里至唐橋南，入西塘河。走馬溝，由太虛溝分流至虹橋西，經李家溝，又北至建陽鎮入建港溝。晏蕩溝，上流曰太虛溝，一曰大濟溝。自草庵分蕩水，北流至尋葭舍之北、虹橋之南，曰晏蕩溝。又北經李家溝，又北至建陽鎮東二里，入建港溝。戛糧河，一作戛梁河，俗呼鴨欄河。自建陽分建港溝之水，西北流經瓦子莊、卞家舍等處，又北流至朦朧鎮，南入射陽湖，上一段全屬鹽，下一段全屬阜，中一段鹽、阜分中流為界。明萬曆間，推官李春開挑濬，見《海陵文徵》卷之六凌儒所撰《〈胥公請疏淮揚水患疏稿〉序》〔註 19〕。雍正《揚州府志》卷之九引明推官李春開《海口議略》云「湖流而上，從朦朧口入戛糧河、瓦子莊、建陽河、西塘河」，《行水金鑒》卷一百五十三作「戛梁水」，又云「康熙四十年，篦疏戛梁河」。清溝河、穆家溝、清水港、深瀾溝，以上四河皆與阜邑分中流為界。清溝河自清溝東流十五里至孫家莊接穆家溝，穆家溝自孫家莊東北流四五里入瀾河接清水港，清水港東北流七八里入深瀾溝，又東流入戛梁河。深瀾溝至清水港合流之處迤東分屬鹽阜，迤西盡屬阜邑。舊《志》謂「亭子港與阜邑分中流為界」。今考亭子港在新陽村東、建港溝北岸，與阜邑無涉，且小港不足記也。建港溝，自新陽村分蕩水，東流自神臺分西塘河水，西流至建陽鎮下戛糧河，自神臺而東至古基寺，土人稱東建港溝，其水東西分流，東入東塘河，西入西塘河。舊《志》、康熙《府志》謂之建港，李春開所謂「建陽河」即此。洗泥溝，由建陽、建港溝北流至李家墩分為二支，皆流入戛糧河。黃泥溝，一曰大黃溝，由建陽、洗泥溝東北流至九頭樹，分支流為小黃溝入高作港，高作港西流入洗泥溝也。大黃溝由九頭樹東流穿

〔註 18〕卷首《鹽城縣水道堤圩分圖》中寫作「薔薇河」。

〔註 19〕即凌儒的《憲使胥公議疏淮揚水患稿序》。

長溝，有十字河之稱，又東至湯家碾入西塘河。御史溝，由建港溝北流經新安廠，又北至劉洵墓西，又北入大黃溝，在新安廠東南者亦曰茅家溝。長溝，由建港溝分流，北經東葛莊，周駱莊、高作莊等處入鹽阜界溝。鹽阜界溝，與阜邑分中流為界，其水東流入西塘河，西流入戛梁河。馬堰溝，土人稱為「廟家河」，由西鹽河分水，西北流入西塘河。滕溝，其水由碾基垛分西塘河之水東流，分支南通鹽河，北達蘆溝河。舊《志》云「由西鹽河北行」，非也。蘆溝河，在東、西兩塘河之間，東流入東塘河，西流入西塘河。《郡國利病書》及康熙《府志》皆云「蘆溝河自東、西二塘流入貫高姥、張歧二塘，北經侍其汊堰入射陽湖」，《方輿紀要》亦云「東、西塘河合為蘆溝河，西北二十里合於張歧塘，袤三十里，又北經縣西北之侍其汊堰，又西北達於射陽湖」，以蘆溝河與東、西塘河合為一，與今河道不同，不可強為之說。鴨蛋港，在東、西兩塘河之間，其水東西分流，與盧溝河同。女兒河，由湖垛南三里，自西塘河分水，東北流至古基寺入建港溝。梁垛港，由左家莊西塘河東北流二十餘里，入油葫蘆港。油葫蘆港，由東塘河曲折西流，俗稱北塘河。再西則為油葫蘆港，西流入西塘河，與阜邑分中流為界。《方輿紀要》云：「神臺河迤北繇葫蘆港，迤西出朦朧。」按：「繇」，古「由」字，從也。是油葫蘆港亦單稱葫蘆港。光緒《府志》作「油胡盧港」，字不從「艸」。《皇朝經世文編》載康熙四十年河道總督張鵬翮《治下河論》云：「如戛梁河之瓦子莊，西塘河之老鸛尖，東塘河之油葫蘆嘴，其役維艱。凡一萬六百七十丈，溝道既通，湖不日涸。又加挑若干丈，與溜相接，入朦朧河，會為一，經廟灣以達於海，而北路之積水消矣。」按：油葫蘆嘴即今油葫蘆港。東塘河，承西鹽河之水，自新河廟北流，經蘆溝河口、孟家垛、東吳莊、古基寺、鹽河口等處，至大雲山寺北三里，分為兩支：一支西折為北塘河，與阜邑分界；一支東流一里折而北流入阜邑，為魚深河。乾隆四年，知縣程國棟請於大理寺卿汪漋、通政史德爾敏，東塘河與西鹽河同濬。九年，知縣黃垣復濬。道光元年，知縣華鳳階領帑六萬四千餘兩，飭監生喬彭頤挑濬。孫楘《被纓集》「東塘河」「西塘河」，字皆作「唐」，謂唐時海運之道，其說不知何本。院道港，由魚深河東流至草堰口，入北串場河與阜邑分中流為界。乾隆五年，大理寺卿汪漋等題濬，改稱草堰河。又新興場西北亦有草堰河，西達北岡溝河，東通北串場河。皮汊河，程《志》、沈《志》分為二，以洪家橋西為皮大河，洪家橋東南為汊河，近人統稱皮汊河。考《經世文編》卷一百十二載乾隆二十二年副總河嵇璜奏稱：「鹽城之岡溝河、皮岔河宜疏濬深通以貢利導。」皮岔河即皮汊河也。其水昔由東塘河分水東南流入北串場河，今由官河西流入東塘河。道光十五年，巡撫林則徐題濬，其用土方夫工銀四萬八千九十三兩一錢零。見李元度《林文忠公集》。封子河，由東鹽河北流七里入皮汊河，在年餘堤內。康熙《府志》云：「封子河，自馬鞍湖、運河、鹽河東北流，湮塞百年。」景泰五年，知府邱陵濬，與今異道。北港溝河，上承皮汊河之水，由洪家橋北流二十餘里至石橋頭入廖家港。乾隆二十二年，副總河嵇璜題濬。萬曆《寶應志》引陳烇《治水或問》作「浧溝」。**廖家港**，由東塘河東流經雙墩、石橋頭、鐵屎灣至上岡鎮入北串場河。乾隆五年，題濬，改為上岡河。今此河自石橋頭迤東淤淺，急宜挑濬。萬曆《寶應志》引陳烇《治水或問》有云「內水之出，見有河形者，名廖家港，在范公堤外」。舊有閘，沖決無存，堤內一河，自鐵屎灣至石橋頭約長三十餘里，按：自鐵屎灣至石橋頭止四十里，自東塘河至上岡鎮共三十餘里。河身窄狹，若開闢十餘里，則汊河、浧溝之水一派而行，寶應之水消矣。自西塘河以下至此皆在縣治西北。**北穿場河**，在縣治北少西。自皮汊河口北流經新興場、上岡鎮、陶家巷、草堰口、溝灣墩等處入射陽湖。自草堰口以北屬阜寧。此河於乾隆二十五年題濬。光緒二年春，邑人吳佩琮、吳兆文等稟請開濬。至明年春，總督沈葆楨委候補道張富年督濬。程《志》云：「舊穿場河，自劉端浦南有河不通，其北並無河道，歷經議開，皆成築室。乾隆三年，大理寺卿汪漋、副憲德爾敏奉命開河，始挑濬深通，一以泄汊河之水直達射陽湖，一以灌百二十里從古無河之高田。商引無阻滯之患，行旅無負戴之勞，七邑窮黎漁樵於海者皆得虛往實歸，絡繹不輟，加惠元元，莫此為甚。」**上岡閘河**，古稱廖家港。明陳烇《治水或問》所謂「廖家港在范公堤外」也。程《志》統於廖家港，沈《志》謂之上岡閘河。《皇朝經世文編》卷一百十二載乾隆二十六年南河總督高晉《籌辦下河水利疏》謂之上岡閘引河，彼時與草堰閘引河一同題濬。《南巡盛典》載乾隆二十八年巡撫莊有恭題濬上岡、草堰兩閘引河，其水自上岡東北流四十餘里入阜寧境，又東北流四十餘里至通洋港入射陽湖。今此河淤淺，急宜挑濬。《明史·河渠志》：萬曆二十三年，黃、淮漲溢。寶應知縣陳烇時為御史，請疏石𥗽口、廖家港，分門出海。議格不行。既而總河尚書楊一魁言：「黃水倒灌，正以海口為阻，分黃工就，則石𥗽口、廖家港、白駒場海口，急宜開刷。」乃命如議行之。**草堰閘河**，自草堰口北分串場河，東流三里為鹽阜分界處，折而北流，全屬阜邑。閘河北里餘有浦子港，亦曰劉端浦，為鹽阜分界處。《河防一覽》引戶科給事中李淶疏稱：「鹽城、興化、沿海廟、道口、新興場、牛團浦等處多濬十餘口，以導射陽諸水入海。」《行水金鑒》引《明神宗實錄》所載略同。牛團浦，即劉端浦也，光緒《府志》卷七《阜寧河防》作「流湍逋」。**黃沙港**，西起上岡東達射陽湖海口，長約八十餘里，為新興場商運鹽入垣之路。港水齡鹹，堤岸卑薄。每風潮漲溢，鹹水輒流入上岡閘河及串場河、廖家港，上岡東灶田及西北兩面民田歲罹其害。近日土人議於港之東首築壩遏潮，以鹺商為梗而止。以上三河皆在縣治東北。自馬家蕩至此皆由射陽湖入海。**馬鞍湖**，《郡國利病書》、《方輿紀要》、康熙《府志》皆云：「週三十里，北入侍其汊堰以達射陽。」程《志》、沈《志》云：「在縣治西三十里，夾新官河而湖。」今淤。**小海**，《郡國利病書》、康熙《府志》云：「小海在縣治西。東西兩灘中流行舟，其源出通泰，夏泛冬落；西北入東塘河達射陽湖入海。」沈《志》云：「縣治西一里。本非巨澤，因鄰海口故名。」今淤。**火盆蕩**，縣治西百餘里。**縮頭蕩**，縣治西南九十里。**白蕩**，縣治西二十五里。官蕩，《明史・河渠志》云「大湖，方廣六十里，北口有舊官河。自官蕩至鹽城僅五十三里」〔註20〕，舊《志》及康熙《府志》云「在縣治西南九十里」，未知孰是。鶴絲蕩，縣治西南七十里。鴨蕩，縣治西南三十里，西官河東岸。雁兒蕩，縣治西南三十里。羅漢蕩，縣治南。蘆子蕩，縣治西南二十餘里，岡溝河東岸。十頃蕩，縣治西北四十里，小阜莊北。牛耳蕩，小阜莊西。觀音蕩，縣治西北三十里。蕭家蕩，縣治西北七十里。養魚蕩，俗名野魚蕩，縣治西北八十里，院道港南岸，其在北岸者屬阜寧，故光緒《府志》於阜寧之養魚蕩云「南接鹽城」。使喚蕩，縣治西北。吳家蕩，邑境吳家蕩甚多，未知舊《志》何指。倉基蕩。以上諸蕩皆淤。程《志》雲：《周禮・職方氏》有川、有浸、有澤藪。川以流水，浸以瀦水，而澤藪者，水草之所鍾。其為民之利，不過茭、蒲、菱、芡，非宜五穀之田也。嘗讀曾南豐《敘〈鑒湖圖〉》〔註21〕極論占湖為田之害。如吾吳翟國棟，休寧人，占籍吳江，故云「吾吳」，沈《志》改作吳郡五湖為浸，具區為藪，本所以瀦三吳之水，其沮洳淤淺者亦籍為藪之利而已。而豪家每占以為田，有司亦喜其有陞科之績，往往任其圍占。一旦淫潦，不特湖田仍返為湖，即夙昔沃壤胥化為洪波矣，果何利乎？今考鹽城舊《志》，自火盆蕩以為蕩者十有七，皆所謂「藪」也。今大半淤為平田，當其稍收禾麥，豈不謂化藪為田哉？抑知旱無以蓄水，既赤地枯槁，潦又無以泄水，高高下下，田悉化為藪，豈至此不禁投筆而歎也？姜家堰海口，《行水金鑒》引《明神宗實錄》萬曆十年總河尚書凌雲翼疏言：「牛灣河、姜家堰、廟灣，三大海口引各支河東會串場河。」又曰：「黃土溝、皂角樹至岡門、登瀛橋河則姜堰之支河也。」又《寶應圖經》引康熙乙丑《揚州志》載揚州推官李春開《議開海口》曰：「鹽城石磋口東北有姜堰口，地勢尤下，泄水更利。」又嘉慶《揚州府志》載王永吉《亟陳水利要害議》有云：「廟灣紆回盤曲，轉折六百餘里方能入海。若直走直泄，不勞工役，不費金錢，惟有急開姜家堰為至便耳。此堰在鹽城西北，離城二十餘里，舊有海口。自岡門鎮十八里至登瀛橋，從天妃廟下新洋港入於海。原係泄水故道，只因近堰居民恐水泄田高，費力車運，逐年填塞，遂至滴水不通。」或疑姜家堰即舊《志》所載之岡門堰。岡門不可謂為海口，且永吉明言「岡門鎮十八里」「堰在鹽城西北二十餘里」，則姜家堰不在岡門可知。雍正《揚州府志》卷之九引興化知縣張可立《海口說》有云「天妃口即古姜家堰」也，在鹽城縣西北梁園棣。《興化縣志》卷之二云「天妃閘即古姜家堰」，蓋即引用可立之說。考乾隆《府志》卷之六載順治九年戶部侍郎王永吉疏稱：「鹽城縣治東南則有石磋海口，西北有天妃海口，先年俱有石閘。又有姜家堰海口，流出推船港。以上三處係淮揚州縣泄水要路。」石磋，即稱逼近城郭，不利風水，而天妃、姜堰二口，附近好

〔註20〕《明史・河渠志》中相關原文是「廣陽湖東有大湖，方廣六十里，湖北口有舊官河，自官蕩至鹽城石磋口，通海僅五十三里」。

〔註21〕《鑒湖圖》即《越州鑒湖圖》。

民將閘門築塞，河口填平。是姜家堰與天妃各自為口，不可合而為一可立，說似誤。今新興場北、北串場河東岸有大團、小團二口，在城北少西二十餘里。今雖淤淺，尚可通流，似足以當之、要之。諸人皆未親履鹽境，或採途人之說，或拾紙上之談，故所說不能劃一。大凡考地輿、議水利，必須躬履目擊，訪之土人，然後參以古書，方能無誤。推船港，見上。今東門外有小溝名推船港，與王永吉所言同名異處。大匣港，《水道提綱》云：「海經鹽城縣、如皋縣東，有水口六，皆串場河泄水之港。曰野潮洋、曰新洋港、曰大匣港、曰鬥龍港、曰苦水洋、曰天開河頭。」據此知大匣港當在新洋、鬥龍二港之間，今無此名。老人港，《海陵文徵》載御史宮夔仁《清理海口疏》有云「伍祐之老人港」〔註 22〕，雍正《揚州府志》載高郵土民《治下流入海說》云「大團在劉莊北二十五里，即相傳老人港也」，未知是否。鹽河，宋陳造字唐卿，高郵軍人《江湖長翁文集·與奉使袁大著論救荒書》云：「自高郵而鹽城為東、西之鹽河，兩河湮廢不修，聽其自爾者六七十年矣。」又《與王提舉論水利書》有云：「自本軍至鹽城鹽河二百五十里，其右有堤，為之雨管，以水之大小為之啟閉，主以官吏。河之在高郵八十里，間為雨管三十三。」據此，知鹽河在鹽城境者當百七十里，合之在高郵之八十里，乃二百五十里也。今不知所在。又康熙《府志》云：「鹽河，治西五十里，自官河即今新官河流入。」與今西鹽河、東鹽河亦異處，未詳其地。舊運河，康熙《府志》云：「治西南七十里，自界河北流入東運河。」定港，康熙《府志》云：「縣治東南四十里。」又云：「東界河，自通泰入定港流為河。」新楊河，一名新楊浦。康熙《府志》云：「治西百四十里，自大縱湖合流為浦，達射陽。」南浦，康熙《府志》云：「在治南環數里，今久湮狹。」周祿港，《河防一覽》載巡鹽御使姜璧疏有云：「鹽城縣之周祿港至新河廟三十餘里，動支鹽運司銀二萬五千餘兩分貯於興、鹽二縣，大加挑濬，為泄水計。」張岐塘，康熙《府志》云：「縣西北八十里，廣三十丈，其東又名高姥塘。」高姥塘，康熙《府志》云：「縣西北八十里。」《方輿紀要》云：「蘆溝河在治西北六十里，自東、西兩塘流入，貫高姥、張岐二塘。」《郡國利病書》亦載二塘。今古基寺西有高姥寺，在東、西兩塘河之間，或即其地歟？馬長汀，康熙《府志》云「在鹽城」，又云「大縱湖源自魚鯮湖，由馬長汀達射陽」，又云「建港北，經馬長汀入新陽浦」，雍正《揚州府志》云「馬長汀在寶應縣東九十里，東北通鹽城界，南接博支湖，北通射陽湖」，《寶應志》云「海陵溪東北通射陽湖，接馬長汀」，合觀諸說，馬長汀當在射陽湖南。今無此名。李千戶溝，程《志》、沈《志》皆云「在縣治西北七十五里，承西塘河水，由君王廟向東南七里入鹽河」，今君王廟無此河，或曰「馬沿莊西有小溝名千戶溝」即此，未知是否。安樂港，程《志》、沈《志》皆云「在縣治西北有七十里，其水由東塘河東北流達院道港」，今至其地，遍詢土人，僉雲無此港，唯東海有安

〔註22〕「夔」字不清楚，待考。

樂港，屬阜邑，與鹽無涉。射陽溪，康熙《府志》云「在縣治西百里」，程《志》、沈《志》無射陽溪，而「九里河」下云「自射陽溪東流」，似當在射陽、九里之間，或即射陽之上流歟？石樑溪，劉沁區《西渚詩存・溪上二首》自注云：「高郵、寶應、興化三州縣水匯於石樑溪，入西塘河。溪上有晉王祥祠。」按：沙溝鎮有石樑之稱，而王祥祠亦在載，沙溝殆即沙溝附近之湖蕩歟？沁區《詩》云：「茅茨綠水密，處處小舟停。樵出晴灘靜，漁歸晚市腥。風簾搖柳岸，煙磬隔蒲汀。最愛添山色，湖雲忽湧青。舍北三灣接，祠西眾派歸。清荷藏釣艇，白鳥瞰書幃。風土山鄉異，煙塵水國稀。向來戎馬劇，從未擾荊扉。」浦河。《被纓集》云：「一開射陽湖而無成功，再開薔薇河而水不泄，三開浦河而塞再如前。」《行水金鑒》引王永吉《重濬射陽湖議》云「自林上由舊蒲河」，注云：「此河泄江都、泰州、高郵、寶應、興化五州縣之水，今淤塞。」以上諸河，今皆不能確指所在。

堤堰閘礎

范公堤，縣治東一里。南至大團閘，入興化境；北至草堰口，入阜寧境。在伍祐場境，計六千七百七十丈；在新興場境，一萬一千五百五十五丈。《鹽法志》所載如舊，然范公堤不全屬鹽境。范公堤即捍海堰。唐大曆中黜陟使李承創築。按：《唐書・地理志》之「常豐堰」。宋開寶中知泰州王文佑增修，後圮。天聖初范仲淹監西溪鹽倉，建議更築，白於發運副使張綸，綸上其事，且請自治泰州，以范仲淹令興化，董修築之役。雍正《揚州府志》。起基以天聖五載之秋，畢工於六載之秋。范仲淹《張公祠堂頌》〔註 23〕。《揚州府志》云「越三年堰成」，康熙《府志》云「天聖五年功成」，說皆非是。障蔽潮汐，民獲安居，以時耕稼，農事、鹽課兩受其利，因稱為范公堤，雍正《揚州府志》。長一百八十一里，《玉海》卷二十三引《仁宗實錄》。康熙《府志》云「堤長百四十三里」，《興化縣志》同說，誤。腳闊三丈，面一丈，高一丈五尺。康熙《府志》。餘詳《名宦》。紹興二十七年冬十月，築通、泰、楚三州捍海堰，《宋史・高宗紀》。淳熙八年〔註 24〕，提舉淮南東路常平茶鹽趙伯昌言：「通州、楚州沿海舊有捍海堰，東距大海，北接鹽城，袤百四十二里。始自唐黜陟使李承所建，遮護民田，屏蔽鹽灶，其功甚大，既久頹圮。沈《志》誤作「頹圯」。至本朝天聖改元，范仲淹為泰州西溪鹽官日，風潮泛溢，淹沒田產，毀壞亭灶，有請於朝，按：謂有人請於朝，謂張綸也。沈《志》削去「有」字，非是。程《志》所引不誤。調四萬餘夫修築，三旬畢工，此語有誤，故程《志》、沈《志》刪之。遂使海瀕沮洳，沈《志》誤作「沮淤」，程《志》不誤。潟鹵之地沈《志》脫此四字化為良田，民得奠居，至今賴之。自後寖失修治，才遇風潮怒盛即有沖決之患。自宣和紹興以來屢被其害，阡陌洗蕩，廬舍漂流，人畜散亡，不可勝紀。每一修築必請朝廷，大興工役，沈《志》「興」作「費」。然後可

〔註 23〕即《泰州張侯祠堂頌》。

〔註 24〕原為「淳熙」或「湻熙」，徑改為「淳熙」。

辦。望令淮東常平茶鹽司，今後捍海堰如有塌損，隨時修葺，務要堅固，可以經久從之。」《宋史・河渠志》。嘉定中，知高郵軍汪綱增修。《宋史・汪綱傳》。元興化尹詹士龍請發九郡人夫大加修築，起自通州呂四場，迄於鹽城廟灣場，亙三百餘里。先是得仲淹《石記》上鐫「遇詹再修」，至是乃驗。雍正《揚州府志》、沈《志》「遇」作「逢」。明永樂九年十一月，平江伯陳瑄以四十萬卒築治之，自海門至鹽城萬八千餘丈。《通鑒輯覽傳》。按：一萬八千餘丈，安用夫役四十萬之多？且自海門至鹽實不止一萬八千餘丈。乾隆《府志》卷十九云「瑄起堤自海門歷通泰北至鹽城，凡八百餘里」，其說近是。景泰三年，知府邱陵、沈《志》此下有「同知張翔」四字，考《府志》及《山陽志》，翔係永樂間清軍同知，遠在景泰之前。程《志》無此四字是也，今得之。委千戶馮祥、主薄袁敬修。弘治間，都御史張敷華委官陸本修。嘉靖十七年，縣丞胡鼇修。萬曆十一年，漕河尚書凌雲翼題委知縣楊瑞雲、運判宋子春大修，建泄水涵洞、水渠一十七處，閘一座，程《志》、沈《志》同。用帑金四萬二千四百有奇。康熙《府志》。十五年巡撫都御史楊一魁、程、沈兩《志》誤作「一鵬」。考《明史》，楊一魁係崇禎間漕撫。今據康熙《府志》及《兩淮鹽法志》改正。委鹽城令曹大咸復修，從廟灣沙浦頭起，歷鹽城、興化、泰州、如皋、通州，共長五百八十二里，沿堤墩臺四十三座，閘洞八。光緒《府志》。四十三年，知府詹士龍委知縣陳美修，程《志》、沈《志》同。姓名與元時興化宰相符，又應范公石刻之語，誠異事也。沈《志》。崇禎四年、五年、六年，洪水沖決范堤天妃、石礶等口，奉旨動支庫金修築，委前任本府海防同知劉志斌、按：志斌，慈谿人，崇禎元年任海防同知，見康熙《府志》及《阜寧志》。而楊一鵬於崇禎六年總漕，《明史》及《府志》皆可據。志斌當係一鵬所委。程《志》、沈《志》云「萬曆十二年，漕撫楊一鵬委同知劉志斌修」，誠誤之謬也。安東鹽運司運判柏福兆董其役。王之楨《青巖文集》。國朝乾隆六年十月，總辦江南水利大理寺卿汪漋委員修築，《兩淮鹽法志》、程《志》、沈《志》作「乾隆五年」。址三丈二尺，面一丈二尺，高一丈。沈《志》。二十五年，濬新興場、串場河，即以河中所起之土加築堤上。《鹽法志》。道光十五年，有商人挖堤遇水，寶應成給諫觀宣兩次陳奏，申禁如故。《興化縣志》。范公堤或稱捍堰，見下。或稱范堤，《興化縣志》。或稱潮堰，范文正《張侯祠堂頌》曰：「惟茲海陵，古有潮堰，舊功弗葺，驚波薦至。」或稱捍海堤，康熙《府志》。或稱古淮堤，康熙《府志》引《安東志》。或稱捍潮堤，《通鑒輯覽》。或稱湯潮岸，《通州志》卷十金魚《防佞論略》。或稱搪潮岸，《明史稿・地理志》。或稱捍海塘。《行水金鑒》一百五十三引《薈蕞》。工部郎中張試《重修范公堤碑記》：「凡河渠堤防成，必有志，所以重民事也。若海邑禦潮之堤，其成尤重，蓋以捍海為急也。據禮講功，宜在秩祀。豈他不急，興作比哉？鹽城為淮郡屬邑，其治距海一舍而近，其土沃衍可耕，第潮悍敗田，禦之在人，代有建畫，志不盡著。惟宋范文正公監課稅時嘗請諸朝，築堤於通、泰、海州境，以衛民田。按：范公堤北不至海州，此說誤。鹽實居其間，故堤今尚蒙公姓，仍專祠以報公功，禮也。後人率傳舍視官，罕復注念邇。隆慶己巳，黃、淮兩河水溢，潰上堤，奔匯於鹽。鄰邑適與同患，有柄議開海口於鹽治東泄水良便者，鹽人習見水道懸沮，徒捐力費無益，拒之不得，遂鑿堤抵於洋涯，時萬曆乙亥也。既而鄰患水如故，鹽自是兼受潮，貽患始益深矣。及庚辰春，前令南海楊公瑞雲力控當路，特疏請修復之，其有造於鹽甚大。胡侍御為之碑。厥後丙戌夏，淮水復溢齧范家口而下，鹽受水視曩歲加。洪前修復堤，湍潰如潭者二，郛之東直廣惠磋，北直大通磋。河海激蕩，勢幾及郛民，洶洶其胥為魚，每旦夕籲天曰：『嗟乎！天尚愁活我，盍畀如先召杜者來牧我乎？』明年夏，江陵曹公以新甲選領茲牧。比至時，詢疾苦，知其由，按行視之，戚謂：『地危誠甚，顧民匱憊亦甚，棘難圖也，需有秋吾事濟矣。』會歲旱大祲，其年弗果。今年春，公哺饑稍暇，輒惻然思、毅然作，曰：『計今海脈將漲矣，忍波沒吾地與民乎？』乃列興廢利病閭閻痛切狀上之院道，若郡甚懇，頃皆報可。鹺院特發帑鍰充費，蓋邑當鹽運孔道也。於時公密籌約劑，既審以周，乃簡官耆可任者，俾飭材庀工〔註 25〕，力則日募壯餒豐餼萬賑〔註 26〕，由是丞徒子來，乃湮乃築，稽巡有程，弗厲弗怠，甫再旬而兩潰堤告成矣。復沿故堤，迤亙十里所，為之補斷、增卑、培薄焉。作者未劬，厥工已訖。崇堤屹立，灌莽間如虹如墉，淡鹹有截，津陸具寧，廣斥敷腴。自今以始，歲恒登矣。邑士民歡躍，謀永功敘於貞珉，且詔後人，俾勿壞也。乃具其事，持羅山成令書，走留都徵予言。予承乏司空，屬與聞邦土，且昔為成令門人，何可辭？嘗謂天行有水旱不可測也，地險有河海不可更也，人事有裁成輔相不可讓也。人事克修，則天若其時，地彝其險，人得其所。昔元圭奏平成之績，而白渠、金堤貽長利垂芳聲者，此也。今鹽有賢牧成是丕功，即匹休先人曷讓焉？成令陳公心平如水〔註 27〕，學淵如海，才長如川，操堅如砥柱，故能舉不違時，工不愆素，宣愷涕奠阽危，以稱塞父母吾民至意信然哉！賢於今之民牧遠甚矣！矧筮仕試邑，即憂民任事，若此行肩天下之重，當如范公上事天章閣可待功，豈但及一方已哉？紹跡圖徽是在賢嗣牧矣。公名大咸，字符和。翼野，其別號。時贊其功者，守備王君簡、在丞王君宗周也。新興大使潘國忠承委分督，余執事官耆姓名則列諸碑陰。」知縣楊瑞雲《范公堤二首》：「吳陵持節日，滄海設重關。寒日低淮浦，高祠遍楚山。草深沙脊在，鱷徙市廛環。我欲窮遺跡，徘徊煙樹間。江湖憂倍切，保障盡天涯。赤手排鯨浪，長堤立漲沙。傍人多種樹，遇雪更飄花。請看桑麻色，東南十萬家。」劉沁區《捍海堰詩》：「捍海無潮患，前賢利澤留。牢盆隈外給，黍稌堰西稠。頓使堤防毀，空詒斥鹵憂。命名原有義，永賴在增修。」又《詩》云：「下河秔稌鄉，處處悲淪胥。僉謀開捍堰，注云：「臨海居人皆感范公增築捍堰。」積害謂頓除。程功易且速，河淮於焉疏。利弊矢口言，條陳何紛拏。故道若罔聞，為計亦已疏。明者審全局，聞者見一隅。安瀾在上流，下河患自無。乘軺者伊誰，曷不勤諮茹。」**乙卯堤**，縣治西北，南至溪河北岸，北至澗河南岸，咸豐乙卯年築，

〔註 25〕「庀」，原為「它」。
〔註 26〕「萬」不清楚，待考。
〔註 27〕「陳」字不清楚。

故名。**義隴堤**，縣治西南，東至朱臘溝，南至昌口河，西至新官河，北至橫塘河，初為東合興堤，西合興堤。光緒十四年春，始合為一，改名義隴堤。是年按察使張富年以河決鄭州，檄總董王錫恩、萬人傑於低窪處增立新圩，舊圩亦限期一律修築。**岡溝堤**，南門外，東至南穿場河，西至南岡溝河，南至興鹽界河，北至新官河及南門大河，周圍百八十五里。**合隴堤**，縣治西南，乾隆八年，知縣黃垣建。東至東官河，西至西官河，南至興鹽界河，南闊北狹，形如三角。**太平堤**，縣治西，南至新官河，西至略斜河，北、東二面皆至鹽河。嘉慶十九年，知縣陳霨創築。**千秋堤**，縣治西，在新官河、西官河之間，東西長而南北狹，知縣陳霨創築。**青龍堤**，西門外，東與南皆至新官河，北至皮汊河，西至沙岡，接年餘堤。**年餘堤**，縣治西北，南至鹽河，北至皮汊河，東至沙岡，西至東塘河。**護隴堤**，縣治西，俗名烏龍堆，東至岡溝河，西至東官河，南至興鹽界河，北至新官河。**保生堤**，縣治西南，東至新官河，西至赤亭河，南至橫塘河，北至略斜河。**永豐堤**，縣治西北，亦曰民灶堤，南至皮汊河，北至草堰河，西至北岡溝河，東至北串場河。又湖垛及新河廟西北皆有永豐堤，與此同名異處。**慶豐堤**，縣治西北，俗名十八團圩，東至北岡溝河，西至東塘河，南至皮汊河，北至廖家港。**萬豐堤**，縣治西北，俗名扁擔圩，東至東塘河，西至西塘河，南至東建港溝，北至鴨蛋港。其餘堤圩甚多，名見卷首《輿圖》。知縣黃垣《〈圩岸志〉敘》云：「乾隆八年，總制尹興舉下河水利，覆奏請淮揚等邑修築圩岸，頒有條規，垣懔衹之，著為令美哉！表裏相維，高深相就，經緯相制，上惠而不費，下勞而不怨，民各自為，而相與以有成斯道盡之矣。以垣涉鹽諸河，水與地平，其田疇若浮焉。下之淤，上之潰也，故水盈則泛。今濬河道，即所濬土為子堰，其河港深通，兩涯平塌者，累土立圩岸。既導之，又加防焉，不亦善乎？其為圩岸有三：一曰河圩，防諸大河者也；二曰里圩，防支河、別澗也；三曰蕩圩，防大縱、九里、馬鞍諸湖蕩者也。於是有度數之差，有歲時之課。鹽田出，水其下者尺餘。七年，高堰之決水深至六七尺不等。大率圩堤出水以高八九尺為限，其底以廣一丈二三尺為限。初年築高三尺，次年加築三尺，高六尺。次年又加築數尺，共高九尺不等。三年乃考，厥成於是。有繁簡之條，有小大之辨，其最高者仍之，不以土勞民也；最污者棄之，不與魚鱉爭水也。外則濬河，河泥為圩；內則起溝，溝上為圩。河漲必有滲水，滲水納於溝。田燥必資灌水，灌水亦蓄於溝。其沿大河者，概築之濱；支河小港者，相機興築。有不開宣洩，各於水口建立斗門，其又惟民之便。於是有催承之科，有董率之要，有賞罰之令。每鄉鄉有保，每莊莊有頭，每圩設一圩長，圩長總數圩甲，每圩甲分趣圩戶治圩各一百丈整〔註 28〕。以長、甲約主、佃，以保、頭糾察長、甲，以佐貳巡典分地，責成以身先之，邑令不時巡諭，度其淺深，相其堅疏，考其勤惰。勤有成，成則有賞；惰以荒，荒則有懲，其順逆者亦如之。於是有同利之資，有倡導之典，有交通之義，有體恤之仁。

〔註 28〕「趣」不清楚。

每圩業主田若干，佃者若干，因田分堤，計佃均役，主愛其田出以食，佃取其粟出以力。其賢者訓誨之，老成者引導之，富有力者補濟之，能教助者表之，有困不自支者權發社穀以貸之。周人以溝洫、道途經界其郊野而親萬民，萬民於是乎勸，田土於是乎乂，風俗於是乎成。於戲！至矣，今之撓者。或曰：『西水之來滔滔萬頃，蕞爾圩岸若蟻封，然且百有一缺與無圩者等，其奚之能御？』垣曉之曰：『是不然，是不然。不見范公之建捍海歷有千年至今賴之。去秋北水發，有圩者利，無圩者病，逼阜戛梁之澤，巨浪中有朱、卞二垸獲以全。垣從郡憲探驗之，汝獨不聞乎？則是汝之敢奸吾令也。垣奉諸大吏之命，其毋赦治田疇而不治溝壑，是養子而失母也；治溝壑而不修堤防，是驅道而啟之門也。《詩》曰「相其陰陽，觀其流泉」，策河工也。又曰「于疆于理」，正圩堤也。人情久逸而畏勞，樂成而難始安。近習而不知古法，蚩蚩者其奚足與責？夫治國若乘舟，然長吏為主振舵者，槳師、篙工胥受命焉。狃目前之便，恃垂成之局，忘不測之境，吾其濟乎？屢年督治，朝夕不遑，河裏蕩圩，幸觀厥成，惟蕩之濱，水草之所會也，成敗無常，宜預防之堤，成且種之柳，後之治者保守勿墜，更以擴區區所未盡者而補苴之，豈惟鹽幸？垣深有厚期焉。』今河圩長一十六萬九千四百九十六丈□□，計九百四十一里零，里圩長十三萬四千五百三十三丈三尺，計二千三百二里零，蕩圩長一萬一千二百三十三丈二尺，計六十二□□里零。通計四十一萬五千二百六十二丈，計二千三百五里零。」按：乾隆《府志》所載各圩數目與此大異，今從沈《志》。石薼口閘，縣治東門外一里。明神宗萬曆四年，知府邵元哲疏：石薼口下流入海，見《明史·河渠志》。知縣杜善教請建閘。未幾，海潮湧至，壞閘傷田廬。萬曆八年，巡鹽御使姜璧題請築塞。詳見後。三十四年，給事中張企程題稱：石薼口止二丈八尺之閘口即不惜功力開濬，而東南地勢亢於東北，故自宋迄今捍海范公堤屹然一百四十里，前此未有穿破導淮者，其故可知也。《行水金鑒》。自明季以逮國初，凡談水利者爭言開石薼、天妃及姜家堰三口，邑人堅持不可。閻若璩謂鹽城人懼鹹水入內地，傷其田禾；見《經世文編·閻若璩〈答友人問治下河書〉》。顧炎武謂石薼口隸鹽城縣，初議開濬，土民譁然，蓋以水涸而灌溉無所資，海溢而風潮無所避，揆諸人情良所甚難，見《郡國利病書》。斯皆近情之論。乃《揚州府志》載張可立《海口說》則謂鹽人以形家言不利風水，潛加修築；王永吉則謂鹽人偏拗，難於理喻情通，皆謬說，不足辨也。至康熙七年，始與天妃口同啟。雍正七年，原任山東巡撫陳文勤世倌、郎中鄂禮奏請立閘以禦鹹潮，孔二磯心一。乾隆六年，重修。二十二年，與天妃正、越閘同修，題請者副總河無錫嵇文恭公璜也。原疏見《經世文編》。《鹽法志》謂乾隆二十一年兩江總督尹繼善題請拆修石薼，天妃正、越閘。嘉慶五年十一月，奉上諭：「淮安府屬之天妃正、越、石薼三閘緊緊要閘工，舊以蓄水濟運，因年久失修，難資啟閉。自隳乘時趕辦，茲據估需工料銀四萬二千七百四十一兩零，著照所請於藩、運兩庫各半借給。其藩庫銀兩，自嘉慶六年起分作五年，按田攤徵；運庫銀兩分作辛酉、壬戌兩綱，按引帶還照數歸款。該部知道，欽此。」時奏請者，兩江總督仁和費文恪公淳也。至道光十五年御史寶應成觀宣奏稱：「下河沿海各閘為蓄水禦鹹而設，因鹽艘出入，啟不以時，致鹹水浸灌，大為民田患害，請旨飭下督撫會議妥立啟閉章程，以期有利無害。」詔如所請，旋經督撫定議會題：嗣後各場閘座以三月初一、九月初一為啟閉之期，不得非時啟閉，致損民田。奉旨如議，飭令勒碑，各閘口永遠遵行。至道光十九年，泰州分司朱某牒於江寧布政司善化唐確慎公鑑稱：「鹽城縣石䃴閘為南北洋岸鹽船必由之路，不宜堵閉。」確慎嚴檄駁斥，再請而再拒之，最後乃檄令移諮鹽城縣：「究竟石䃴閘有無鹹水為害，可否以時啟閉？不得率行瀆請。」嗣鹽城縣知縣劉武烈公同纓覆稱：「石䃴閘共二孔。舊章：存留一孔，安放雙槽閘板，如遇潮汛異漲，海水高於河水之時，閘閉不開。其水勢相平之時，每逢三、六、九日於早潮初落之後、晚潮未發之先，啟閘一次，催令鹽艘民船過。畢，立下閘版，不得擅自啟放。並非常開，無虞鹵水倒灌，傷害民田云云。」以上《工房監案》。此為石䃴閘啟閉定制。後因閘座圮壞，版亦無存，難資啟閉。且黃河改道北流，西北數省之水不由淮郡東趨入海，沿海淺水不足禦鹹，而新洋港從前紆曲之處，又因激湍沖刷變為徑直。春夏稍旱，鹹潮即度閘而西，鹽邑民田無歲不罹其害。當同治間，閘官俞元相、知縣張鴻聲已疊請興修。延至光緒間，潮患益劇，民困益深，不獨無水灌田，並飲水亦須鑿井，城中石水至值錢數十，東南各鄉農民墐戶買舟逃往江南者甚眾。十七年六月，淮揚道臨桂謝公元福據邑人陳玉澍等數十人公稟〔註29〕，轉詳督撫兩憲籌款修建石䃴、天妃正、越三閘，督憲飭藩、運兩司會議，以無款可籌而止。十八年冬十一月，邑人萃議，以鹹潮痛巨創深，捍禦不容稍緩，公議於三閘引河合流之處合建一閘，較之拆修三閘所省實多，以此議上之制府，仍以庫款支絀未行。至十九年春，天氣恒暘，鹹潮復至，民大驚，恐不知所為。謝公元福以邑人邵暄、蕭向榮、陶鴻恩等之請，檄千總盱眙許恒昌來鹽，於三閘引河各築壩代閘，以禦鹹潮而保農田，兼請命制府暫貸積穀倉存錢濟用，俟冬漕按畝攤徵歸款。是年知縣劉崇照詳請修石䃴閘及天妃越閘，奉文允准石䃴閘，估工二萬三千串。制府檄都轉撥銀萬兩解鹽，復經邑紳士牒請歸商承辦，如商人不肯修閘，永遠不得啟壩。至今仍未興工，萬金亦未解鹽。胡希舜《築鹽城石䃴口記》：「出鹽城東門一里許，有石䃴口，故有木橋以便往來者。久之，海溢壞橋。萬曆甲子，鹽城令杜君善教以興化巨公主議濬河建閘。河通，潮大至，壞閘，水澎湃震盪，盡沒民田，一時居民溺死者無算，於是鹽父老子弟鼓喙而爭言塞石䃴口矣。庚辰歲，楊令瑞雲言之巡鹽御使姜公璧，是年題請築石䃴口，修宋丞相范文正捍海故堤。而命楊令董其役，自是海潮不得奪堤而上，鹽人永無海患矣。乃鄰縣興化歲被水顧，籍籍咎石䃴口塞之非，便請於當事者，固欲開石䃴口。當事者屢遣諸縣令率丁夫至石䃴口，名為相視，實令遂開之。楊令以死拒之，曰：『鹽城萬民之命，昔懸石䃴口，今懸諸君。諸君如遂開，變隨手至矣，諸君何以謝鹽城？』則又借箸畫地形，曰：『夫地形若釜，

〔註29〕「澍」，原為「樹」。

興化則釜腹也，鹽地高如釜邊。釜邊即張其口，安能泄釜腹中水哉？為我謝興化相公若諸父老子弟。』諸縣令遂皆負空手而去，於是石䃮口卒不開。楊令居恒語人曰：『雲令鹽城數年去矣，顧誠如鹽城百年何？蓋不敢賈鹽城以狥當事者意。』鹽城士民則徵予紀述石䃮口之始末，且以諗諸來者示無改也。論曰：嘉隆以來，河淮南徙，淮揚諸郡縣歲蒙水患，自頃築高堰障水不來，然又以為諸湖水非大開海口莫能泄也。孰知諸海口可開，石䃮口則不可開，何者？石䃮口薄城，所憂不獨在田也。昔人守疆土康利其民，率講水利酌通塞用之。鄴則西門豹、史起，南陽則召父、杜母，並以開導為利。蜀之石犀、沛之鄭陂、兗之石堰，咸障水以豐民也。夫操治水之策者，顧可拘方而道哉？矧也，范堤之築本以捍海潮，今者塞石䃮口、築長堤，最符范公始謀云。然范公堤外多民居，每受海患，楊公則迂其堤包民居堤內，功德巨矣。昔翟方進壞汝南陂，怨者歌曰：『壞陂誰？翟子威，飯我豆食羹芋魁。』嗣來者幸無令鹽人興汝南之歌哉！」劉沁區《丁卯感事詩》：「邗江岸以東，積水恒瀰瀰。襟帶七州邑，瀕海特隆起。岡阜沿埸接，袤延數百里。捍潮築長堰，為高實因此。地勢本天然，豈盡人工累。近資煮海利，作邑良右以。東門舊石䃮，去城則甚邇。隍池或泛濫，所泄亦無幾。潮汐日再入，郛郭虞崩圮。遂貽廛市憂，寧獨傷耕耔。緬惟隆萬間，勒石戒毋啟。詳載郡邑志，堅閉踰十紀。前歲偶沖決，避患正靡已。開鑿奚為者？俾我一邑底。利莫及諸邑，一邑何恤矣。即今䃮未閉，鄰封仍病水。水性與地形，願欲乖其理。高卑宜熟察，避就難強使。了然指掌上，先哲善比擬。石䃮在釜邊，諸邑釜底似。釜邊縱多缺，焉能泄釜底。上損下無益，徒令完器毀。」**天妃閘**，縣治北門外二里。天妃口啟於康熙七年，自此海潮暴漲，田成斥鹵。雍正間知縣于本宏、衛哲治屢請建閘。乾隆三年十二月，署江蘇巡撫許容奏請：「鹽城天妃口，前督臣范時繹原同石䃮等口一起議建石閘，後恐土性鬆浮，閘難持久，且因宣洩內水，遂不建閘。臣思內河之水潦固宜泄，旱亦宜蓄，無閘是莫能蓄也。海口之閘能蓄淡水，亦禦鹹潮，無閘是莫能禦也。臣面詢鹽城令衛哲治，云：『土性並不鬆浮，第以估銀三萬二千餘兩，惜費而止。』然工程雖巨，較之災傷賑濟所省實多，請飭下河督二臣會勘覆奏。」四年，總督那蘇圖、河督高斌等會奏：「天妃無閘，今歲缺兩。鹽邑高低欠收，石閘急宜早建。臣等查勘，惟浮面因海潮來往停積沙泥不免鬆浮，而二三尺下即係堅實可築。」奉旨依議，命大理寺卿汪漋、副總河德爾敏周視相度，委泗州知州汪文煜、盱眙知縣葉本、河標游擊胡成董其役，建石閘孔五、磯心四。工始於四年春，六年夏工竣。邑人沈儼為之記云：「是閘之建，主其事者，許公，而克贊襄以有成實惟衛公云。」乾隆二十二年復修，嘉慶六年重建，同治中改稱北石䃮閘，光緒十九年築壩代閘。二十年，知縣劉崇照詳請修閘，制府批飭興化、高、寶三州縣分認經費。餘詳「石䃮閘」下。**天妃越閘**，天后宮北天妃口，古無越河。乾隆五年，因建閘暫掘，旋即閉塞。未幾，知縣程國棟以河決古溝，邑中大水，復開越河，以求泄水迅速，而鹹潮遂從此漲溢。知縣黃垣因詳請建閘磯心二、斗門三。嘉慶六年，與正閘同修。光緒十九年，知縣劉崇照詳請拆修。是年十一月興工，明年八月工竣，共享錢二萬三千餘緡。監修者為堰盱廳千總許恒昌、南河候補同知胡爾坤，督工者為邑人陶鴻恩、張廷恩等。上岡閘，雍正七年，創建於上岡鎮，北串場河西岸。乾隆五年，大理寺卿汪漋移建東岸，今圮。草堰閘，雍正七年，創建於草堰口。乾隆五年，移建串場河東岸，今圮。按：舊《志》載石𥔲閘建於萬曆四年，天妃閘建於乾隆三年，不言以前有閘。考《東華錄》載康熙三十七年秋七月乙未，上諭云：「鹽城一帶，地極窪下，海水反高。明代於海口建閘，遇河水高則啟閘以注諸海，海水平則閉閘以禦海水。」是明代海口有閘，以時啟閉之一證。然止渾言海口，未言何口也。至乾隆《府志》載，順治九年戶部侍郎王永吉疏言「石𥔲海口、天妃海口，先年俱有石閘，民將閘門窒塞，河口填平」，則直言石𥔲、天妃兩口有閘矣。又《行水金鑒》引《明成祖實錄》云「永樂四年，以泰州通判黃通理言開普定秦潼、西溪、南儀阡三處水口〔註 30〕，使淫潦泛溢之水，由興、鹽入海，仍各置閘以時啟閉」，則鹽城海口之有閘始於永樂之世，明矣。

紹熙堰，《宋史・河渠志》：紹熙五年，淮東提舉陳損之言：「高郵、泰州之間，陂湖渺漫，茭葑彌滿，宜創立堤堰，以為瀦蓄，庶幾水不至於泛濫，旱不至於乾涸。乞興築自江都縣至楚州淮陰縣三百六十里，又自高郵、興化至鹽城二百四十里，其堤岸傍開一新河，以通舟輯。仍存舊堤以捍風浪，栽柳十萬株，數年後堤岸亦牢，其水可備修葺之用。」〔註 31〕又自高郵入興化，東至鹽城而極於海，自泰州海陵至揚州而徹於江，共為石𥔲十三、斗門七，乞以紹熙堰為名鐫諸石。淮田多沮洳，因損之築堤岸，得良田數百萬頃。舊郡、縣《志》皆不載紹熙堰，雍正《揚州府志》謂之新堰，云「在興化北門外。宋建炎中縣令黃萬頃修築，北達鹽城」。紹熙五年，陳損之《重修興化志》謂之北塘，云「南塘通高郵，北塘通鹽城」。岡門堰，《郡國利病書》及康熙《府志》皆云「自岡門至新河轉至侍其汊皆有古堰。每歲，春塞秋開，以便灌田」，程《志》、沈《志》作「春啟秋閉」，誤甚。經口堰，《郡國利病書》云「在治西二十一里，岡門鎮西」，康熙《府志》作「徑口」，云「東臨運河，西達馬鞍湖」，余與《郡國利病書》同。程《志》、沈《志》作「二十五里餘」，與康熙《府志》同。侍其汊堰，《郡國利病書》及康熙《府志》云：「治西北百里，長三都。歲旱則塞之，以資灌溉；潦則決之，以達射陽。」程《志》、沈《志》誤云「在縣治西」，又云「侍其汊，今不可考。相傳油葫蘆港出口數里有名老鸛嘴者一名老鸛尖即其處」。今按：康熙《府志》云「汊河達東塘河，過侍其汊，入射陽湖，則侍其汊在射陽湖之上游、東塘河之下游，為今之老鸛尖無疑。」今其地有村名堰頭。廣惠𥔲，縣治東門外三里。宋淳熙間攝縣事劉煒創築。紹熙五年康熙《府志》、程《志》、沈《志》誤作「紹

〔註 30〕據《明史・河渠志六》，開泰州運鹽河、普定秦潼河、西溪南儀阡。

〔註 31〕據《宋史・河渠志》，「泰州」當為「楚州」，「江都」當為「揚州」，「修葺」當為「修補」。

興」知縣徐挺之、明洪武二十九年主簿蔡叔瑜兩次修，餘詳《名宦》。大通磋，縣治北門外三里。明洪武二十九年主簿蔡叔瑜重建。興文壩。縣治西門外三里，永豐橋西。明天啟三年，知縣趙善鳴以堪輿家言創建，闊數十步，建亭其上，名曰鯤化，並建屋其上，以處居民。以上堰壩均廢。

知縣楊瑞雲曰：「崇山、大川，地脈之綱領也。津渡、橋樑、磋堰、關寨，維繫乎地脈之中，而周防之，使百年無患者也。鹽之沙岡百餘里，邱陵起伏，登眺其上，東望滄溟，茫茫之中氣象萬千，知鹽土精英之所蘊蓄，實鍾於此，代出偉人，非偶然也。然吾聞之老成，鹽之地氣結於東北，而地脈來於東南，故水道昔取諸巽而一方富庶文明之征實憑藉之。今則巽水反而東北流矣，地脈未復其常，不猶人身之負疢痛而未安也乎？」

知縣程國棟曰：「鹽邑東連大海，西接黃淮，能捍海水，使內地不為斥鹵者，范公堤也。近已節次堅修，能受下河七州縣積水，使由茲注海者，射陽湖也。舊時鹽邑諸水皆西北匯射陽湖，後黃決入淮河，堤屢潰，射湖淤隘，水無去路，橫溢散漫，沒及田廬。康熙七年以後，民困極矣。聖祖仁皇帝屢次南巡，目擊昏墊，指畫周詳。世宗憲皇帝大興水利，皇上龍飛思患預防，俱專命大臣總理下河，數十年來相度地形，先後挑濬，開串場界河〔註32〕、海、溝等河，令江、泰、興、鹽之水就近由草堰、劉莊等閘，下鬥龍港入海；開新官河，令江、寶、興、泰、鹽之水就近入天妃口，下新洋港入海；濬戛梁河、蝦鬚溝、東塘、西鹽等河，令山、寶、阜、鹽之水就近下射陽湖，由阜寧入海。分脈愈多，其流愈捷，是以鹽非極窪之田皆漸次可耕。然鹽邑境內之水，委也；上河之水，源也。黃水異漲，設毛城鋪、王家山等閘壩九座，計數十丈，減入洪澤助淮，恐淮不能容。隨於高家堰設三壩及天然壩，計二百餘丈，以泄黃河，減入之水，是量入為出以保高堰也。洪澤減入，高、寶等湖溢入運河，恐不能容於金灣。閘壩導之下江外，又設涵洞閘壩數十處，計數百丈，入下河以洩洪澤，減入之水是量入為出以保漕堤也。夫黃減入淮，湖受之；淮減入湖，運河受之；運減入下河，則七邑田廬受之矣。歷來開壩皆以歸海為說，但大壩一開，先淹高郵，次淹興化，次淹鹽城西南鄉，次淹鹽城西北鄉。洪波浩渺，茫無涯際，所恃以宣洩使歸海者，海口為之也。海口抵泄積水猶恐不足，更益以上河涵洞、閘壩數百丈之來水，廬舍如何不漂淌？田畝如何不沉沒？量入為出之謂何？豈不以下河為壑乎？是用統而志之，望已饑已溺之仁人援黃、淮、湖、運，

〔註32〕原書為「穿」。

各設閘壩層遞保障之良法，而量度於其間，庶下河除昏墊之患，鹽邑永受安瀾之福矣。」

知縣黃垣《〈水利志〉敘》云：「乾隆七年，古溝決，高、寶城幾沒，乃急開高郵三滾壩泄之，漂沒田廬民畜無算，既發金粟數十萬振之。又經大憲彙議請濬下河、築圩堤、開滾壩，量其淺深以定出納。垣乃歷鹽西河相其土宜，以授經畫其河之經流，南曰興鹽界河，中曰新官河，北曰東塘河、曰西塘河。興鹽界河趨劉莊閘，新官河環城趨天妃閘，東、西二塘河趨射陽湖，其入海之口有三：南曰鬥龍港、中曰新洋港、北曰射陽湖口。其縈帶小河不可紀數，曰楊家港、鬚溝、池溝、旱張溝〔註33〕、北橫塘河、略斜河、九曲河、東鹽河、唐流河、廟港溝、東官河、岡溝河、馬溝俱入新官河；曰西鹽河、蘆溝河、建港〔註34〕、鴨蛋港俱入東塘河；馬堰溝、九里河、曹溝、繆家河、李家溝、晏蕩溝俱入西塘河。又有堤河、白鹽河、頂岡河入南穿場河，廖家港、院道港入北串場河，其澤藪曰大縱湖、曰馬鞍湖、曰九里蕩、曰馬家蕩，其水之歸曰東海。捍海堰曰范公堤。堤有閘，北曰草堰閘，次北曰上岡閘，中北曰天妃閘，中南曰石礶閘。今更議開數閘，以析上流海口水之歸也。澤藪，受上流分諸河者也。緯河，通脈利田疇者也。范堤，防海潮者也。沿堤諸閘，散水啟閉者也。夫黃、淮、洪澤高踞上游，有治之者矣。上疏而下壅，源合而流不分，此治水之大患也。深之以藏其氣，疏之以殺其勢，築堤防以束其狂，廣置涵洞以平其盈虛，費上之財、任民之力，各治溝澮以利田畝，司牧者敢不竭力殫智急圖厥成與？」

知縣劉崇照曰：「吾觀於鹽城水道而知天時地利人情無一非平陂往復之運所倚伏也。自前明孝宗宏治七年，劉忠宣大夏築黃陵岡堤，黃河北流遂絕。穆宗隆慶六年，築沛縣茶城長堤，全河之水盡趨淮安府境，會淮而入海。淮弱不能與黃敵，漲溢於西則鳳、泗當其衝，泛濫而東則淮、揚罹其害，自此大河頻溢，高堰屢決、運堤數潰，下河州縣淪為澤國。自萬曆初迄國朝咸豐間，此三百年中大抵水災多而旱災少。滔天浲洞之水，或逾六七年載而不退，至旱魃雖極為虐，不能逾三年之久。迨咸豐乙卯，黃河北徙，淮水雖未復神禹故道，然已安流入揚子江。自同治丙寅決清水潭後不為災者近三十年，下河惴惴之憂又不在水溢而在旱乾矣。此非天時之無平不陂，無往不復也乎！元時漕運由鹽城

〔註33〕卷首《水道圖》《鹽城水道堤圩圖》沒有該河名，疑為「劼溝河」。
〔註34〕據卷首《鹽城水道堤圩圖》，當為「建港溝」。

出大洋，以達直沽。明初餉遼卒亦從儀真上淮安，達鹽城泛海，彼時鹽之石𥔲、天妃海口必有一啟而不塞者，不知何時始皆塞而不通。觀康熙《府志》、《郡國利病書》及《方輿紀要》所載鹽之大河、巨藪無一不由東南而西北下東塘河，過侍其汊，達於射陽。至康熙七年，石𥔲、天妃兩口俱啟，新官河繼濬，鹽邑東南之水皆出串場河，下石𥔲口入海；西南之水皆匯於新官河，下天妃口入海。東南之水無復有西北流入射陽湖者，蓋二百數十年於茲矣。迨光緒十九年，邑之諸紳士以海水歲歲浸灌，農田胥荒，庫藏支絀，修閘無期，不得已牒於淮揚謝觀察，築堰代閘，殫心竭力，三堰底成。石𥔲、天妃、三河口同時杜塞至是，而邑中之水不獲下新洋港，皆由東南而西北趨射陽湖入海，與康熙七年以前之河道大同。此又地利平陂往復之彰明較著者也。當河伯不仁，挾淮肆虐，大浸稽天，洚洞無涯，禾稼沒矣，廬舍漂矣，邱墓沉矣，人畜溺矣。鹽城為興、寶、高、泰之下游，苟啟海口而導之歸墟，於計似未為失也，乃當時鹽之縉紳先生力阻開濬海口之議，遇有言啟石𥔲口暨天妃口、姜堰口者，則相率而與之爭是，豈必如興化令張可立所言『鹽人以形家言不利風水』乎？又豈必如高郵王永吉所言『隔府異屬，痛癢不關鹽人，難以理喻情通』乎？蓋誠有見於海口一啟，內無以蓄澹水，外無以禦鹹潮。故欲慎固堤防，以葆范文正捍海之舊，屹然不為他邑官紳嚚嚚之口所撓。迨海口既啟，不可遏抑，而鹽人猶竊竊發為詩歌，如劉沁區《丁卯感事詩》亦何言之痛也？今年夏大興工役，堵築三口，東鄉士庶歡若更生。至七八月間霪霖浹旬，洫澮漲溢，未嘗沒禾稼、漂廬舍也，未嘗沉邱墓、溺人畜也，而鹽之三五人士已牒於大吏，請啟海口泄水，若岌岌不可終日者。昔之鹽人咸以請議啟海口為非，今之鹽人又以不啟海口為非；昔之鹽人習見大水而不亟泄水，今之鹽人偶值小水而亟謀泄水；若為昔之鹽人關其口而奪之氣焉，若為昔之訾詬鹽人之人實其說而附其聲焉，此又人情之平陂往復不可逆億者也。崇照自承乏是邑以來，夙夜焦勞，惴惴然唯不克盡職，是慮於農田水利尤兢兢焉。思夫今之天時未可深恃，昔之地利未可藉口，高下之人情未可偏狥，彼以堰為利而必欲留之者，所憂在旱而未知潦之災也；彼以堰為不利而必欲去之者，所憂在潦而未受旱之害也。昔有宋張文靖公，『築堰捍濤』論者以蓄潦為患，文靖謂『濤之患，歲十而九潦之患，歲十而一獲，九而亡一，不亦可乎？』今之築堰者固已十得其九矣。然遺其一而弗為之備，亦未盡善也。堰之啟塞也，難為功；閘之開閉也，易為力。以堰代閘，可暫而不可常。堰既成，遂亟議修閘之策，東門石𥔲閘孔二磯心一，北門天妃正閘孔五磯心四，天妃越閘孔三磯心二，合計之，非白金十萬兩不能集事。民力殫矣，兼營並舉，甚難也。邑之士庶以先修石磋閘及天妃越閘請，詢其何以集貲，則以商民分任請，曰此嘉慶五年詔書也。上其議於大吏，大吏可之，檄都轉籌銀萬兩解鹽，餘由鹽民按畝攤徵，畝增錢十，民無異辭，而鹺商重利多方撓之，眾呴漂山，吹唇沸水〔註35〕，萬金久弗至，邑之任事者亦以石磋一閘非萬金可就，懍弗敢任，爰鳩工庀材，先從事於天妃越閘，而以石磋閘歸之商焉。崇照嘗周覽鹽城之水，而知西塘河、東塘河、鹽河、新官河、東官河、西官河、興鹽界河、南北串場河為最大。南串場河受興化梓新、車路、白塗、海溝諸河之水，東塘河源於鹽河，鹽河源於西塘河，西塘河源於大縱湖，東官、西官二河源於興鹽界河，興鹽界河與新官河皆源於大縱湖，大縱湖為高、寶、興、泰諸州縣之水所匯而成。然則鹽邑之水，其委也；諸州縣之水，其源也。又博考康熙、雍正、嘉慶時所修《揚州府志》及高郵、寶應、興化諸《志》皆載石磋、天妃兩口入海之路，而詳言其利害，然則鹽邑之海口，諸州縣之海口也。鹽邑之閘座，諸州縣之閘座也。水利之不修，諸州縣與有害焉。昔郵南堤壩之費，鹽嘗任之。今鹽城閘座之費，諸州縣其可辭乎？於是與邑之人士議修天妃正閘分其費為三：鹽城任其一，興化任其一，高寶任其一。以此議上之大府，曰可。而諸州縣則力辭弗任。告以閘弗修，堰弗除；堰弗除，潦弗泄，諸州縣仍弗之應也。當前明萬曆、國朝順康間，揚郡人士之言治水者爭委咎於鹽城不啟海口以鄰為壑，如王永吉輩肆口嫚罵，且上疏言之，一若「高、寶、興、泰百萬元元之命，皆懸於鹽城一海口也」者。今語以修閘、啟堰之利，塞耳若不聞焉。此又他邑人情之平陂往復同於鹽邑者也。某在鹽一日，則盡一日之職。凡有可以興水利、除水害者，不敢不僶勉為之，然或有格於勢力不能為者，不得不期諸後來之賢哲，謹懸數語以為約，曰：『邑中之民，命在水利。水利之關鍵，在堤堰，堤障以禦潦也。雖旱歲亦當培修海堰以備旱也，雖潦歲不可盡去水。』旱有備，則人事修而地利舉，所以補救天時之偏而彌其憾者於是乎在矣。」

〔註35〕據《資治通鑒・齊明帝建武四年》，「彭城王勰等三十六軍前後相繼，眾號百萬，吹唇沸地。」「水」當為「地」。

鹽城縣志·卷四·食貨志

一食二貨，八政莫京。美利因民，容保無疆。任土賦甿，近鹽徵商。胡本胡末，正供胥詳。作食貨志第三。

蠲振

國朝順治六年，蠲免本年錢糧九分。程《志》、沈《志》同。八年，蠲錢糧什分之三。沈《志》失載。今據程《志》、康熙《府志》增補。十年，蠲錢糧什分之二。同上。十一年，蠲錢糧什分之三。同上。王先謙《東華錄》載是年正月戊申免江寧、安徽、蘇、松、常、鎮、廬、鳳、淮、徐、滁去年被災額賦。冬十月辛未免江南、廬、鳳、淮揚四府被災額賦。十六年，蠲錢糧什分之三。同上。十七年，蠲錢糧什分之三。同上。《東華錄》載是年二月壬寅免江南、淮揚、鳳三府及徐州去年被水額賦。《密縣志》載是年普免天下十六年以前積欠錢糧。十八年秋七月，免江南、宿州旱災額賦有差。《東華錄》。康熙四年，蠲錢糧什分之三。程《志》、沈《志》同。凡舊《志》同者，後不復注。七年，發米六千九百三十餘石，振饑民一萬五百餘口，本年錢糧全蠲。八年，發積穀一萬七千六十五石，振饑民一萬六千五百二十七口，本年錢糧全蠲。《東華錄》載是年秋八月免江南、鹽城所去年水災額賦。九年，發帑三萬九千一百二十六兩，振饑民六萬五千二百十二口，本年錢糧全蠲。十年，春，總督麻勒吉發米八百石振濟；夏，奉旨遣翰林學士田逢吉、戶部郎中黃宣泰賑恤淮揚被災州縣，鹽城發米一萬二千九百三十餘石，賑饑民二萬七千八十八口；冬，賑粥，自本年十一月起至次年四月終止，是年錢糧全蠲。《東華錄》載是年十二月免江南、高郵、寶應、鹽城等十一州縣所去年水災額賦。十一年，蠲本年錢糧，發銀一萬四千八百三十兩，振饑民四萬九千四百五十餘口；冬賑粥，自十一月起至次年四月中止，十二月被災錢糧全蠲。十三年，被災錢糧蠲五分。按：此即《通州志》所謂「免徵淮揚各府正賦之半」也。十五年，蠲錢糧什分之三。十六年、十七年同。十八年，蠲錢糧什分之五。十九年，錢糧全蠲。二十三年，錢糧蠲三分之一。三十五年，蠲本年未完錢糧。三十六年，錢糧全蠲，發帑賑饑民九萬三千三百七十七口。三十七年，錢糧全蠲，發帑賑饑民八萬六千八百十三口；十一月，奉上諭：「蠲三十八年錢糧。」十一月，舊《志》作「十二月」，今據《東華錄》及《行水金鑒》更正，乙未日上諭也。《興化志》載是年十一月二十五日奉上諭：「淮安、揚州、鳳陽等處，比年水患頻仍，浸沒堤岸，田多淹沒，耕獲無從，百姓難於粒食。朕時加軫恤，屢賑屢蠲，被災地方賴以安堵，但念久歉之餘，恐致資生匱乏，朕廑憫殷切，未嘗稍釋於懷。前此雖頻敷庥澤至再至三，用俾群黎民生計〔註1〕，猶恐開春東作農事艱難，若不大沛恩施，安能令小民各得其所？著將海州、山陽、安東、鹽城、高郵、泰州、江都、興化、寶應、壽州、泗州、鳳陽、臨淮、懷遠、五河、虹縣、蒙城、盱眙、靈壁等州縣並被災各衛所康熙三十八年一切地丁銀米等項及漕糧盡行蠲免，務使民間均霑實惠，以副朕體恤元元生息愛養至意。」《東華錄》載是年秋七月免江南、海州、鹽城縣大河衛額賦有差。三十八年三月初二日，奉上諭：「截留漕糧十萬石，於高郵、寶應、興化、泰州、鹽城、山陽、江都受災七州縣各留一萬石，悉較時價減糶。」《行水金鑒》卷一百三十八引《河防志》。四十四年，蠲被災錢糧六千八百九兩有奇，發帑賑饑民九萬五千八十八口。四十五年十月己酉，諭戶部：江蘇、安徽各省自康熙四十四年以前未完地丁銀糧著按數通行豁免，或舊欠已完在官而現年錢糧未完足者亦准扣抵。《東華錄》。四十六年，蠲免康熙四十七年江南通省人丁額徵銀兩。《江南通志》。四十七年十月戊午，詔免江南、浙江明年地丁額賦，並停止舊欠。《東華錄》。四十九年，特恩概免丁銀只徵地畝。五十一年，蠲被災民屯田錢糧一千九百一十兩，發米穀一萬八千一百二十四石有奇，賑饑民三萬九千七百八十一口。《東華錄》載是年十月癸丑諭戶部，江蘇、安徽、江西四省康熙五十二年應徵地畝銀著察明全免，其歷年舊欠亦並免徵。《彭紹升文集》：「是年免天下地丁錢糧，並免官地房租及歷年積欠。」五十五年，蠲被災民屯田錢糧六千三百六十九兩，發穀九千一百十六石七合有奇，賑饑民二萬五百七十七口。五十八年，蠲被災民屯田錢糧六千五百二十四兩，發穀三萬七千二百八十二石，賑饑民貧生八萬四千七百二十五口。六十一年，發帑金撫恤被災人民〔註2〕。

雍正元年，蠲被災民屯田錢糧六千六百二十四兩。二年，蠲被災民屯田錢

〔註1〕《四庫全書》中「俾」寫作「裨」。
〔註2〕原為「火」。

糧六千一百五十七兩。八年，蠲被災民屯田錢糧一萬四千七百九十五兩，發穀九千七十石九斗有奇，賑饑民一萬三千八百一口。十年，蠲被災民屯田錢糧六千三十七兩有奇。十三年九月，蠲免雍正十二年以前積欠錢糧一萬三千二百九十五兩九錢有奇，復蠲本年被災民屯田錢糧八百四兩九錢有奇。

乾隆元年，蠲被災民屯田錢糧三千一百四十五兩一錢有奇，發穀一萬九千五百七十六石三斗有奇，銀三千二百六十一兩五錢有奇，賑饑民二萬四千七十一口。二年，蠲被災民屯田錢糧三千四百八十五兩一錢有奇，發穀一萬九千九百七十四石九斗，銀四千六百三十六兩三錢有奇，賑饑民三萬三千七百八十二口、貧生三千八百九十九口。《東華續錄》：「是年六月免江南康熙五十二年至雍正十二年未完民欠。」三年，蠲被災民屯田錢糧一萬六千九百二十一兩七錢有奇，本色米麥一萬一千四百八十六石九斗有奇，又發銀四萬一千六百三十五兩四錢有奇，米一萬三千五百七十二石七斗有奇，共賑饑民十二萬七千口、貧生五百九十六口。是年十月奉旨蠲乾隆二年被災民屯田緩徵錢糧三千四百五十三兩三錢有奇。知縣程國棟《義捐助賑記》：「天災流行，聖人不能違天而能卒保其民者，以仁政承天也。然博施濟眾，堯舜猶病蔀屋窮簷澤難遍及，當其時而有好義之人弗惜巨費生死而肉骨之，豈非君子之所深嘉屢歎者哉！乾隆三年，淮東大旱。鹽城縣田一萬九千五百餘頃，其近河邊、渡口稍有收穫者，一千三百餘頃而已。荷聖恩發帑金數萬兩賑恤，澤至渥矣。無奈九載六荒，炊煙幾斷，嗷嗷待哺，實繁有徒。本縣貢生薛表同子薛純、太學生楊霖捐米至四千五百石，候選州同朱肇枘、朱楷捐草至三萬五千束，自其年十月初六日為始，即本城設二廠煮粥賑濟，至是年二月十六日止。復以麥秋未至，羸老無以謀生，又添設一廠於上岡鎮，自三月二十日為始賑粥至四月二十九日止，共賑大口至一百五十四萬四千一百三十有六，小口至五十一萬一千七百二十有八。凡厥災黎得鼓腹以慶更生者，半年中賑粥之德為助於仁政者，匪小也。其任勞董理者，則諸生宋順之、陳廷楨等十七人。捐貲者不以費繁而少吝，效力者不以役久而偶弛。國棟得藉手以撫柔此民，生聚依然，作息如故。上非皇上之深仁，下非諸人之好義，曷以登茲？業經詳請，分別議敘，給獎恭候。施行在諸人誼切桑梓，捐貲效力固非市惠，亦豈要名？而長吏激賞之懷焉容或緩，爰志其顛末，勒石以垂諸永久。庶幾好義者益堅其樂善之心，災黎之躬食其德者尤當銘刻肺腑。各安本分，為盛世耕鑿之良民，以無負里黨竭力拯救之意、吾所厚望。其餘捐數雖無多，比視夫席豐而不拔一毛反訾謷乎他人以自文，其鄙者何如也？米草銀錢數目，效力者姓名具列如左。」四年三月，奉文：「凡上年被災極貧之戶加賑一月。」共賑饑民一萬三千四十二口，動帑一千七百七十二兩六錢有奇，又特恩蠲民屯錢糧一萬七百九十二兩四錢有奇；四月，大學士鄂爾泰檄加賑一月，上岡、湖垛、大岡三處並設粥廠，共動倉米二千四百五十二石有奇；六月，蠲被災民田錢糧二百三十六兩有奇，發倉米七百四十三石一斗，賑饑民一千八百二口。六年，蠲被災民田錢糧七百四十七兩二錢有奇，發帑七百四十七兩有奇，賑饑民五千二百六十七口。七年，發帑三十八萬六千三百八十八兩有奇，賑饑民三十三萬七千五百餘口，又發帑九百八十七兩九錢有奇，賑貧生一千九百九十餘口，蠲民屯田錢糧一萬石有奇，又蠲雍正十三年逋賦一千六百兩八錢有奇。八年，發銀一千八百二十八兩八錢、米穀一萬七千七百四十一石五斗五升，賑饑民十四萬七千二十一口、貧生一千一百六十五口。是年發穀一萬九千五百七石八斗，賑貧生一千八百九十口。舊《志》止此，以後檔案不全。十二年二月庚子，普免天下錢糧。《東華續錄》。二十二年正月，以南巡免江蘇、安徽、浙江二十一年以前未完民欠。同上。二十六年，恭逢皇太后七旬萬壽，因江南被災，奉旨改於明年。二十七年，恭奉皇太后鑾輿南巡，將江蘇、安徽、浙江三省自乾隆二十二年至二十六年所有節年災田緩徵及未完地丁概予蠲免。《江寧府志》。三十一年，因聖母萬壽，奉旨普蠲天下錢糧分三年輪免。《密縣志》。四十二年，奉旨因聖母仙馭昇遐推廣慈仁，普免天下錢糧分三年輪免。同上。四十五年二月，免兩江所屬四十三年以前逋賦。《東華續錄》。五十年，借給口糧，《射州文存·卞廷桀〈奇荒紀異〉》。五十五年正月壬午朔，以八旬萬壽，頒詔天下，普免天下錢糧。《東華續錄》。六十年，普免各省地丁正賦。《安徽通志》。

嘉慶元年，以舉行歸政典禮，將嘉慶元年各直省應完地丁錢糧通行蠲免。同上。四年，普免各省積欠地丁耗羨及民欠籽種、口糧、漕項銀兩。同上。十二年正月，奉上諭：「江蘇省淮、揚、徐、海四府州屬皆被水成災，節經降旨分別蠲、緩、賑、恤。小民自不至失所，但恐被災較量之區於例，賑之後距麥秋甚遠，民力不無拮据，著加恩將山陽阜寧、清河、鹽城、興化等州縣極次貧民展賑一月俾資接濟。」《興化縣志》。二十三年十二月乙亥諭各省：「節年正耗民欠及因災緩徵、帶徵銀穀，著各督撫詳細查明速奏，以次豁免。」《東華續錄》。姚瑩《識小錄》：是年萬壽恩詔普免天下錢糧。

道光二年十二月庚申，免江蘇、安徽嘉慶二十三年以前民欠。《東華續錄》。十五年，蠲十年以前正耗民欠及因災緩徵、帶徵銀穀，並借給籽種、口糧、牛具，以皇太后六旬萬壽也。《續纂江寧府志·大事表》。十七年七月，緩徵鹽城縣挑河貸款。《東華續錄》。二十五年，皇太后七旬萬壽，一切恩蠲如十五年例。《續纂江寧府志》。二十八年冬，錢糧蠲免，大發錢穀賑饑民。

咸豐元年，普免天下積欠及因災緩徵銀米。《興化志》。同治元年，以登極加恩豁免道光三十年至咸豐十年災熟田未完錢糧。十一年九月，舉行大婚典禮，豁免咸豐十年至同治六年未完錢糧。

光緒元年，以登極加恩豁免同治七年至十年未完錢糧。三年春二月，賑饑民。十年，皇太后五旬萬壽，豁免同治十一年至光緒五年未完錢糧。十五年正月二十七日，舉行大婚典禮，豁免光緒六年至光緒九年未完錢糧，又因皇太后加徽號豁免光緒十年至十三年未完錢糧。

戶口

前明戶口增減不一。舊《志》：洪武二十四年，戶八千九百一十二，口六萬一千八十。永樂元年，戶八千五百五十八，口七萬五百四十。景泰三年，戶一萬六百二十五，口八萬九千七百一十八。天順六年，戶一萬九百四十九，口二萬「二」字疑當作「九」二千三百八十四。成化十一年，戶一萬二千八十九，口九萬一千二百一十二。宏治十五年，戶一萬二千一十四，口九萬五百一十五。正德七年，戶一萬三千一百，口九萬一百八十。嘉靖元年，戶一萬三千九十，口七萬三千九百四十。十一年，戶一萬三千二百，口七萬八千九百三十一。四十一年，戶一萬八千，口九萬九千三百二十。隆慶六年，戶一萬三千三百三十九，口八萬五千二百四十一。萬曆十一年，戶六千五百五十五，口二萬二千一百一十一。二十一年，戶七千七百八十，口二萬五千三百四十三。三十一年，戶八千八百七十三，口三萬七千七百六十三。四十一年，戶九千七百六十三，口三萬二千二百四十三。天啟四年，戶九千九百六十四，口四萬一千九百六十五。舊《志》載萬曆元年戶口之數與萬曆十一年同，係記載之誤，今削去。國初原額七萬三千一百八丁，實徵銀一萬四千四百八十七兩五錢。順治十四年，奉文清出幼丁四千六百五十七，內除不當差人丁三百三十八。連原額實在當差人丁七萬七千四百二十七，實徵銀一萬四千三百八十六兩一錢，遇閏加徵銀四十兩九錢四分一釐三毫五絲九忽零。康熙三十三年，豁除缺額人戶一萬三千四百二十一丁，實存當差人六萬四千六丁，實徵銀一萬三百二十三兩一錢，遇閏加銀二十九兩三錢七分八釐四毫八絲零。康熙五十年，審編戶口，仍前六萬四千六丁。五十二年，奉諭：「自後徵收錢糧，但據五十年丁冊定為常額，續生人丁永不加賦。」《建德志》載康熙五十二年三月十八日恩詔：「海宇承平日久，戶口日繁，地畝並未加廣，宜施廣大之恩，共享恬熙之樂。嗣後直省各地方官遇編審之期，察出增益人丁，止將實數另造清冊，奏聞其徵收錢糧，但據康熙五十年丁冊定為常額，續生人丁永不加賦，仍不許有司於造冊之時藉端需索用，副朕休養生息至意。」五十五年至雍正九年，四次審增一千二百二十九丁，是年奉文：丁銀均攤田畝不另款徵納。十年，分劃阜寧縣民戶一萬七千九百三十一丁，分攤丁銀一千七百九十三兩，本縣實存四萬六千七十六丁，實攤徵丁銀八千五百三十兩一錢，遇閏加增銀二十四兩二錢七分五釐七毫八絲六忽零。乾隆元年至十年，三次編審增二千九十三丁。二年，豁免瀕河案內蠲除銀九百八十二兩九錢三分六釐五毫九絲四忽零，遇閏加增銀二兩七錢九分七釐三毫四絲一忽零實徵攤銀七千五百四十七兩一錢六分三釐四毫五忽零，應增三十八年報墾官地、新陞人丁閏月銀四釐。又乾隆三十五年，報陞田地人丁閏月銀一錢六分四釐，應除會勘等議具奏，案內低窪田地減豁人丁閏月銀七錢二分二釐，共應實徵銀七千五百四十七兩一錢六分四釐，隨徵加一耗羨銀七百五十四兩七錢一分六釐，遇閏加徵銀二十兩九錢二分五釐，隨徵耗羨銀二兩九分三釐。道光九年，奏報實在男丁三十七萬六千二百八十二，內實在當差人丁四萬六千七十六，自丁隨田辦，《全書》內各則人丁數目概不詳載。外節年審增人丁三十三萬二百六丁，均遵康熙五十二年詔書，永不加賦。

田賦

前明原額田地八千三百五十二頃零。嘉靖間，知縣葉露新始將湖蕩海灘丈量報部，詳見孫㭿《被纓集》。增攤田額至三萬五千七十二頃七十九畝一分三釐七毫。《行水金鑒》載崇禎六年御史吳振纓疏云「鹽城漕米三萬三千」。按：「三千」係「五千」之訛。國朝原額田地同此數，徵折色銀三萬四千五百九十四兩七錢五分三毫九絲一忽零，本色米麥三萬五千三十五石二斗一升四合八抄五撮零。順治十年，漕撫沈文奎題豁興屯荒田二千八百六十三頃三十八畝八分，實存額田三萬二千二百九頃四十畝三分三釐七毫。康熙七年，額田三萬三千六十頃七十三畝二分七釐九毫，自順治十二年以後七次開出荒田八百二十一頃九十三畝八分一釐。又順治十六年、康熙四年兩次丈增二十九頃三十九畝一分三釐二毫，共計糧田如前數。徵折色銀三萬四千一百四十八兩六錢五分一釐八毫零，本色米麥三萬二千七百四十石六斗四升五合四勺二抄五撮零。三十三年，豁除積淹永廢田錢糧九千四百七頃七十六畝二分三釐，鹽邑自康熙七年後疊被水災，田沉水底。十三年，布政使慕天顏入覲，奏准將高、寶、興、鹽、泰五州縣被淹田地於每年冬間勘報，待涸出之日墾熟起徵。十八年，知縣馮昱勘分鹽邑無主永廢田九千九百八十四頃有奇，並所屯田一百二十一頃有奇，撫院據詳具題，部復行，令委員確勘。至二十九年大旱，知縣王賜璵混報全涸，致部議概令起徵，民大困。知縣武韓累詳請豁。至三十二年巡撫宋犖、總督傅臘塔先後具題，仍格部議，旋奉特恩免徵，民困始蘇。知縣武韓詳文：

「竊職一介書生，叨任鹽邑。一入境內，茭蘆滿目，波濤汪洋，景象淒然。詢及土人，咸曰：『此勘涸永廢田地也。』到任之後，節奉各憲催提此項本年及三十年分漕糧、漕餉屯折一切錢糧，羽檄交至，卑職晝夜焦思，設法徵輸，但鹽邑地處極窪，東臨大海，西接湖河，疊被水災，民不堪命，百里內洪波巨浪變民舍為龍窟，壯者流徙他方，弱者身葬魚腹，不知幾千萬人矣。所遺田畝，非沉沒水底，則茭草盤結，耒耜難施。故曰：『積荒永廢委係無主受業。』是以蒙三院憲臺會疏請蠲，部覆不允，卑職屢詳請緩，未蒙批示。泣思賦出於土，實辦自民，今民已流亡，田已久廢，司民牧者一旦以數年荒亡積逋無徵之漕糧一萬九千餘石、地丁銀三萬二千餘兩，責之依期完報，縱慾盡力敲比，亦不能起流離他鄉之白骨而問之、苦責之。現在熟田里戶則此災余孑遺，又已重罹災傷，現今請蠲、請振，救死不贍，即本年之熟田錢糧尚多逋欠，又何能辦此數年永廢之漕米與永廢之錢糧乎？卑職晝夜焦思，欲緩而國法已隨，欲徵而無民可問，進退兩難不得不冒昧泣陳，伏乞俯賜會題以救民命而全國賦。」兩江總督傅臘塔奏疏略云：「淮揚所屬多版荒田。撫臣宋犖曾疏請緩徵，格於部議。臣履畝詳勘，鹽城、高郵等州縣因遇水災，業戶逋逃者眾。今田有涸出之名，人無耕種之實。小民積困之餘，熟田額糧尚多懸欠，何能代賠盈萬之逋賦？倘拘責地保，里鄰逃亡益多，是使熟田盡變荒田，於國課毫無裨益。請恩賜蠲除，則逃戶聞風懷歸，安居樂業矣。」部議不許。上特諭曰：「糧從地出，地為水浸，若徵錢糧則於民甚苦，其令免徵。」武韓《〈欣戴皇仁錄〉跋》云：「我朝自列聖肇興，擬天庥而造區夏，鴻熙累洽，至仁覃敷。我皇上深恩懋極，如天好生〔註 3〕，固已萃八荒九有，舉而納之，在宥之中蠲租，賜復疊沛，鴻恩四方。大吏偶或水旱入告，輒勤睿慮，賑蠲頻加薄海內外。問猶有一夫不被其澤，一物不得其所者乎？無有也。迨韓謁選得鹽城，聞鹽苦荒逋，心甚駭焉，以為生斯世也，曾無一隅一夫不被堯舜之仁，而何鹽城有是耶？同學吳子爾錫謂韓曰：『當斯世而有不被堯舜之澤，是必其疾苦壅於上聞也。此自有司之罪，皇仁何靳焉？』韓為之惕然者久之。比至鹽，檢荒逋幾至十萬，統高、寶、興、泰合計之，則更二十餘萬不止，心甚竊竊，慮夫特籌者之艱於圖計，而不克如所請也。既而思皇仁之大與我友謂我之言，計惟有愷切陳請，庶幾無負。為之連牘累詳上於太守暨監司方伯岳牧，蒙方岳大臣轉而上之天子。在司會者猶以圖計議，格不行。忽而俞旨中出，舉數十萬荒賦盡賜蠲豁。大哉，皇仁！真如天無不覆，地無不載。一時海澨之民，歡聲雷鼓，婦子咸知嵩呼，兒童亦為稽首。韓率其父老望闕叩謝，深慶此生之與民共被皇仁，而皇仁之蕩蕩真難名也，爰輯其略而紀之，曰《欣戴皇仁錄》。蓋皇仁之大，無能名而特名。其戴之之意，以見我國家之以仁被天下者。如此其極，即所稱『如天好生』莫以過也，此亦不讓不知之辭也。」實存完糧田二萬三千六百五十二頃九十七畝四釐九毫，徵折色銀二萬四千四百三十一兩三錢七分六釐五毫一絲四忽零，本色米麥

〔註 3〕出自宋人石介《宋頌九首・聖武》：「聖仁如天，惡殺好生。」

二萬三千四百二十三石八斗六合六勺有奇。雍正五年，冬勘升報涸出瀕河田三千二十三頃二十四畝六分，徵折色銀三千一百二十二兩七錢一分二絲四忽零，本色米麥二千九百九十四石二升七合一勺四抄五撮零。十年，分劃阜寧縣田地，四千一百五十頃十九畝七分三釐八毫，折色銀四千二百八十六兩七錢三分七釐八毫一絲八忽零，本色米麥四千一百十石八升六合八勺四抄四撮零。本縣實存田一萬九千五百二頃七十七畝三分一釐一毫，徵折色銀二萬一百四十四兩六錢三分八釐六毫九絲七忽零，本色米麥一萬九千三百十三石七斗一升九合七勺五抄八撮零；又分劃瀕河田四百八十三頃二十畝七分二釐，折色銀四百九十九兩一錢四釐五毫九絲三忽，本色米麥四百七十八石五斗三升七合一勺三抄三撮零〔註 4〕。本縣存田二千五百四十頃三畝八分八釐，徵折色銀二千六百二十三兩六錢五釐四毫三絲零，本色米麥二千五百十五石四斗九升一抄一撮零；又分劃永廢田八百七十頃三十三畝五分，本縣存田五千五百十四頃十八畝一分三釐。入冬勘案內錢糧數目不再錄。乾隆二年，永豁瀕河民田錢糧，二千五百四十頃三畝八分八釐〔註 5〕。是年十二月十五日，奉上諭：「朕聞江南鹽城、阜寧二縣有瀕河田地三千五十一頃，應納糧銀四千四百餘兩。此地與水為鄰，淹涸靡定，從前有司經理不善，誤報水涸，究竟荒多熟少，小民納賦甚覺艱難，以致累年積欠未清，甚可軫念。著該督撫即行確查，將此三千五十一頃應徵之錢糧四千四百餘兩悉行豁免，其從前未完之舊欠一併赦除，俾閭閻永無賠纍之苦，昭朕愛養黎元之至意。欽此。」額徵地丁雜辦銀，除荒並豁瀕河外實徵銀二萬七千八百四十二兩二錢七分四釐三毫五絲九忽零；內除桃、宿二縣廠驛代解常盈倉項下採買半本麥價銀二百十三兩八錢八分缺釐八絲一忽零，照依原編，價銀每石四錢，採買本色麥石並後款田地本色麥，內徵收外。實徵銀二萬七千六百二十八兩三錢八分七釐二毫七絲忽零。又應增閏月銀，除荒並豁瀕河外實徵銀二十一兩四錢七分八釐四毫四絲五忽零〔註 6〕。又並徵本色麥折銀大賦三百三十八兩一分五釐九毫七絲零〔註 7〕，又並歸鹽城所屯折，除荒並豁瀕河外實徵銀五百六十一兩一錢一分七釐八毫二絲六忽零〔註 8〕。以上通共民屯、地丁、漕項、正閏共銀二萬八千五百四十八兩九錢九分九釐五毫二絲一忽零。以上舊《志》。

〔註 4〕「四百八十三頃二十畝七分二釐，折色銀四百九十九兩一錢四釐五毫九絲三忽，本色米麥四百七十八石五斗三升七合一勺三抄三撮零」疑為正文。

〔註 5〕「二千五百四十頃三畝八分八釐」疑為正文。

〔註 6〕「二十一兩四錢七分八釐四毫四絲五忽零」疑為正文。

〔註 7〕「三百三十八兩一分五釐九毫七絲零」疑為正文。

〔註 8〕「五百六十一兩一錢一分七釐八毫二絲六忽零」疑為正文。

乾隆四十年，考定原額並丈增田地三萬五千一百一頃二十三畝二分七釐，共徵銀三萬四千六百二十三兩一分六釐，額徵並補徵月糧米三萬四千五百六十八石三斗七升七合一勺，麥五百十二石四斗九勺，內原奉旨：開除荒田二千八百六十三頃三十八畝八分，續於順治十二年至十五年開墾荒田六百四十八頃十一畝四分九釐。實除荒田二千二百十五頃二十七畝三分一釐，該銀二千一百八十五兩七分九釐，米二千一百八十一石一斗二升五勺，麥三十一石七斗七升九合一勺。康熙五年，《全書》載節年開墾荒田並丈增田地共一百七十四頃七十七畝三分二釐，實該折色、船料、漕贈、補徵等項共增銀一千七百十兩七錢一分五釐，以增抵減，米一百二十九石二升七勺，實增麥一石七斗八升七合七勺。《全書》訂後，分劃阜寧縣田地五千五百三頃七十三畝九分六釐，共應徵銀五千六百八十四兩八錢一分一釐，米五千三百七十石一斗六升七合五勺，麥八十石三斗七升九合九勺。又謹淮揚等事案內勘報淹田五千五百十四頃十八畝一分三釐，其蠲缺銀五千六百九十五兩五錢九分七釐，米五千三百八十石三斗五升五合八勺，麥八十石五斗三升二合四勺。又欽奉上論事案內奉豁瀕湖田地二千五百四十頃三畝八分八釐，共免銀二千六百二十三兩六錢五釐，米二千四百七十八石三斗九升三合八勺，麥三十七石九升六合三勺。計原訂自康熙年間清丈起至乾隆二年止，以增抵減，實減田地一萬三千三百八十三頃十八畝六分五釐，減徵銀一萬二千二百九十三兩二錢九分八釐，米一萬三千三百五十七石九斗三升七合八勺，麥一百九十六石二斗二升九勺。實共田地一萬九千五百二頃七十七畝三分一釐，共應徵銀二萬一百四十四兩六錢三分九釐，米一萬九千二十九石三斗一升八合八勺，麥二百八十四石四斗九勺。乾隆四十年，《全書》續編項下，應增乾隆二十八年奉上論事案內報墾官地三十一頃二十六畝七分四釐，共該銀二十二兩四錢八分三釐，米三石八斗四升三勺，麥改兵糧米三升五合二勺。乾隆三十三年，遵旨議奏事案內范公堤外灶地撥給民樵草灘升地四百三十七頃九十畝，共該銀二百七十兩三錢四分，查此項撥給民樵草灘地畝升科銀兩，詳奉題准照牧馬草場租則起科攤入民田項下帶徵歸地丁充餉。至咸豐十年，漕督王夢齡奏准招變七成地三百六頃五十三畝。同治五年為始將民田帶徵銀二百七十兩三錢四分盡數勻攤，該領戶完納仍歸地丁充餉，每畝科徵銀八釐八毫一絲九忽三微七纖。乾隆三十五年，請寬升科等事案內報墾地一百四十八頃四十七畝五分三釐，共該銀二百十一兩七錢五分九釐，米一百四十四石八斗七升一合九勺，麥改兵糧米一石九升一合。以上三次共報升田地六百十七頃六十四畝二分七釐，共應升銀五百四兩五錢八分二釐，米一百四十八石七斗一升二合二勺，麥改兵糧米一石一斗二升六合二勺。應除會勘籌議具奏事案內奉豁低窪田地四百二十二頃四十七畝三分，此項窪田題准自乾隆二十六年為始，分析地漕照額豁除，共應蠲銀六百一兩八釐，米四百十二石二斗一升九合八勺，麥三石七斗八升八勺。又窪田減則地二百三十二頃六十五畝七分，此項係水淹題准照牧馬草場租則減徵止蠲減錢糧，其田地頃畝仍應減則起科毋庸開除，計應減徵銀一百八十七兩三錢四分四釐，米二百二十七石一升六勺，麥二石八升二合一勺。又豁免拗斛等米一百三十三石一斗二升一合二勺，查此項係雍正十年知縣衛哲治通詳豁免。又乾隆四年，《全書》原訂常盈倉麥二百十一石六升六勺，內除舊荒麥六十八石七斗四升六合四勺，實徵麥一百四十一石三斗一升四合二勺，每石折銀五錢，共折銀七十兩六錢五分七釐。內除會勘籌議事案內奉豁低窪減蠲麥三石七斗五合，每石折銀五錢，該折銀一兩八錢五分二釐，實該麥一百三十七石六斗九合二勺，每石折銀五錢，該折銀六十八兩八錢五釐，於乾隆二十年丁田司奏冊內改歸折色項下徵解應於本色麥內扣除。自嘉慶十五年至道光九年並無升除。以上原額田地，一萬九千六百九十七頃九十四畝二分八釐，內有乾隆二十六年勘報低窪減則田二百三十二頃六十五畝七分，照牧馬草場科，則輸賦共徵折色地漕並麥折等銀一萬九千九百二十九兩六錢七分四釐，隨徵加一耗羡銀一千九百九十二兩九錢六分八釐，米一萬八千四百五石六斗七升九合四勺，內原訂應除照糧道奏額減米一勺，實徵米一萬八千四百五石六斗七升九合三勺，麥一百三十八石三斗五升，內有麥改兵米一石一斗二升六合二勺。應存原額田地一萬九千四百七十三頃三十八畝一分八釐。又乾隆二十八年，升科田三頃九十三畝五分八釐；三十五年，升科田一百四十八頃四十七畝五分三釐，共田一萬九千六百二十五頃七十九畝二分九釐，內除乾隆二十六年奉豁低窪並減則田地六百五十五頃十三畝。實在田地一萬八千九百七十頃六十六畝二分九釐，每畝科起存摺色銀，一分二毫二絲六忽一纖九沙三渺九漠一埃，共銀一萬九千三百九十九兩四錢三分四釐。每畝攤人丁銀，三釐九毫七絲二忽三微三纖八沙七塵八渺四漠二埃，共銀七千五百三十五兩七錢九分。遇閏加銀，一絲一忽一纖三沙三塵二渺一漠，共銀二十兩八錢九分三釐。每畝徵匠班銀，二絲七忽八徵九塵四渺四漠五埃，共銀五十二兩八錢九分二釐。每畝徵淮倉麥折銀，三絲六忽二微六纖九沙一塵五渺九漠六埃，共銀六十八里兩八錢五釐。每畝科本色米，九合六勺八抄七撮二圭七粟二顆七粒，共米一萬八千三百七十七石三斗九升八合四勺。每畝科本色麥，七抄二撮九圭二粟八顆四粒，共麥一百三十八石三斗五升，內有升科麥改歸兵糧米一石一斗二升六合二勺，本色麥一百三十七石二斗二升三合八勺。額外丈增田地二十九頃三十九畝一分三釐，每畝科折色銀一分四毫七忽一纖八沙八塵三渺四漠八埃，共銀三十兩五錢八分七釐。每畝攤征人丁銀三釐八毫六絲九忽七微八纖九沙八塵八渺二漠，共銀十一兩三錢七分四釐。遇閏加攤銀一絲一忽一纖一漠二埃共銀三分二釐。每畝攤徵匠班銀二絲七忽一微六纖一沙四塵五渺五漠六埃，共銀八分。每畝科本色米九合六勺二抄二撮二圭一顆一粒二黍，共米二十八石二斗八升九勺。勘報低窪減科報陞官地撥給草灘等項照牧馬草場，下則徵輸田地六百九十七頃八十八畝八分六釐。每畝科徵銀六釐一毫一絲二忽四微三纖八沙八塵三渺，共銀四百二十六兩五錢八分。每畝科損腳銀六絲一忽一微二纖四沙三塵九渺，共銀四兩二錢六分六釐。

雜辦，匠戶出辦匠班銀五十九兩八錢七分，內除奉豁瀕湖田地攤蠲銀六兩八錢九分八釐，實徵銀五十二兩九錢七分二釐。此項於援例、詳請等事案內題准雍正七年為始，統歸本縣田畝項下攤徵在案。牧馬草場地，永興廠草蕩三十頃七十六畝七分八釐，永福廠草蕩十一頃四十畝二分，永安廠草蕩十頃五十八畝六釐四毫八絲一忽，長興廠草蕩二十三頃七十畝三分二釐，廣牧廠草蕩二十九頃七十畝八分一釐，新安廠草蕩十七頃三十五畝一分一釐，安寧廠草蕩十頃十二畝五分，新興廠草蕩十頃二十六畝七分。計一百五十四頃九十一畝六分一釐，每畝徵銀六釐一毫一絲二忽四微三纖八沙八塵三渺，共徵銀九十四兩六錢九分二釐。每畝科徵損腳銀六絲一忽一微二纖四沙三塵九渺，共徵銀九錢四分七釐。又丈增牧馬草場地一頃八十七畝一分，該徵銀一兩八錢六分一釐。以上通共雜辦實徵銀一百五十兩四錢七分二釐，隨徵加一耗羨銀十五兩四分七釐，內除匠班銀五十二兩九錢七分二釐，隨徵加一耗羨銀五兩二錢九分七釐。攤於田地徵收外，實徵銀九十七兩五錢，隨徵加一耗羨銀九兩七錢五分。

以上丁田雜辦，除分劃阜寧縣外，額徵米二萬八千八百七十一石四斗六升一合六勺，內除舊荒並低窪拗斛田地共蠲減米一萬六百十四石四斗九升四合四勺，實徵米一萬八千二百五十六石九斗六升七合二勺。又新升米一百四十八石七斗一升二合二勺，又麥改抵兵糧米一石一斗二升六合二勺。續訂應除，照道奏減米一勺，共米一萬八千四百六石八斗五合五勺。麥四百二十二石七斗五升五合九勺，內除舊荒並窪田蠲減麥一百四十七石九斗二升二合九勺，實徵麥二百七十四石八斗三升三合，內除淮倉折銀麥一百三十七石六斗九合二勺，改歸折色徵收外，實徵本色麥一百三十七石二斗二升三合八勺。額徵丁田雜辦等項，共銀四萬二千六百二十五兩七錢三分四釐，內除舊荒並低窪田共蠲減銀一萬五千五百七十一兩八錢一分一釐，實徵銀二萬七千五十三兩九錢二分三釐。又淮倉麥折銀七十兩六錢五分七釐，內除窪田蠲減銀一兩八錢五分二釐，實徵銀六十八兩八錢五釐。二共實徵銀二萬七千一百二十二兩七錢二分八釐。又新升銀五百四兩五錢八分二釐，共銀二萬七千六百二十七兩三錢一分，隨正加一耗羨銀二千七百六十二兩七錢三分一釐，閏月銀三十四兩一錢二分五釐，內除舊荒並窪田蠲減銀十三兩三錢六分八釐，實徵銀二十兩七錢五分七釐。又新升銀一錢六分八釐，共銀二十兩九錢二分五釐，隨正加一耗羨銀二兩九分三釐。內各款列下。

解支各衙門起存實徵大款：

一、本色，江安道衙門漕糧正耗並漕贈，除荒實徵米一萬六千八百七十四石一斗三升一合一勺。存留地丁給軍，除荒實徵月糧米二百五十七石四斗二升一合三勺。漕糧改抵兵糧米，除荒實徵米一千二百七十五石二斗五升三合一勺。各倉本色，除荒實徵麥一百三十七石二斗二升三合八勺。

一、折色，江寧布政司衙門地丁等項，實徵銀二萬二千八百四十七兩五分七釐，隨正加一耗羨銀二千二百八十四兩七錢五釐。閏月銀三兩八錢八分八釐，隨正加一耗羨銀三錢八分九釐。解司起運水腳銀二百二十七兩二錢二釐，隨正加一耗羨銀二十二兩七錢二分。閏月銀一分六釐，隨正加一耗羨銀二釐。江安糧道衙門隨漕蘆席、船料、旱腳，額髮漕項、漕贈並協齊各倉米麥折等項，除荒實徵銀三千五十九兩八錢七分六釐，隨正加一耗羨銀三百五兩九錢八分八釐。存留支給俸工等項，除荒並民七料歸入漕項及匀攤裁歸地丁外，實徵銀一千四百九十三兩一錢七分五釐，隨正加一耗羨銀一百四十九兩三錢一分八釐。閏月銀十七兩二分一釐，隨正加一耗羨銀一兩七錢二釐，此項應除河庫道大使役食及縣丞俸役等款裁歸地丁充餉，實徵銀六十一兩四分三釐，隨加一耗羨銀六兩一錢四釐，閏月仍照原數。以上共符實徵本色米一萬八千四百六石八斗五合五勺，麥一百三十七石二斗二升三合八勺，折色起存等銀二萬七千六百二十七兩三錢一分，隨正加一耗羨銀二千七百六十二兩七錢三分一釐，應支正佐養廉，於嘉慶五年起均在屬徑支，嗣於道光五年奉文正印養廉在司庫耗羨項下動放。佐雜養廉仍由屬徑支，計本縣耗銀項下應徑支佐雜各員養廉銀二百九十四兩一錢四分七釐，此項數內應除縣丞養廉銀五十七兩七分四釐。閏月銀二十兩九錢二分五釐，隨正加一耗羨銀二兩九分三釐。

解支各衙門額徵細款：

一、本色，起運項下，江安糧道衙門額徵漕糧正兑米三千四百五十一石二斗六升八勺，又丈增米三石四斗五升六合三勺，共米三千四百五十四石七斗一升七合一勺。內除舊荒米一千九石七斗九升四合三勺，又窪田斸減米七十六石五斗七升五合七勺，又以漕改抵兵糧米一百五十二石六升五合五勺。實徵米二千二百十六石二斗八升一合六勺，加三耗米一千三十五石三斗七升八合二勺，又丈增米一石三升六合九勺，共米一千三十六石四斗一升五合一勺，內除舊荒米三百二石九斗三升八合三勺，又窪田斸減米二十二石九斗七升二合七勺，又以漕改抵兵糧米四十五石六斗一升九合七勺。實徵米六百六十四石八斗八升四合六勺。拗斛、出倉、過壩等米三十四石八斗二升七合五勺，又丈增米四升三合九勺，共米三十四石八斗七升一合四勺，內除舊荒米十石一斗九升一勺，又窪田斸減米七斗七升二合一勺。實徵米二十三石九斗九合二勺。此項拗斛米石於雍正十年經知縣衛哲治通詳批准免徵。改兑米一萬七千九百二十五石四斗九升六合，又丈增米十七石九斗五升二合八勺，共米一萬七千九百四十三石四斗四升八合八勺，內除舊荒米六千二百九十五石五斗四升八合一勺，又窪田酌減米三百六十七石一斗八升六合五勺，又以漕改抵兵糧米七百二十九石一斗六升六合二勺。實徵米一萬五百五十一石五斗四升八合，加二五耗米四千四百八十一石三斗七升四合，又丈增米四石四斗八升八合二勺，共米四千四百八十五石八斗六升二合二勺，內除舊荒米一千五百七十三石八斗八升七合，又窪田酌減米九十一石七斗九升六合六勺，又以漕改抵兵糧米一百八十二石二斗九升一合五勺。實徵米二千六百三十七石八斗八升七合一勺。拗斛、出倉、過壩等米一百七十三石九斗三升三合二勺，又丈增米二斗一升八合五勺，共米一百七十四石一斗五升一合七勺，內除舊荒米六十一石八升六合四勺。又窪田酌減米三石八斗五升三合三勺。實徵米一百九石二斗一升二合。此項拗斛米石於雍正十年經知縣衛哲治通詳批准免徵。漕贈五米一千三百四十四石六斗七升五合五勺，又丈增米一石三斗四升六合七勺，共米一千三百四十六石二升二合二勺，內除舊荒米四百五十九石一斗八合四勺，又窪田酌減米二十七石九斗二升六合六勺，又以漕改抵兵糧米五十五石四斗五升七合一勺。實徵米八百三石五斗三升一勺。以上自漕糧正兑至漕贈五米止，共米二萬八千四百七十五石四斗八升八合五勺，內除舊荒米九千七百十二石五斗五升二合六勺，又窪田酌減米五百九十一石八升三合五勺，又以漕改抵兵糧米一千一百六十四石六斗，又拗斛等米一百三十三石一斗二升一合二勺，內應照道奏減米一勺。實徵米一萬六千八百七十四石一斗三升一合二勺。各倉項下，淮安府倉一半運軍月糧米三百九十五石九斗七升三合一勺，內除舊荒米一百二十九石五斗九升一勺，又窪田酌減米八石九斗六升一合七勺。實徵米二百五十七石四斗二升一合三勺。淮安倉麥二百十二石六斗九升五合三勺，內除舊荒麥六十九石六斗八合六勺，又窪田酌減麥五石八斗六升二合九勺。實徵麥一百三十七石二斗二升三合八勺。常盈倉麥二百十石六斗六勺，內除舊荒麥六十八石七斗四升六合四勺，實徵麥一百四十一石三斗一升四合二勺，每石折銀五錢，共折銀七十兩六錢五分七釐。內除窪田酌減麥三石七斗五合，共折銀一兩八錢五分二釐。實徵麥一百三十七石六斗九合二勺。查係各本色折銀五錢，共折銀六十八兩五釐。改抵各標營兵糧項下，改抵兵糧米一千一百六十四石六斗，又升科米麥一百四十九石三升八合四勺，共米一千三百十四石四斗三升八合四勺，共米一千三百十四石四斗三升八合四勺。內除窪田酌減米三十九石一斗八升五合三勺。實徵米一千二百七十五石二斗五升三合一勺。此項兵糧繫於乾隆二十九年奏定：坐撥兵糧案內以漕改南營縣對支之款。

一、折色，起解項下，江寧布政司衙門起運地丁並本色料價等銀三萬三百六十兩九錢七分七釐，內除舊荒銀一萬八百三十三兩六錢一分二釐。實徵銀一萬九千五百二十七兩三錢六分七釐。閏月銀二兩二錢六分七釐，內除舊荒銀八錢四分。實徵銀一兩四錢二分七釐。存留額編兵餉銀二千八百八十六兩三錢二釐，內除舊荒銀九百四十兩七錢五分四釐。實徵銀一千九百四十五兩五錢四分八釐。乾隆三年以前各案裁扣充餉，除增給教官奉銀外〔註 9〕，共該銀三千一百七十五兩八錢七分一釐。內除舊荒銀一千三十四兩七錢八釐。實徵銀二千一百四十一兩一錢六分三釐。閏月銀三十一兩五錢八分二釐，內除舊荒銀十一兩七錢五釐。實徵銀十九兩八錢七分七釐。驛站裁存，奉裁原撥邳州驛走遞差馬銀四十兩三錢三分八釐，內除舊荒銀十三兩一錢四分七釐。實徵銀二十七兩一錢九分一釐。優免餘丁銀一百四十九兩四錢，內除舊荒銀四十三兩四錢九分八釐。實徵銀一百五兩九錢二釐。原訂奉工項下，原編祭祀香燭歸入地丁銀六十七兩二錢三分二釐，內除舊荒銀二十一兩九錢二分八釐。實徵銀四十五兩三錢四釐。河工項下，一件河銀歸司等案內於乾隆二十八年奉文歸入地丁銀六百三兩六錢七分九釐，內除舊荒銀一百九十六兩七錢六分二釐。實徵銀四百六兩九錢一分七釐。節年升科充餉銀五百四兩五錢八分二釐，閏月銀一錢六分八釐。以上起存地丁雜辦裁扣新升等項共銀三萬七千七百八十八兩三錢八分三釐，內除撥補均給孤貧口糧銀二十兩二錢二分一釐，內除舊荒銀六兩三錢四分九釐，實徵銀十三兩八錢七分二釐。又均編文廟各壇祠祭祀香燭等銀八十兩二錢三分二釐，又添設天妃、石礓、上岡、草堰等閘閘官奉工銀三百三十一兩五錢二分，內除舊荒銀一百八兩一錢三分，實徵銀二百二十三兩三錢九分。應除額撥漕項銀一百七十六兩六錢五釐歸入江安糧道漕項項下開列外，實該銀三萬七千一百七十九兩八錢五釐，內除舊荒銀一萬二千九百六十九兩九錢三分。又窪田蠲減銀七百二十六兩四錢三分三釐，實該起存銀二萬三千四百八十三兩四錢四分二釐，閏月銀三十三兩八錢四分九釐，新升銀一錢六分八釐，共銀三十四兩一分七釐，內除撥補均給孤貧口糧銀二兩六錢九分八釐，內除舊缺荒銀一兩，該銀一兩六錢九分八釐。又均編文廟壇祠祭祀香燭等銀六分，又撥添設天妃、石礓、上岡、草堰等閘閘夫工食銀二十四

〔註 9〕「奉銀」應是「俸銀」，指支付官員俸祿的銀兩。下文「奉廩」應是「俸廩」，「奉工」應是「俸工」，前者本來指俸金和祿米，泛指俸祿，後來又表示學官的俸祿與廩生的膳食津貼；後者即俸工銀兩，泛指官員和官役工的薪俸。

兩，內除舊荒銀八兩八錢九分四釐，該銀十五兩一錢六釐，實徵銀七兩二錢五分九釐，內除舊荒銀二兩六錢五分，又窪田蠲減銀七錢二分一釐，實徵銀三兩八錢八分八釐。續訂應增嘉慶八年一件遵旨事案內新設豐縣、碭山二縣丞奉工裁歸地丁充餉銀七兩四分四釐，共銀三萬七千一百八十六兩八錢四分九釐。應除撥歸豫省鳳倉麥折銀六百八十二兩二錢六分八釐，同前列額撥漕項一併列入江安糧道漕項項下。應除原報舊荒銀一萬二千九百六十九兩九錢三分，窪田蠲減銀七百二十六兩四錢三分三釐，實徵銀二萬二千八百八兩二錢一分八釐，隨正加一耗羨銀二千二百八十兩八錢二分一釐。今訂應增嘉慶十八年會議具奏事案內勻攤新設阜寧北岸主簿奉工裁歸地丁充餉銀六兩六錢二分四釐，隨正加一耗羨銀六錢六分二釐。又應增道光五年遵旨等事案內勻攤新設清河縣澗橋司巡檢弓兵工食裁歸地丁充餉銀十二兩，隨正加一耗羨銀一兩二錢，又應增裁汰淮安府檢校工食歸入地丁充餉銀二十兩二錢一分五釐，隨正加一耗羨銀二兩二分二釐。

以上共該正銀二萬二千八百四十七兩五分七釐，隨正加一耗羨銀二千二百八十四兩七錢五釐。內起運地丁銀一萬九千五百二十七兩三錢六分八釐，隨正加一耗羨銀一千九百五十二兩七錢三分七釐。存留額編兵餉並裁歸勻攤奉工等項共銀三千三百十九兩六錢八分九釐，隨正加一耗羨銀三百三十一兩九錢六分八釐，閏月項下實徵銀三兩八錢八分八釐，隨正加一耗羨銀三錢八分九釐。起運損腳並雜辦等銀三百三十六兩六錢六釐，內除舊荒銀一百九兩四錢四釐，實徵銀二百二十七兩二錢二釐，隨正加一耗羨銀二十二兩七錢二分，閏月銀二分六釐，內除舊荒銀一分，實徵銀一分六釐，隨正加一耗羨銀二釐。正、閏隨正加一耗羨銀兩，於乾隆五十三年奉文隨同正項統計，分數奏銷。江安糧道衙門漕項：項下隨漕蘆席銀三十一兩九錢六分三釐，內除舊荒銀十兩四錢一分八釐。實徵銀二十一兩五錢四分五釐。內三分，蘆席內扣抵五釐，席折銀三兩五錢二分三釐。又二分五釐，蘆席內扣減八釐，席折銀五兩六錢三分八釐。又一分七釐，本色席折銀十一兩九錢八分，準庫餘席銀四錢四釐。額徵輕齎旱腳銀一百五十一兩九錢四分一釐，內除舊荒銀四十九兩五錢二分三釐，又窪田蠲減銀十七兩五錢八分三釐。實徵銀八十四兩八錢三分五釐。漕贈五銀一千二百五十一兩八錢三分九釐，又丈增升科銀一兩三錢四分七釐，共銀一千二百五十三兩一錢八分六釐。內除舊荒銀三百六十六兩二錢七分二釐，又窪田蠲減銀二十七兩九錢二分六釐。實徵銀八百五十八兩九錢八分八釐。查道冊開銀八百五十九兩二錢九釐，計多銀二錢二分一釐，係按起運米數驗算核增。鳳倉麥折銀六十七兩五錢七分三釐，內除舊荒銀二十二兩二分四釐。實徵銀四十五兩五錢四分九釐。揚州倉麥折銀四兩七錢三分四釐，內除舊荒銀一兩五錢四分三釐。實徵銀三兩一錢九分一釐。鳳倉米折銀四百四十二兩九錢九分五釐，內除舊荒銀一百四十四兩三錢八分九釐，又窪田蠲減銀八兩五錢五分六釐。實徵銀二百九十兩五分。大河、泗州二衛運軍月糧麥折銀六十三兩八錢一分九釐，內除舊荒銀二十兩八錢一釐。實徵銀四十三兩一分八釐。淮安、邳州二衛運軍月糧米折銀一百十八兩八錢一分一釐，內除舊荒銀三十八兩七錢二分五釐。實徵銀八十兩八分六釐。大河、泗州二衛減存麥折銀十九兩六錢四分八釐，內除舊荒銀六兩四錢四釐。實徵銀十三兩二錢四分四釐。淮安、邳州二衛減存米麥銀三十六兩五錢六分九釐，內除舊荒銀十一兩九錢一分九釐。實徵銀二十四兩六錢五分。常盈倉一半麥折銀八十四兩三錢一釐，內除舊荒銀二十七兩三錢九分一釐。實徵銀五十六兩六錢四分七釐。又代解桃源縣常盈倉麥折銀一百二十一兩一分五釐，內除舊荒銀三十九兩四錢四釐。實徵銀八十一兩五錢七分一釐。又代解桃源縣常盈倉本折麥銀五百十二兩六錢三分二釐，內除舊荒銀一百六十七兩八錢六釐。實徵銀三百四十五兩五錢四分六釐。又代解宿遷縣常盈倉麥折銀四十二兩一分九釐，內除舊荒銀十三兩六錢九分六釐。實徵銀二十八兩三錢二分三釐，共實徵銀五百十二兩八分七釐，內除窪田蠲減銀七兩八錢五分四釐。實徵銀五百四兩二錢三分三釐。原裁加添月糧撥補大、邳、泗三衛本色月糧缺額不敷銀二百十九兩三錢二分六釐，內除舊荒銀七十一兩四錢八分六釐。實徵銀一百十七兩八錢四分。淮倉各本色折麥石改徵折色銀七十兩六錢五分七釐，內除窪田蠲減銀一兩八錢五分二釐。實徵銀六十八兩八錢五釐，額撥漕項銀一百七十六兩六錢五釐。續訂應徵鳳倉麥折銀六百八十二兩二錢六分八釐。此項向於地丁項下撥出解道，今照額撥漕項之例，一律歸入漕項奏銷以符正耗數目。又原編奉工項下清江廠造船民七料銀二十二兩二錢一分四釐，內除荒缺銀七兩二錢四分五釐。實徵銀十四兩九錢六分九釐。查此項舊係編入奉工冊內奏銷，續於改訂《全書》內奉准部覆撥歸漕項。又道冊計多銀五釐，均經《全書》訂後於奏銷冊內更正造報。以上自隨漕蘆席至額撥漕項止，原共銀三千四百十七兩五錢三分一釐，內除舊荒銀九百九十一兩一錢二分一釐，又窪田蠲減銀六十三兩七錢七分一釐，實徵銀二千三百六十二兩六錢三分九釐。續訂應增鳳倉麥折銀六百八十二兩二錢六分八釐。又清江廠造船民七料銀二十二兩二錢一分四釐，內除舊荒缺銀七兩二錢四分五釐，實徵銀十四兩九錢六分九釐，共銀四千一百二十二兩一分三釐，內除原荒銀九百九十八兩三錢六分六釐，又窪田蠲減銀六十三兩七錢七分一釐，實徵銀三千五十九兩八錢七分六釐，隨正加一耗羨銀三十五兩九錢八分八釐。查正銀，應由江安糧道造報其耗羨，於遵旨議奏事案內奏明，隨正解道匯解司庫，撥用仍聽糧道隨正奏銷。管河衙門河工銀四十九錢三分七釐，內除舊荒銀十三兩三錢四分三釐。實徵銀二十七兩五錢九分四釐。改抵輕齎等銀四百九十七兩一錢四分二釐，內除舊荒銀一百六十二兩三分七釐。實徵銀三百十五兩一錢五釐。寶應縣淺堤夫工食銀六十五兩六錢，內除舊荒銀二十一兩三錢八分二釐。實徵銀四十四兩二錢一分八釐。以上自河工至淺堤夫止，共銀六百三兩六錢七分九釐，內除舊荒銀一百九十六兩七錢六分二釐，實徵銀四百六兩九錢一分七釐。查河工銀兩，於乾隆二十八年奉文動支司庫地丁照常額匯解河庫兌收支放所有前項，原編銀兩統歸地丁項下解司充餉。存留支給項下：各衙門官役、奉工、祭祀、雜支等項，共銀二千二百六十七兩三分一釐。內除荒缺銀七百十三兩四釐，內有裁汰淮安府檢校工食項下荒缺銀九兩七錢八分五釐，仍該銀七百三兩二錢一分九釐。實徵銀一千五百五十四兩二分七釐，隨正加一耗羨銀一百五十五兩四錢三釐，閏月銀二十七兩八釐。內除荒缺銀九兩九錢八分七釐，實徵銀十七兩二分一釐，隨正加一耗羨銀一兩七錢二釐。續訂應除奉工項下清江廠造船民七料歸入漕項銀二十二兩二錢一分四釐，內除荒缺銀七兩二錢四分五釐。實該銀十四兩九錢六分九釐，隨正加一耗羨銀一兩四九分七釐。又應除嘉慶八年遵旨等事案內勻攤新設豐、碭二縣丞奉工裁歸地丁充餉銀七兩四分四釐，隨正加一耗羨銀七錢四釐。今訂應除嘉慶十八年會議具奏事案內勻攤新設阜寧北岸縣丞主簿奉工裁歸地丁充餉銀六兩六錢二分四釐，隨正加一耗羨銀六錢六分二釐。又應除道光五年遵旨等事案內勻攤新設清河淍橋巡檢弓兵工食裁歸地丁充餉銀十二兩，隨正加一耗羨銀一兩二錢。又應除裁汰淮安府檢校工食歸入地丁充餉銀二十兩二錢一分五釐，隨正加一耗羨銀二兩二分二釐，實該正銀一千四百九十三兩一錢七分五釐，隨正加一耗羨銀一百四十九兩三錢一分八釐，閏月銀二十七兩八釐，內除荒缺銀九兩九錢八分七釐，實徵銀十七兩二分一釐，隨正加一耗羨銀一兩七錢二釐。

備支各細款：

一、各衙門官役奉工等銀一千七百六兩二錢二分，內除荒缺銀五百五十六兩五錢一分，又除裁歸地丁充餉之勻攤豐、碭二縣丞銀七兩四分四釐。又阜寧北岸主簿銀六兩六錢二分四釐。又新設清河淍橋巡檢弓兵工食銀十二兩，實該銀一千一百二十四兩四分二釐，閏月銀二十四兩二錢五分，內除荒缺銀八兩九錢八分七釐，實徵銀十五兩二錢六分三釐。總漕部院項下，皁隸工食銀四兩，除荒缺銀一兩三錢五釐，實徵銀二兩六錢九分五釐。轎夫八名，每名工食銀六兩，共銀四十八兩，內除荒缺銀十五兩六錢五分六釐，實徵銀三十二兩三錢四分四釐。以上總漕部院項下，歲支工食銀五十二兩，內除荒缺銀十六兩九錢六分一釐。實徵銀三十五兩三分九釐。本府糧捕通判員下，奉銀二十二兩五錢四分，內除荒缺銀七兩三錢五分二釐，實徵銀十五兩一錢八分八釐。步快六名，每名工食銀六兩共銀三十六兩，內除荒缺銀十一兩七錢四分二釐，實徵銀二十四二錢五分八釐。門子二名，每名工食銀六兩，共銀十二兩，內除荒缺銀三兩九錢一分四釐，實徵銀八兩八分六釐。轎傘扇夫七名，每名工食銀六兩，共銀四十二西，內除荒缺銀十三兩六錢九分九釐，實徵銀二十八兩三錢一釐。以上糧捕通判員下歲支奉工銀一百十二兩五錢四分，內除荒缺銀三十六兩七錢七釐。實徵銀七十五兩八錢三分三釐。本府經歷員下，皁隸四名，每名工食銀六兩，共銀二十四兩，內除荒缺銀七兩八錢二分八釐，實徵銀十六兩一錢七分二釐。門子一名，工食銀六兩，內除荒缺銀一兩九錢五分七釐，實徵銀四兩四分三釐。以上本府經歷員下，歲支工食銀三十兩，內除荒缺銀九兩七錢八分五釐。實徵銀二十兩二錢一分五釐。河庫道大使員下，皁隸四名，每名工食銀六兩，共銀二十四兩，內除荒缺銀七兩八錢二分八釐，又匀攤豐、碭二縣丞銀三錢八分四釐，又匀攤阜寧北岸縣丞主簿銀三錢七分二釐，實徵銀十五兩四錢一分六釐。門子一名，工食銀六兩，內除荒銀一兩九錢五分七釐。又匀攤豐、碭二縣丞銀九分六釐，又匀攤阜寧北岸主簿銀九分三釐，實徵銀三兩八錢五分四釐。以上河庫道大使員下，歲支工食銀三十兩。內除荒缺銀九兩七錢八分五釐，又匀攤豐、碭二縣丞銀四錢八分，又匀攤阜寧北岸主簿銀四錢六分五釐。實徵銀十九兩二錢七分。查此項悉數裁歸地丁充餉。本府儒學教授員下，膳夫銀五兩，內除荒缺銀一兩六錢三分一釐，實徵銀三兩三錢六分九釐。廪生銀五兩，內除荒缺銀一兩六錢三分一釐，實徵銀三兩三錢六分九釐。閏月銀二錢五分，內除荒缺銀九分三釐，實徵銀一錢五分七釐。以上本府儒學教授員下，歲支廪膳銀十兩，內除荒缺銀三兩二錢六分二釐。實徵銀一錢三分八釐，閏月銀二錢五分，內除荒缺銀九分三釐。實徵銀五分七釐。知縣員下，奉銀四十五兩，內除荒缺銀十四兩六錢七分七釐，實徵銀三十兩三錢二分三釐。門子二名，每名工食銀六兩，共銀十二兩，內除荒缺銀三兩九錢一分四釐，又匀攤新設清河澗橋司巡檢弓兵工食銀五錢八分五釐，實徵銀七兩五錢一釐。皁隸十六名，每名工食銀六兩，共銀九十六兩，內除荒缺銀三十一兩三錢一分二釐，又匀攤新設清河巡檢弓兵工食銀四兩六錢八分三釐，實徵銀六十兩五釐，此款於雍正七年酌裁二名，抵作仵作工食在案。馬快八名，每名工食銀六兩，共銀四十八兩，內除荒缺銀十五兩六錢五分六釐，實徵銀三十二兩三錢四分四釐。民壯三十名，每名工食銀六兩，每名加增器械銀二兩，共銀二百四十兩，內除荒缺銀七十八兩二錢七分九釐，實徵銀一百六十一兩七錢二分一釐。看監禁卒八名，每名工食銀六兩，共銀四十八兩，內除荒缺銀十五兩六錢五分六釐。又匀攤新設清河巡檢弓兵工食銀二兩三錢四分一釐，實徵銀三十兩三釐。查禁卒，尚有加增工食於雍正九年奉文於各役工食內扣給。轎傘扇夫七名，每名工食銀六兩，共銀四十二兩，內除荒缺銀十三兩六錢九分九釐，又匀攤新設清河巡檢弓兵工食銀二兩四分九釐，實徵銀二十六兩二錢五分二釐。庫子四名，每名工食銀六兩，共銀二十四兩，內除荒缺銀七兩八錢二分八釐，又匀攤新設清河巡檢弓兵工食銀一兩一錢七分一釐，實徵銀十五兩一釐。門級四名，每名工食銀六兩，共銀二十四兩，內除荒缺銀七兩八錢二分八釐，又匀攤新設清河巡檢弓兵工食銀一兩一錢七分一釐，實徵銀十五兩一釐。本縣鋪兵十四名，每名工食銀七兩二錢，共銀一百兩八錢，內除荒缺銀三十二兩八錢七分七釐，實徵銀六十七兩九錢二分三釐。修理倉監五兩，內除荒缺銀一兩六錢三分一釐，實徵銀三兩三錢六分九釐。以上知縣員下，歲支奉工銀六百八十四兩八錢。內除荒缺銀二百二十三兩三錢五分七釐，又匀攤新設清河澗橋司巡檢弓兵工食銀十二兩。實徵銀四百四十九兩四錢四分三釐。縣丞員下，奉銀四十兩，內除荒缺銀十三兩四分六釐，又匀攤豐、碭縣丞銀一兩九分四釐，又匀攤阜寧北岸縣丞主簿銀九錢四分九釐，實徵銀二十四兩九錢一分一釐。門子一名，工食銀六兩，內除荒缺銀一兩九錢五分七釐，又匀攤豐、碭縣丞銀九分六釐，又與攤阜寧北岸縣丞主簿銀九分三釐，實徵銀三兩八錢五分四釐。皁隸四名，每名工食銀六兩，共銀二十四兩，內除荒缺銀七兩八錢二分八釐，又匀攤豐、碭縣丞銀三錢八分四釐，又匀攤阜寧北岸縣丞主簿銀三錢七分二釐，實徵銀十五兩四錢一分六釐。馬夫一名，工食銀六兩，內除荒缺銀一兩九錢五分七釐，又匀攤豐、碭縣丞銀九分六釐，又匀攤阜寧北岸縣丞主簿銀九分三釐，實徵銀三兩八錢五分四釐。以上縣丞員下歲支奉工銀七十六兩，內除荒缺銀二十四兩七錢八分八釐，又匀攤豐、碭縣丞裁歸地丁充餉銀一兩六錢七分，又匀攤阜寧北岸縣丞主簿銀一兩五錢七釐。實徵銀四十八兩三分五釐。查此項於咸豐十年裁歸地丁充餉。典史員下，奉銀三十一兩五錢二分，內除荒缺銀十兩二錢八分一釐，實徵銀二十一兩二錢三分九釐。門子每名工食銀六兩，內除荒缺銀一兩九錢五分七釐，實徵銀四兩四分三釐。皁隸四名，每名工食銀六兩，共銀二十四兩，內除荒缺銀七兩八錢二分八釐，實徵銀十六兩一錢七分一釐。馬夫一名，工食銀六兩，內除荒缺銀一兩九錢五分七釐，實徵銀四兩四分三釐。以上典史員下，歲支奉工銀六十七兩五錢二分，內除荒缺銀二十二兩二分三釐。實徵銀四十五兩四錢九分七釐。本縣儒學教諭員下，奉銀四十兩，內除荒缺銀十三兩四分六釐，實徵銀二十六兩九錢五分四釐。廩生二十名，每名廩糧銀四兩，共銀八十兩，又帶閏月銀二兩六錢六分七釐，共銀八十二兩六錢六分七釐，內除荒缺銀二十六兩九錢六分三釐，實徵銀五十五兩七錢四釐。查縣學廩生原設二十名，雍正十年分撥四名歸阜寧縣學，歲支廩膳銀兩仍於鹽邑俸工編徵廩膳銀十二兩九錢三分七釐，荒缺銀六兩二錢六分二釐。自同治十二年為始，悉數裁歸地丁充餉。光緒十四年，以本縣增復廩生四名，仍於地丁撥回給領。齋夫三名，內每名一半工食銀六兩，共銀十八兩，內除荒缺銀五兩八錢七分一釐，實徵銀十二兩一錢二分九釐。膳夫二名，每名復給三分之一，工食銀六兩六錢六分六釐，共銀十三兩三錢三分三釐，內除荒缺銀四兩三錢四分九釐。實徵銀八兩九錢八分四釐。門子工食銀十兩八錢，內除荒缺銀三兩五錢二分三釐，實徵銀七兩二錢七分七釐。以上儒學教諭員下，歲支奉廩工食銀一百六十四兩八錢。內除荒缺銀五十三兩七錢五分二釐。實徵銀一百十一兩四分八釐。上岡司巡檢員下，奉銀三十一兩五錢二分，內除荒缺銀十兩二錢八分一釐，實徵銀二十一兩二錢三分九釐。皁隸二名，每名工食銀六兩，共銀十二兩，內除荒缺銀三兩九錢一分四釐，實徵銀八兩八分六釐。弓兵十名，每名工食銀三兩，共銀三十兩，內除荒缺銀九兩七錢八分五釐，實徵銀二十兩二錢一分五釐。以上上岡巡檢員下歲支奉工銀七十三兩五錢二分。內除荒缺銀二十三兩九錢八分。實徵銀四十九兩五錢四分。沙溝司巡檢員下，奉銀三十一兩五錢二分，內除荒缺銀十兩二錢八分一釐，實徵銀二十一兩二錢三分九釐。皁隸二名，每名工食銀六兩，共銀十二兩，內除荒缺銀三兩九錢一分四釐，實徵銀八兩八分六釐。弓兵十名，每名工食銀三兩，共銀三十兩，除荒缺銀九兩七錢八分五釐，實徵銀二十兩二錢一分五釐。以上沙溝司巡檢員下歲支奉工銀七十三兩五錢二分，內除荒缺銀二十三兩九錢八分。實徵銀四十九兩五錢四分。天妃、石碰二閘閘官員下，奉銀三十一兩五錢二分，內除荒缺銀十兩二錢八分一釐，又勻攤豐、碭縣丞銀八錢六分二釐，又勻攤阜寧北岸縣丞主簿銀七錢四分七釐，實徵銀十九兩六錢三分。皁隸二名，每名工食銀六兩，共銀十二兩，內除荒缺銀三兩九錢一分四釐，又勻攤豐、碭縣丞銀一錢九分二釐，又勻攤阜寧北岸縣丞主簿銀一錢八分六釐，實徵銀七兩七錢八釐。閘夫四十名，每名工食銀六兩，共銀二百四十兩，內除荒缺銀七十八兩二錢七分九釐，又勻攤豐、碭縣丞銀三兩八錢四分，又勻攤阜寧北岸縣丞主簿銀三兩七錢一分九釐，實徵銀一百五十四兩一錢六分二釐。閏月銀二十兩，內除荒缺銀七兩四錢一分二釐，實徵銀十二兩五錢八分八釐。以上天、石閘閘官員下，歲支奉工銀二百八十三兩五錢二分。內除荒缺銀九十二兩四錢七分四釐，又勻攤豐、碭二縣丞裁歸地丁充餉銀四兩八錢九分四釐，又勻攤阜寧北岸縣丞主簿銀四兩六錢五分二釐，實徵銀一百八十一兩五錢，閏月銀二十兩，內除荒缺銀七兩四錢一分二釐，實徵銀十二兩五錢八分八釐。上岡閘項下，閘夫四名，每名工食銀六兩，共銀二十四兩，內除荒缺銀七兩八錢二分八釐，實徵銀十六兩一錢七分二釐，閏月銀二兩，內除荒缺銀七錢四分一釐，實徵銀一兩二錢五分九釐。草堰閘項下，閘夫四名，每名工食銀六兩，共銀二十四兩，內除荒缺銀七兩八錢二分八釐，實徵銀十六兩一錢七分二釐，閏月銀二兩，內除荒缺銀七錢四分一釐，實徵銀一兩二錢五分九釐。文廟各壇祠祭祀等銀八十兩二錢三分二釐，閏月銀六分，內縣學文廟春秋祭祀銀四十八兩一錢二釐。各壇祭祀銀二十九兩五錢五分六釐，內火神廟常雩禮銀二兩一錢八分九釐，社稷壇銀十兩九錢四分七釐，專祠銀十三兩一錢三分六釐，厲壇銀三兩二錢八分四釐。文廟香燭銀二兩五錢七分四釐，閏月銀六分，外有地丁項下徑撥文昌宫祭品銀四十兩。雍正八年，添關帝廟祭品銀六十兩。咸豐八年，添文昌宫聖誕祭銀二十兩。以上二款並於本縣地丁銀內撥給。

一、雜支各款共銀四百五十兩五錢七分九釐。內除荒缺銀一百三十九兩四錢六分四釐，實徵銀三百十一兩一錢一分五釐。續訂應除清江廠造船民七料銀撥歸漕項銀二十二兩二錢一分四釐，內除荒缺銀七兩二錢四分五釐，實徵銀十四兩九錢六分九釐，共該銀二百八十八兩九錢一釐，閏月銀二兩六錢九分八釐，內除荒缺銀一兩，實徵銀一兩六錢九分八釐。江寧省科場銀四兩六錢二分一釐，內除荒缺銀一兩五錢七釐，實徵銀三兩一錢一分四釐。武舉科場銀三錢九分，內除荒缺銀一錢二分七釐，實徵銀二錢六分三釐，總漕坐船水手三十名，每名工食銀七兩二錢，共銀二百十六兩，內除荒缺銀七十兩四錢五分一釐，實徵銀一百四十五兩五錢四分九釐。淮揚道坐船水手八名，每名工食銀七兩二錢，共銀五十七兩六錢，內除荒缺銀十八兩七錢八分七釐，實徵銀三十八兩八錢一分三釐。本府划船水手五名，每名工食銀六兩，共銀三十兩，內除荒缺銀九兩七錢八分五釐，實徵銀二十兩二錢一分五釐。鄉飲酒禮銀八兩，內除荒缺銀二兩六錢九釐，實徵銀五兩三錢九分一釐。山陽縣上塘鋪兵二名，每名工食銀九兩，共銀十八兩，內除荒缺銀五兩八錢七分一釐，實徵銀十二兩一錢二分九釐。重犯月糧銀五十二兩二錢，內除荒缺銀十七兩三分，實徵銀三十五兩一錢七分。額設孤貧十名，每名歲支布花薪米銀四兩一錢五分五釐四毫，共銀四十一兩五錢五分四釐，內除荒缺銀十三兩二錢九分七釐，實徵銀二十八兩二錢五分七釐。閏月銀二兩六錢九分八釐，內除荒缺銀一兩，實徵銀一兩六錢九分八釐。

佐雜各員額支銀數附：典史養廉銀六十兩，上岡巡檢養廉銀六十兩，沙溝巡檢養廉銀六十兩，天妃閘閘官養廉銀五十七兩七分三釐，以上四員，除匀攤外，共支銀二百三十七兩七錢三分。以上《府志》。

雜稅附：蘆課，全分劃入阜寧縣。牙稅額徵銀五百十一兩五錢三分九釐二毫。雜稅，城鎮鋪戶額徵銀四十六兩二錢七釐。田房稅，於乾隆五年奉督撫題准歸縣徵解，每正價一兩，完稅銀三分，隨收加一毫，銀匯解布政司衙門報部充餉。典稅，無額，每典徵銀五兩。學田租四十一兩五錢六分，漁船鈔。漁船梁頭在五尺內者免徵，五尺外者免一尺，歲徵銀三錢。以上舊《志》，兼《府志》。

屯衛人丁田賦附

原額屯田三百五十分，每分田數不等，共田三百八十頃五十六畝二分五釐七毫，內水田一百九十頃六十五畝，陸地五十頃三十五畝，營地七十頃，興屯地六十九頃五十六畝二分五釐一毫，徵折色銀六百八十九兩一錢八分，每分徵夏麥三名，秋米三石，共米麥二千一百石，每石折銀三錢，共銀六百三十兩。嘉靖中加每分軍餉銀一錢六分九釐八絲五忽零，共加銀五十九兩一錢八分。

國朝順治十六年屯田，三百九十九頃七十一畝二分五釐七毫，徵折色銀七百二十三兩八錢三絲三忽零。是年清出寬餘屯田十九頃十五畝，每畝徵銀一分八釐一毫四忽四徵五纖五沙八塵，較舊加十分，共三百六十分。康熙十六年，鹽城所掌印千總奉裁錢糧歸縣官管轄，該原額田四百頃五十九畝八釐一毫，徵屯折銀七百二十五兩四錢四分三絲九忽零，是年清出倉基地八十七畝八分二釐四毫，每畝徵銀與前寬餘田同，不均入伍。康熙三十三年，豁除積淹永廢屯田一百二十一頃三十八畝四分，實存二百七十九頃二十畝六分八釐一毫，徵折色銀五百五兩六錢二分三釐二毫二忽零。雍正五年，升報涸出瀕河屯田二十八頃二分，加徵銀五十一兩七分一釐一毫九絲四忽零。乾隆二年，永豁瀕河屯田二十八頃二十畝二分。額徵並所地丁折銀七百八十六兩五錢四分三絲九忽零，除廢田並豁瀕河田，實徵屯折銀五百六十一兩一錢一分七釐八毫二絲六忽零。屯丁，原額五百九十名，後載備倭城鋪屯丁一百七十三名。順治中原額屯丁四百十七名，奉文清出空閒官舍軍丁八百五十二名，每年編徵協濟造船銀一百八十三兩五錢。康熙十三年，編審奉文減丁五百五十一名，豁銀一百二十二兩五錢，實存丁三百一名，徵協濟造船六十二兩。四十年，又減銀九錢，實徵銀六十一兩一錢。雍正四年，屯丁銀均攤田畝。乾隆二年，額免瀕河屯田、蠲協濟造船銀五兩六錢三釐三毫七絲六忽零，實徵銀五十五兩四錢九分四釐六毫二絲三忽零。屯田科則贍運一百五十二分，每分徵折色銀一兩五錢四分五釐二毫一絲八忽八微三纖八沙一塵五渺七埃二逡四須四漠六清。運軍四百十六名，每名徵折色銀七錢八分。清出倉基田，每畝徵銀見前應攤軍丁銀一釐九毫八絲七忽五微八纖一沙二塵九渺二漠八埃六巡八須一清。屯田解款，江蘇布政司項下，額該起運地丁屯折並載原本所掌印千總奉銀，除荒實該銀四百八十五兩四錢一分九釐七絲零。江安糧道項下，實徵漕項銀七十五兩六錢九分八釐七毫五絲五忽零。城內所地計瓦房五百二十七間，草房二千八百二十一間，園田一頃四十一畝一分八釐。知縣張振鐄、倪毓楨先後詳請核減屯租，奉支由光緒七年起每年額徵各租戶錢，共一百二十五千一百二十四文，隨收加一紙工錢十二千五百十二文，計八百八十餘戶。以上舊《志》、《府志》，兼《採訪冊》。

倉儲〔註10〕

食者，民之天。積貯者，天下之大命也。前代之制勿論矣。國朝順治十一

〔註10〕目錄中，「倉儲」原先在「戶口」「田賦」之前，據此移至「田賦」之後。

年，詔各府州縣俱有預備常平倉及以義倉、社倉積貯備荒，責成道員稽查舊積、料理新儲，每年二次造冊報部，察積穀多寡分別議奏以定功罪。康熙十八年，題准鄉村立社倉、鎮店立義倉，捐輸積貯，公舉本鄉敦重善良之人管理出陳易新，春月借貸，秋冬償還，每石取息一斗，歲底將數目詳請上司報部。三十四年，題准江南常平倉捐積穀石以七分存倉備賑，以三分發糶，俟秋收買穀還倉。雍正元年，部議社倉之法：每社設正、副社長，擇端方立品、家道殷實者二人，果能出納有法，按年給獎，十年無過，督撫給以八品頂戴，侵蝕者按律治罪。嘉慶四年，奉上諭：「國家設立常平倉，谷原以備民間緩急之需，若僅將穀價貯庫，猝遇需米穀之時，豈銀兩所能濟用？令各省督撫飭屬員補。」是年，又奉上諭：「各省社倉，聽本地殷實富戶擇其謹厚者自行辦理，不必官吏經手，以杜弊竇而裕民食，是則直省州縣倉儲皆列聖經營之所寄也。」舊《志》所載有東豫備倉，縣治南十八步。西豫備倉，縣治西十八里。南豫備倉，縣治西南四十五里。北豫備倉，縣治北九十里。考康熙《府志》云「豫備倉四處，洪武二十四年，知縣宋必進建」。又《明史·食貨志》云：宣德七年春，御史朱鑒言：「洪武年間，府州縣四鄉皆置倉，積穀多者萬餘石，少者四五千石。倉設老人監之，富民守之，遇水旱以貸貧民。」便民倉，縣治西門外一里。明萬曆壬午，知縣楊瑞雲建，每歲官軍於此交兌漕糧。楊《志》卷十《藝文》有常居敬《新建便民倉記》。常豐倉，縣治東南三十步。宋紹興間知縣徐挺之建。明洪武七年，知縣葛成重建，國朝改為豫備倉。涇河倉，縣治西一百四十里。水次兌運倉，寶應縣北。明嘉靖間知縣程爋建。儒學倉，三間，在儒學內，見康熙《府志》。此皆前代所建倉也。又有常平倉，縣署東。雍正八年，知縣孫蔭孫建廒十三間。十年知縣崔昭、乾隆五年知縣程國棟、十年知縣黃垣各增建九間，貯糧二萬石，後又添貯八千石。社倉，縣治西南，即明察院行署改設。淮安漕倉，府治東門外一里。前明建倉，後圮。雍正八年，知縣孫蔭孫重建廒房，共三十七間，每歲漕糧俱於此交運，官收官兌，民甚便之。鹽義倉，縣治西，係永利倉故址。雍正五年，知縣于本宏建倉以便灶民販糴。煎鹽灶丁飲鹹水而食脫粟，老幼男婦終歲胼胝出入於塵土煤炱之中，鶉衣百結，面黑加墨。地居中土之極東，當窮冬沍寒，朔風暴作，一無障蔽，其寒徹骨。迨三伏炎烝，正淋鹽旺產之時，矮簷灶屋中燒灼薰蒸，如惔如焚，屋以外赤日炎炎，而煎丁煩熱難支之頃，每趨投赤日中以為清涼世界；日未銜山，蚊蚋成市，煎丁無幃帳，則以泥塗其身，或蹲其身泥淖中，以避毒喙。而主是垣者則收之以大桶，給之以賤價，克之以陋例，桶鹽入垣不能易斗米而歸。赴垣預借則重科子息，不得已而私售，則巡丁、場役群勒詐之，一牒入官，棰楚立至。或久旱鹵氣不旺，或蕩草蝗啃殆盡，或沾雨鹽場積潦，欲煎不得，即無鹽易穀，槁項黃馘，即屋待斃，而灶頭、灶長方且仰承意指，罪以惰煎，取溝瘠而敲撲之。壬辰歲非大饑，而嚴冬風雪大作，灶丁以凍餒斃者，比比皆是。嗚乎！亦可愍甚矣。朝廷凱澤覃敷，如鹽義倉之設，法良意美，近或視為具文，閭閻利病尚時時得以敷陳。獨海壖僻違，輶軒所不到，當事籌慮所不及。此十數萬灶丁愁苦憤鬱之氣上干天和，或遭水旱奇災，亦海疆之隱患也。以上云多本《阜寧志》。此皆國朝所建倉也，皆久廢無一存者，倉基亦不可考。今所恃以備荒者，唯縣署東之豐裕倉尚存。光緒六年，知縣張振鏞奉檄創建。振鏞撰《記》云：「光緒四年季夏之月，大中丞吳公言積穀以備荒，因地而制宜，鑒於晉豫。近年被災之慘、移粟之艱，烏可不思患預防為未雨綢繆計耶？其即擇地建倉、購穀存儲。汝孫守實總其事，群有司委任而責成焉，雜寧蘇七十有二屬，咸共厥職，以斂以積，罔或不祗，承年則屢豐，儲峙乃備。振鏞以其年之十二月奉前江督沈文肅公專檄權知揚州興化縣事，適承二年旱災、三年壩水之後，民間元氣未復，興邑常平社倉久已蕩然無存，是舉雖因實創，邑前令憚於圖始，又慮任之非其人將自貽患，故欲作而輟者屢矣。振鏞自蒞興篆，上感大府破格之用，下為民生異日之憂，以是獨斷於中，不為流議所惑，五年仲冬而豐圖倉竟成，亦既書其事而上之。其時吳大中丞來任江督，振鏞於六年二月奉調淮安之鹽城縣，孫公旋亦出守於淮。鹽之與興壤地固相錯也，民俗略相等也。雖其隨糧徵錢與按畝收穀徵異，其他則無弗同也。始鹽邑本城有常平倉，又有所謂社倉者，分存湖垛、大岡、秦南三鄉鎮，倉固久頹，而穀亦俱盡。滔滔者，天下皆是，於鹽乎何尤？城倉舊基實限於地，擬建費太巨。無倉則穀奚以購？存城存鄉之說，言人人殊相持，而弗能決斯後患。蓋有不可深慮者，邑前令劉君仟，振鏞同年。生瀕行，尤以此事未為為憾。鹽邑帶徵錢以至二萬餘千，紳耆購穀已一萬五六千之數，以視興邑，收穀建倉取辦一時則若較易，然其功料無不踴貴，原擬建倉九間，已用瓦木磚灰錢二千四百餘，工資尚未計及，而增建則又較難。振鏞竊以天下無不可為之時，無不可為之地，無不可為之事，況凡事當論是非，不當論難易，彼以一身任天下之重者，果何人哉？鹽固蕞爾邑，何事不應就理有博稽於眾者，即有惟斷乃成者，取鑒不違志已決矣。爰乃平其市值，凡領千錢，飭令繳淨穀百三十斤。僉曰：「惟命。」度其舊址，倉基南為文場所佔，迤北與縣署後圃相接，決疏搜剔，豁然呈露。問工焉取？則興匠是徵。問材焉集？則興工是供。而鹽之役徒亦奔走恐後，樂就繩墨，執其斧斤刀鋸惟指使是從，梁棟宊桷之材不期而會。振鏞自治如在興時，而勤苦尤至。凡為倉屋四十七間，費錢八千餘緡，積穀二百萬二千斤。倉成，名以豐裕，繳穀儲倉，四閱月而畢。且夫王政非小補也，仁民非異術也。天下事固非一朝一夕之圖與一手一足之烈也。常平、社倉之說誠善然。社倉無十年不敗者，常平之敗不過二十年耳，何則？一在官而患胥吏之虧挪，一分存而患社長之侵蝕，無興不廢，自昔已然，則是官為民謀不若其自謀之得，然而小民知便，一時難慮久遠。豐而不取其餘，災荒之蓋藏有幾方。今憲府咸以饑溺為懷，各邑紳耆奉令惟謹，五年豐收為三十年所僅見。今歲亦稱中稔。時乎，時乎，不再來！安能懲羹而吹齏、因噎而廢食乎？振鐄向謂『春借秋還，出陳易新』，徒滋流弊無已。準平糶買補立法，稍為周密，故決不以鄉倉為然，至於官督民辦，常平也。而社倉之意寓於其間，出納有章俱在方策。振鐄此舉繼劉君未竟之志，杜紳耆將來之累。設遇災年，民亦不致以有斂，無散興謗技止，此爾所以維持而不敝者，緊後之諸君子是賴，則誠振鐄之願而非振鐄之責也。尚何患哉！尚何患哉！吳公名元炳，河南固始縣人。孫公名雲錦，安徽桐城人。志二公者，重其始也，是為記。」

物產

《逸周書・職方》載：九州島之穀，或宜三種，或宜四種，或宜五種，唯荊、揚二州止宜一種曰稻，青州宜二種曰稻、麥。吾鹽在淮水南，於《禹貢》為揚州之北境，於《職方》為青州之南境，故五穀皆有，而稻、麥為最宜。東鄙高燥宜麥，西鄉下濕宜稻，高下適中則稻、麥皆宜，而農人大率以稻為重。稻有早禾、中禾、晚禾之分，而尤以中禾為重。晚禾有黑稻、芒稻兩種，小暑、大暑之間得雨瀀渥尚可播蓺，然稼獲俱晚，收入亦薄，農人視之侔於蕎麥，非旱乾不播此種。至早禾，俗有所謂「隨犁歸秋前五」者，《興化志》亦有此稱，其勝於中禾者有二：栽蒔最先，不憂夏旱，一也；刈獲最蚤，不憂秋潦，二也。當腹枵室磬之際，得此便可充餒饋貧，糧莫良於此。然稗多芒長，粒瘦稃厚，質輕味薄，不逮中禾者亦有六焉。故早禾一秳，其價僅值中禾三斛，且必水田沃衍，乃可種之。上農糞多而力足，能多種之而不欲；下農糞少而力薄，欲多種之而不能。若中禾則無論田之高庳，農之上下皆可種蓺，故鹽邑必中禾溥稔方可稱穰歲。然中禾既憂秋潦，復畏夏旱，設五六月間霖雨稍希，則農人艱於灌溉，牛疲不可復用，則代之以人，人不足用，則代以北來之騾馬，蒔秧一晦至費錢數百多或一緡，秧之蒔未完而麥之糶已罊矣，稻苟無獲則來麰雖有秋如無秋也。果實，棗、栗、梨、柿、楂、李甚少，所產桃、杏、落花生之屬不及北方者良，蓮子、芡實之屬不及南方者良，唯湖蕩產菱、藕為多，利稍厚矣。蔬蓏各種皆有，唯山蕷最有益民食。舊《志》謂之香芋，楚粵謂之紅藷。藷，一作諸，或作薯。吳江陸中丞耀著有《甘薯錄》，桐城張侍郎若渟疏請飭交江浙大吏，令民間學種，為備荒之用，而《欽定授時通考》所載種薯之法尤詳。鹽邑沙地種薯漸廣，皮朱而味甘，汁多而筋少，較阜邑所產過之。花則便倉牡丹為勝，藥則瓜蔞、香附為良。舊《志》載前明鹽邑土貢有蒼朮五十斤，艾葉百斤，今則邑中不產蒼朮，而艾葉不及蘄產者勝，蓋物產亦有古今之殊好。《廣輿記》載鹽城產海螵蛸，今海螵蛸為朐產而鹽邑無之，亦其類也。草之名不可枚舉，唯蒲、葵、茅、葦茂密於海灘湖蕩之中，利或倍於樹穀。剛木、柔木之屬，扶疏掩映於墟落間。五穀樹所結之實，狀備五穀，視其多寡可占豐歉。農人重之桑，亦可飼蠶成繭，而不及棟桑之佳。昔漕運總督黎公培敬、兩江總督左公宗棠曾捐貲購湖桑數百萬株，分布淮揚各州縣。彼時鹽民領種者多，而地之肥磽，桑之枯菀，灌溉之勤惰，有司以民事無與於已，置之不問。桑皆薾萎，而蠶織之利未由興焉。信乎？非先勞無倦不可以為政。聖人之言誠萬世不易之準繩也。毛蟲羽族與他邑同，無殊異者。前明鹽邑上貢獐兔、野雞、鶩、鵲、鵝、雞、魚鰾、魚油、貓皮、翎毛，而外有天鵝二隻，山羊皮四張，鹿皮二十七張，三者今皆無有。而貓則自昔著稱，故皮充貢篚。《酉陽雜俎》所謂「楚州射陽出貓，有褐花者」是也。鱗介之屬甚繁，而海錯為勝，大縱湖之蟹最為南人所重。春月水晶蝦甚美，俗名條蝦。而西至郡城，南至興化則色味俱變，所謂「遷地弗良」者乎？貨之鉅者，瀕海多綿可以供織，瀕湖有靛可以供染。若魚皮、魚鰾、鯉乾、蝦米、醃卵、醃魚、秫酒等物皆可貿遷遠方，而究不若鹽為大宗。然鹽利國利商而外，因以為利者甚眾，而煎鹽之灶丁則愁苦墊隘獨甚，且鹽法久刓，敝不可收拾。私梟大憝，爪牙森鋸，椎埋剽奪，莫敢稽呵。司牢盆者懼潰癰厞蔽，以覬旦夕之寧。涓涓焰焰之水火弗塈弗滅，亦滔天燎原之肇端。然則熬波府海，雖不涸之利，而厲亦階之，不若興陂堰、濬甽澮、講土化之法、廣多稌之源為有利而無害也。沃饒近鹽乃易覯惡，背本趨末是謂大殘。欲阜民財者，捨勸課耕織曷由哉！

鹽法

伍祐場，南至劉莊場界，北至石磋閘界，東至大海，西至官界溝，南北袤三十八里，東西廣一百二十里。原額草蕩二千三百四十三頃，每草蕩十畝九分一釐一毫三絲七忽七微七沙八塵一埃九渺一漠二逡二巡，供辦鹽一引，共計實辦本色鹽二萬一千四百七十三引，每引納銀一錢五分四釐六毫七絲一忽四微一纖一塵六埃四漠四逡三巡，共折價銀三千三百二十一兩二錢五分九釐二毫一絲一忽八微四纖八沙一塵七埃五渺五逡七巡。沙蕩八十一頃二十五畝五分，每畝納銀五釐，共銀四十兩六錢二分七釐五毫。新升沙蕩三十三頃八十三畝，每畝納銀五釐，共銀十六兩九錢一分五釐。又新升沙蕩三十七頃十畝，每畝納銀五釐，共銀十八兩五錢五分。又新陞沙蕩二十七頃三十畝五分二釐，每畝納銀五釐，共銀十三兩六錢五分二釐六毫。又新陞沙蕩四十二頃十二畝四分一釐，每畝納銀五釐，共銀二十一兩六分三釐五絲。又新陞沙蕩八頃五十一畝五分九釐九毫四絲八忽，每畝納銀五釐，共銀四兩二錢五分七釐九毫九統七分四纖。新陞倉基地九畝六分二釐五毫，每畝納銀二分五釐，共銀二錢四分六毫二絲五忽。新淤沙蕩一千一百八十六頃九畝三分一釐，每畝徵銀五釐，共銀五百九十三兩四分六釐五毫五絲。又攤陞公樵地三百二十二頃，每畝徵銀五釐，共銀一百六十一兩。新淤陞蕩九百五十頃九十四畝六分八釐，每畝徵銀五釐，共銀四百七十五兩四錢七分三釐四毫。道光三年，丈升。又新淤沙蕩八百五十一頃十九畝九分二釐，每畝徵銀五釐，共銀四百二十五兩六錢。道光十八年，丈陞。以上額鹽引應納折價沙蕩、倉基等銀通共五千九十一兩六錢八分五釐，隨徵耗羨飯食銀共四百三十二兩七錢九分三釐，夾雜民田三十二頃零。原額辦鹽灶丁七千一百二十一，灰墩三千五百十三面，額設煎鹽官鐅三千一百八十七口，前奉清查，實存整鐅九百六十六口，修復四百九十四口，共一千四百六十口。舊額產鹽四十二萬六百八十四桶，今照清查，存鐅一千四百六十口，核計每年應產鹽十九萬兩千七百二十桶。鹽課司署在本鎮。

新興場，南至石礶閘界，北至草堰閘廟灣場界，東至大海，西至官界溝，南北袤七十五里，東西廣一百五十七里。原額草蕩一千四百五十五頃七十四畝，每草蕩十三畝，供辦鹽一引，實辦本色鹽一萬一千一百九十八引，每引納銀一錢五分四釐二絲七忽五微四沙九塵一埃一渺五漠九逡二巡，共納折價銀一千七百二十四兩八錢；內古熟地一百五十三頃三十三畝六分二釐，每畝照梁垛場二分五釐，陞課共銀三百八十三兩三錢四分五毫，除原額折價銀一百八十一兩六錢七分六釐八毫六絲三忽八微三纖五沙五塵七埃五渺七漠九逡四巡八臾，應加陞課銀二百一兩六錢六分三釐六毫三絲六忽一微六纖四沙四塵二埃四渺二漠五巡九須二臾，二共銀一千九百二十六兩四錢六分三釐六毫三絲六忽一微六纖四沙四塵二埃四渺二漠五巡九須二臾。沙蕩四十頃六十八畝五分，每畝納銀七釐一微二纖二沙八塵九埃五渺四漠二逡，共銀二十八兩四錢八分。新陞沙蕩二十七頃七十七畝五分，每畝納銀六九毫九絲九忽九微三纖，共銀十九兩四錢四分三釐。又新陞沙蕩四十八頃三十六畝七分，每畝納銀六釐九毫九絲九忽九微三纖，共銀六十九兩九分七釐九忽二纖三沙。又停屯新陞沙蕩三十三頃四分八釐九毫，每畝納銀六釐九毫九絲九忽九微三纖，共銀二十三兩四錢四分三釐七毫六絲五忽五微七纖。又新陞沙蕩一百頃七畝一分三釐八毫，每畝納銀六釐九毫九絲九忽九微三纖，共銀七十兩四錢九分七釐七毫九絲四忽九微九纖五沙；內古熟地四十頃十二畝九分八釐，每畝照梁垛場二分五釐，陞課共銀一百兩三錢四分九釐五毫，除原額折價銀二十八兩九分七釐五毫七絲九忽二纖一沙四塵，應加陞折價銀七十二兩二錢五分一釐九毫二絲九微七纖八沙六塵，二共銀一百四十二兩七錢五分一釐七毫一絲五忽九微七纖三沙六塵。新陞倉基地五十畝八釐，每畝納銀二分五釐，共銀一兩二錢五分二釐。又新陞沙蕩五千七百十六頃六十八畝，每畝納銀六釐九毫九忽九微三纖，共銀四千一兩六錢七分六釐一毫六絲二忽八微三纖八沙二塵。新陞蕩地照毘連草蕩，則例每蕩十三畝供鹽一引，納銀一錢五分四釐二絲七忽五微四沙九塵一埃一渺五漠九逡二巡，共銀四十九兩七錢六分二釐七毫三絲二忽三微五纖六沙五埃二渺八漠。此項蕩地，蕩從前抵辦水鄉銀兩，水鄉豁除，應行陞科。又攤陞公樵地一百三十四頃九十九畝八分四釐，每畝納銀六釐六釐九毫九絲九微三纖，共銀九十四兩四錢九分九釐五絲五忽。又新淤陞蕩一千三百四十五頃八十三畝二分六釐六毫五絲九忽，每畝納銀六釐九毫九絲九忽九纖，共銀九百四十二兩七分五釐。道光四年，丈陞。又加賦地二百二十頃七畝六分八釐，每畝納銀一分八釐，共銀三百九十七兩三錢八分二釐四毫。道光四年，加賦。又新淤陞蕩六百十九頃七畝八分六釐，每畝納銀六釐九毫九絲九忽，共銀四百三十三兩三錢五分一釐。道光十九年，丈陞。以上正額鹽引，應納折價沙蕩、樵地、倉基等銀，通共八千一百二十九兩六錢七分六釐四毫七絲六忽九微二纖五沙二塵七埃七渺五巡九須二臾。隨徵耗羨飯食銀共八百五十三兩六錢一分六釐。原額辦鹽灶丁二千三百二十二丁，灰墩一千八百八十四面，內有大墩十二面，除同治五年清查，案內剔去荒墩一百十三面，實存灰墩一千七百七十一面。額設煎鹽官鐅一千八百九十六口，除同治五年清查案內剔去廢鐅一百二十五口外，實存整鐅一千七百七十一口，舊額產鹽二十一萬七千八百三十三桶。今照清查案內存鐅一千七百七十一口，核計每年應產鹽十三萬二千一百二桶。鹽課司署在上岡鎮。以上據《兩場移縣檔案》及《採訪冊》。《鹽法志》載雍正十二年二月兩江總督趙宏恩奏言：「前署督臣尹繼善條奏『場灶坐落之州縣酌留食鹽聽老幼貧難小民挑負售賣。』」部復行，令妥議具題。查淮南北不銷官引州縣，食鹽之外又有醃切一項，鹽城戶口二十二萬零，連醃切每年約需鹽二百五十二萬斤，應於該縣境內之新興、伍祐等場餘鹽內酌留。

鹽城縣志・卷五・學校志

隆污何源，源於序庠。經義治事，儒官道張。牖我青領，對粵素王。鮭菜雖蕭，荇藻自芳。作學校志第四。

學宮

漢平帝元始三年，詔立學官，郡國曰學，縣、道、邑、侯國曰校。校、學置經師一人。《漢書・平帝紀》。唐高祖武德七年，詔諸州縣及鄉並令置學，《文獻通考》。上縣學生四十人。《唐書・選舉志》。按：鹽城時為上縣。鹽之為縣舊矣，漢唐當已有學，然不可考。舊《志》所載學宮則始於宋紹興二十七年，知縣黃萬頃創建，旋毀於兵。淳熙九年，知縣盧琳重建，宋季復毀。元至元年間重建，至正間又毀。明洪武二年知縣陳天瑞建，十八年知縣俞順辰、沈《志》、康熙《府志》、光緒《府志》誤作「永樂十八年」。考順辰於洪武十五知縣事，則修學不當在永樂十八年。程《志》無「永樂」二字，是也。景泰四年舊《志》誤作「天順四年」，《圖書集成》誤作「洪武三年」，今據康熙《府志》改正。知縣劉諒、縣丞范顯俱重修。成化七年，知縣蕭偉重修康熙《府志》作「蕭瑞寧」塐聖賢像。康熙《府志》云：「金銑為之記。」正德九年，知縣張孚敬議易塐像為木主。十三年，知縣程爋修。十七年，縣丞胡鼇易靈星門以琉璃瓦。沈《志》作「嘉靖十一年」。考胡鼇十七年始任縣丞，安能於十一年來修監學？今據《圖書集成》及康熙《府志》改正。四十三年知縣葉露新，萬曆間知縣楊瑞雲、陳治本重修。張世才《重修鹽城儒學碑記》：「鹽瀆，淮萃峰邑，擅湖海之靈，祥輝映發。所產士，明秀而倜儻。其先如丞相陸公秀夫，忠節亙天，彪聲百代無論。論其近者則憲副成公寧可、少司徒成公均、衢州守夏公昇、閩方伯萬公雲鵬、粵參政夏公雷，文章、功業麻列一時，大為闔邑士林生豔。雖其人哀然，震哉！要亦風氣所萃，發靈於宮牆者縺獵爾爾。鹽故有學。嘉靖癸亥，邑侯滇南葉公露新葺之，延至今堂廡圮壞。今茲土者間嘗銳意新圖，第值頻年水旱，輒議輒罷，以故人文湮鬱、士稍稍戢光。歲癸巳，邑大夫陳侯受命綰符茲邑政，飭惠敷閭閻，和愜雅與青衿，更始睹學宮闕狀，進博士弟子，言曰：『朝廷廣勵有司，以建學育才為首務。不佞承乏茲土，而今廟貌甌錡，簷楹犇豸，謂文治何？』因諏日捐資，鳩工庀材。腐者易之，頹者葺之，易以甓瓦，飾以丹雘，廟廡堂序煥然改觀。又建啟聖祠三楹於殿左增前堂一座，移鄉賢、名宦二祠為南向，各三楹。蓋不踰歲，規制嶟如，宇度玢如，熙風文鏡翕如，視往昔加飭。工竣，侯率博士弟子告成於先師，已，乃講明德行為諸弟子訓勑。諸弟子爭自淬勵，惟弗若於教是懼，願化蒸蒸。陳文學九經介不佞才為記，不佞才竊惟雷霆迅發而潛底震動，枹鼓鏗鏘而介士奮竦，故物不震不發，士不激不勇，自古識之。遡侯之治邑以來，岩松澗柏，儀幹亭亭，士摹其風岸；冰壑玉壺，清貞皎皎，士挹其操履；横經萤翰，理學淵淵，士歸其棫樸。蓋士之傾心於侯，不減七十子就化杏壇也者。乃侯飭修學舍，與士維新，跡其宏著闢之，萬亓折摧，而陽春盎照，復睹蔥青。又闢之，峰巒雲翳，而風日晴舒，復瞻蒼翠。是侯之所以震乎士者，大矣！第聞之嘉種、黃茂，雨所滋也，而良農不因之以輟耘耔；紫縠、紅綃，染所成也，而良工不因之以忘杼軸。士也遊斯息斯，朝夕摩勵，毋貌羡乎情，毋言溢乎行，毋籍弦誦以梯名獵榮而遺性命，毋工鞶帨以諧世耦俗而無當於君國民生，一旦離蔬釋蹻〔註1〕，上之揭日月以行步武陸丞相，即不然，當以文章功業炳蔚海壤，蘄與成、夏諸公頡頏，庶幾乎不廢侯作養之至意哉！是役也，肇始於甲午夏五月望日，落成於丁酉夏四月朔日。至贊襄董率則、學諭秦郵、吳君東、祁門王君家賓、閩陳君賓、訓導滇楊君富力居多焉，乃得並記。侯諱治本，別號簾嶽，壬辰進士，浙江餘姚人。」崇禎十七年，教諭莊爾身修。國朝順治十四年，學道張能鱗字玉甲，號西山，宛平人，丁亥進士。見《鶴徵錄》檄飭重修。能鱗撰《碑記略》云：「射州襟黃流枕東海，雖雉堞僅如瓢寄而孔壁奕奕，固道之標也。考邑肇於漢，學始於宋，歷元而明，旋圮旋葺，甚則風雨飄搖，棟析榱崩，即宗彝籩豆猶所不廢，荒草離離亦曷以妥聖靈而肅仰止哉？予不敏，適奉璽書視學江南。下車以來，日以興復為己任，告誡各郡邑竭其簪以經營。於是鹽之令三韓賈君、學之訓皖城劉君進弟子之果而才者相與計，廢蠹文壇闕，料甍吻之摧落，估楹棟之頹壞，揆費度靡，刻其期以鳩工焉。又恐為司計憂，割清俸以倡。不旬日，而中下之產者咸欣然輸助，即匱不儲石粟，亦綆木梩土貢其款。款於此益徵道之入人者深也。氣蒸物集，若委之胥吏則飭材而耗金，安知不敗乃公乎？劉君復督諸弟子妙運古法，竹頭木屑悉化為有用。工未竣，孝廉高君來署學事，復出舟車之餘以佐之，式觀厥成，猗歟休哉！」康熙十年，教諭張星軺重修。三十三年，知縣武韓修正殿兩廡。五十三年，署縣

〔註1〕「離蔬釋屩」，即「離蔬釋蹻」，離開蔬食，脫去木屐（或為草鞋），喻指脫離清苦生活入仕。

事盛宏遂修明倫堂。雍正二年，知縣于本宏修尊經閣、敬一亭。七年，知縣孫蔭孫修明倫堂。乾隆八年，知縣沈世道修大成殿、兩廡、泮池、各門垣牆。十二年，知縣黃垣重修。沈儼《新修儒學碑記》云：「邑尊黃公之蒞吾鹽也，政成化洽。凡修廢舉墜之事，靡不次第施行，著有成效。尤念學宮為育才之地，荒蕪不治，鞠為茂草〔註 2〕，丁卯春正月，集邑之紳士共議修學，公首捐清俸百金為之倡，鹽人皆踊躍捐助。公躬親督理，相度經營，規模壯麗，盡改舊觀。邑人咸屬余紀其事，余不能辭。竊惟鹽之建學，肇於宋紹興間，迄今六七百年，屢毀屢建，乃不久而輒圮。今公之修學也，一一皆出自心裁，擴而大之，不襲故跡。學之內殿、閣、堂、廡、亭、垣、宮、祠，風雨之所飄搖，鳥鼠之所穿穴，其將漸成邱墟，葺其楝宇，加以丹雘，敗瓦頹垣頓成鳥革翬飛之象。而且以學地任人出入，居者雜沓無禁也，前後環以牆墉，體制肅清。明倫堂兩廂敝廬數椽而已，今左右各三十間，美輪美奐，巍然竦峙。復建表海書院以課生徒，振講學造士之風。濬躍龍故道以通巽水，為富庶文明之兆。凡此所建，有從前之所有而復之，有從前之未有而創之，增其式廓，氣象一新。蓋從來修學，未有如是之苦心者。公之功，偉矣！世之為政者，率以官為傳舍，即偶有興作，不過苟且補苴，博美名以塞人望而已。今公之修學也，一經整頓，別有制度，黌宮煥彩，泮璧重光。吾鹽人瞻眺宮牆，相與詠公之德，莫不感發興起，爭自濯磨。人人思誦，法先聖將見人文蔚起，德業事功進而益上。世世沐公之教澤於不衰，則公之佑啟吾鹽人者，恩施曷有既耶？公興作之事不勝書，而修學尤功之最鉅者也。工始於丁卯季春三月，茲仲秋八月尚未竣工，適邑《志》告成，因詳記之，以見公之所造於學校者如此。其捐貲及監工人姓名，俟別具碑陰。」嘉慶六年，知縣林槐、教諭錢燕習重修。二十四年，修靈星門。教諭張垣有《碑記》。道光十二年，改建大門於靈星門東。同治八年，改大門為樓。光緒十七年，邑人陶景龍、沈煉青等稟請改濬泮池，東新開文渠一道，明倫堂前磚牆改為木欄。

大成殿，三間殿後有龍吟、虎嘯二井。東廡、西廡，各五間。戟門，三間，東西角門各一座。泮池，在戟門外，形如半璧。靈星門，三座，明倫堂，三間，在大成殿後。敬一亭，三間，在明倫堂後，內有臥碑。尊經閣，上下共十間，在敬一亭後。進德齋，十五間，在明倫堂。修業齋，十五間，在明倫堂西。木欄，在明倫堂前。崇聖祠，三間，大成殿東。名宦祠，三間，崇聖祠前。乾隆三年，知縣程國楝建。鄉賢祠，三間，名宦祠前。文昌宮，三間，大成殿西，邑人陶鄰建。文昌先代祠，三間，文昌宮後。考《會典》，直省府州縣先師廟，左右建忠義孝悌祠、節孝祠、名宦祠、鄉賢祠，他不與焉。今學宮無節孝祠，而有文昌宮、文昌先代祠、福神祠，皆非禮也。忠義孝悌祠，三間，文昌宮前。福神祠，

〔註 2〕「草」，原為「章」。「鞠為茂章」指雜草塞道，形容衰敗荒蕪的景象。鞠，通「鞫」。出自《晉書·石勒載記》。

三間，忠義孝悌祠前。視牲所，福神祠西。敬惜字紙局，文昌宮西。文星閣，在靈星門東，其下為大門。宮牆，靈星門前。龍翔坊，學宮東，額曰德配天地。鳳翥坊，學宮西，額曰道冠古今。躍龍池，學宮東南城下。文峰閣，學宮東南城上。明崇禎二年，知縣陳期奎、教諭秦四德建。國朝康熙三年，圮於風。雍正十二年，知縣衛哲治重建。道光十五年，教諭歸令符重建。教諭署。在崇聖殿後。署東舊有訓導廢署。乾隆間，知縣黃垣改建表海書院，今廢。

大成殿祀至聖先師孔子，《禮記．文王世子》：「凡始立學者，必釋奠於先聖先師。」先儒於「先聖先師」說各不一。漢魏以還或以周公為先聖、孔子為先師，或以孔子為先聖、顏子為先師，至唐貞觀時始定以孔子為先師。《元史．武宗本紀》：「大德十一年七月辛巳，加封至聖文宣王為大成至聖文宣王。」《明世宗本紀》：「嘉靖九年十一月，更孔廟祀典，定孔子諡號曰至聖先師。」《唐書．禮樂志》：「貞觀四年，詔州縣學皆立孔子廟。是為州縣學立廟之始。」《宋史．禮志》：「崇寧三年，詔辟雍文宣王廟以『大成』為名。」是為「大成」名殿所自始。配以復聖顏子、漢永平十五年，祀七十二弟子，顏子位第一。魏晉祀孔子，均以顏子。述聖子思子，宋大觀二年，從祀。端平三年，升列哲位。咸淳三年，配饗。俱西向。宗聖曾子，唐開元八年，從祀。宋咸淳三年，配饗。亞聖孟子，宋元豐七年，配饗。俱東向。十二哲，則先賢閔子，先賢冉子，先賢端木子，先賢仲子，以上，皆開元八年從祀。先賢卜子，唐貞觀二十一年，以經師從祀。開元八年，以十哲從祀。俱西向。先賢冉子、先賢宰子、先賢冉子、先賢言子，以上，皆唐開元從祀。先賢顓孫子，唐開元二十七年，從祀。宋咸淳三年，升列哲位。先賢朱子，宋淳祐元年，從祀。國朝康熙五十一年，升列哲位。俱東向。東廡祀先賢四十人：公孫僑，國朝咸豐七年，從祀。林放，唐開元二十七年，從祀。明嘉靖九年，改祀於鄉。國朝雍正二年，復祀。原憲，南宮适，商瞿，漆雕開，司馬耕，梁鱣，冉孺，伯虔，冉季，漆雕徒父，漆雕哆，公西赤，任不齊，公良孺，公堅定〔註3〕，鄡單，罕父黑，榮旂，左人郢，鄭國，原亢，廉絜，叔仲會，公西輿如，邽巽，陳亢，琴張〔註4〕，步叔乘，秦非，顏噲，以上，俱唐開元二十七年從祀。顏何，唐開元二十七年，從祀。明嘉靖九年，罷。國朝雍正二年，復祀。縣亶，牧皮，樂正克，萬章，以上，俱國朝雍正二年從祀。周敦頤，程顥，以上，俱宋淳祐元年從祀。邵雍。宋咸淳三年，從祀。西廡祀先賢三十九人：籧瑗，唐開元二十七年，從祀。明嘉靖九年，改祀於鄉。國朝雍正二年，復祀。澹臺滅明，宓不齊，公冶長，

〔註 3〕公堅定，春秋末年魯國人，姓公名堅定字子中。原書「堅」為「肩」。

〔註 4〕琴張，即琴牢，衛國人。《史記．弟子傳》無此人，而《孔子家語．弟子解》有其名。

公晳哀，高柴，樊須，商澤，巫馬施，顏辛，曹恤，公孫龍，秦商，顏高，壤駟赤，石作蜀，公夏首，後處，奚容葴，《史記·仲尼弟子列傳》誤刊作「葴」〔註5〕，各本皆同。考《說文》、《玉篇》、《廣韻》皆無「葴」字，公西葴亦當作「葴」，《說文·草部》:「葴，從咸聲。」《玉篇》:「葴，馬藍也。至諶切。」又《說文·黑部》:「黬，雖晳而黑也。從黑箴聲。」〔註6〕古人名黬，字晳。「黬」從箴聲，「箴」從咸聲，「葴」亦咸聲，故字通用。「黬」又通作「點」者，猶《周禮·夏官·射鳥氏》注釋文「鍼」或作「鉆」，是其例也。今刊作「葴」，宜從戚聲，戚不成字，即《康熙字典》亦無之。顏祖，句井疆，秦祖，縣成，公祖句茲，燕伋，樂欬，狄黑，孔忠，公西葴，說見上。顏之僕，施之常，申棖，以上，俱唐開元二十七年從祀。左邱明，唐貞觀二十一年，從祀。秦冉，唐開元二十七年，從祀。明嘉靖九年，罷。國朝雍正二年，復祀。公明儀，公都子，公孫丑，以上，俱國朝雍正二年從祀。張載，程頤，以上，俱宋淳祐元年從祀。毛亨，國朝同治二年，從祀。孔安國，唐貞觀二十一年，從祀。后蒼，明嘉靖九年，從祀。許慎，國朝光緒二年，從祀。范甯，同上。陸贄，國朝道光六年，從祀。范仲淹，國朝康熙五十四年，從祀。歐陽修，明嘉靖九年，從祀。司馬光，宋咸淳三年，從祀。謝良佐，國朝道光廿九年，從祀。羅從彥，明萬曆四十一年，從祀。李綱，國朝咸豐元年，從祀。張栻，宋景定二年，從祀。陸九淵，明嘉靖九年，從祀。陳淳〔註7〕，國朝雍正二年，從祀。真德秀，明正統二年，從祀。何基，國朝雍正二年，從祀。文天祥，國朝道光十三年，從祀。薛瑄，明隆慶五年，從祀。胡居仁，明萬曆十二年，從祀。羅欽順，國朝雍正二年，從祀。呂柟，國朝同治二年，從祀。劉宗周，國朝道光二年，從祀。孫奇逢，國朝道光八年，從祀。張履祥，國朝同治十一年，從祀。陸隴其，國朝雍正二年，從祀。張伯行，國朝光緒四年，從祀。高堂生同上。董仲舒，元至順元年，從祀。劉德，國朝光緒三年，從祀。毛萇，唐貞觀二十二年，從祀。杜子春，同上。諸葛亮，國朝雍正二年，從祀。王通，明嘉靖九年，從祀。韓愈，宋元豐七年，從祀。胡瑗，明嘉靖九年，從祀。韓琦，國朝咸豐二年，從祀。楊時，明弘治八年，從祀。游酢，國朝光緒十八年，從祀。尹焞，國朝雍正二年，從祀。胡安國，明正統二年，從祀。李侗，明萬曆四十二年，從祀。呂祖謙，宋景定二年，從祀。黃榦，

〔註5〕「葴」，古人名用字。《集韻》第454頁:「闕，人名。夫子弟子曾葴，通作點。」

〔註6〕《說文解字》未收錄「黬」字，但有「黬」字。《說文解字·黑部》:「黬，雖晳而黑也。從黑箴聲。」清人段玉裁《說文解字注·黑部》:「雖晳而黑也。晳者，人色白也。則黬專謂人面。從黑。箴聲。古咸切。七部。古人名黬字晳。仲尼弟子列傳。曾葴字晳。奚容箴字子晳。又狄黑字晳。葴箴皆黬之省。論語曾晳名點。則同音叚借字也。」

〔註7〕該書「淳」寫作「湻」，「陳湻」當為「陳淳」。

國朝雍正二年，從祀。輔廣，國朝光緒二年，從祀。袁燮，國朝同治七年，從祀。蔡沉，明正統二年，從祀。魏丁翁，國朝雍正二年，從祀。王柏，同上。陸秀夫，陸公從祀，倡議於邑人陶性堅。咸豐八年，江蘇巡撫趙德轍等合疏具題，經禮部復稱，查原題內稱：「陸丞相秀夫精研性理，素著忠貞。初闢幕僚已著澄清之志，繼登樞密益彰輔弼之才，進講書《大學》十章無間軍旅，正訛《跋孝經》一冊有裨儒林。可寄命、可託孤，不可奪節；能正心、能誠意，即能致身，洵堪羽翼聖經，維持名教，允宜追蹤信國，從祀黌宮等語。臣等伏讀道光九年宣宗咸皇帝上諭：『先儒升祔學宮，祀典至鉅，必其人學術精純，經綸卓越，方可俎豆馨香，用昭崇報。欽此。』茲查，陸秀夫仕宋歷官端明殿大學士至左丞相，其在李廷芝幕府時，沉靜寡言，不求希合，雖雍容尊俎亦終日矜莊，此則敬以直內、義以方外之學也。其時，君臣播越海濱，庶事疏闊，秀夫儼然正笏，無異治朝。或時在行中，淒然泣下，左右莫不悲慟，此則事君盡禮、誠能動物之理也。匆遽流離之中，猶日書《大學章句》以勸講，此則引君、當道必至於仁之義也。厓山既破，盡室捐軀，此則殺身成仁、捨生取義之事也。生平著述，原題內稱有《跋〈孝經刊誤〉》一冊，本傳載有《二王紀事》一書，雖遷徙之餘，簡編半佚，然施諸實事，不必更藉空言，崎嶇兵燹之間，事事與聖賢相吻合。揆之聖訓所云『學術精純』者，蓋無愧矣。當益王即世之時，正群臣欲散之日，秀夫正名定位，擁立衛王。此則西蜀有君仍存漢鼎，東周膺器尚係姬宗，以灰燼之偏安，明《春秋》之大統。藐孤屬在望，墜緒之僅延；一旅可乘，冀中興之有日。宋祚之不絕者，賴有數年。迨至力屈勢窮，負王入海，矢死靡他，既不使其君貽北狩之羞，又不忍其君作降王之長。主持國是，績炳日星，功雖未成而事皆不朽。揆之聖訓所云『經綸卓越』者，亦無忝矣。稽其學術如彼，經綸如此，即使聖人復起，亦許進之門牆，況以盛世教忠，自當隆其俎豆。謹照道光二十三年奉旨准以宋臣文天祥祀之典，應如該撫所謂，准以宋臣陸秀夫從祀文廟，位在西廡文天祥之次。」十有二月初七日，奉上諭：「禮部奏請覆江蘇巡撫趙德轍等題請以『宋儒陸秀夫從祀文廟』一折，宋丞相陸秀夫精研理學，品誼端純。立朝後，事君盡禮，雖當軍旅之時，猶日書《大學章句》進講，及其成仁取義，大節凜然，亮節孤忠，光昭史冊，宜膺茂典，俾列宮牆。陸秀夫著照部議從祀文廟，位在文天祥之次，以獎忠義而激懦頑，欽此。」許衡，元皇慶二年，從祀。吳澄，明正統八年，從祀。嘉靖九年，罷。國朝乾隆二年，復祀。許謙，國朝雍正二年，從祀。曹端，國朝咸豐十年，從祀。陳獻章，明萬曆十二年，從祀。蔡清，國朝雍正二年，從祀。黃道周，國朝道光五年，從祀。陸世儀，國朝光緒元年，從祀。湯斌。國朝道光三年，從祀。

崇聖祠正殿祀肇聖王木金父中，裕聖王祈父左，貽聖王防叔右，昌聖王伯夏左，啟聖王叔梁紇右。明嘉靖九年，立啟聖祠祀叔梁紇。國朝雍正元年，詔封孔子先世王爵合祀，五代更名啟聖祠為崇聖祠。配以先賢孔氏，名孟皮。國朝咸豐七年，配饗。先賢顏氏，名無繇。唐開元二十七年，從祀。明嘉靖九年，配饗。先賢孔氏，名鯉。宋咸淳三年，從祀。明嘉靖九年，配饗。俱西向。先賢曾氏，名黮，字一作「點」。唐開元二十七年，從祀。明嘉靖九年，配饗。先賢孟孫氏，名激，字公宜。明嘉靖九年，配饗。俱東向。東廡祀先儒周氏，名輔成。明萬曆二十三年，從祀。先儒程氏，名璘，明嘉靖九年從祀。先儒蔡氏。名元定。明嘉靖九年，從祀。

名宦祠祀漢鹽瀆丞孫堅，明鹽城知縣陳天瑞、俞順辰、藺輔、黃玨、王僎、涂昇作「昪」者誤、趙慎修、楊瑞雲、臧懋中、劉經、程爋、陳棐、陳治本、趙善鳴、曹大咸、畢拱辰、張桓，教諭王孟、潘洪、張翰、徐相、黃希韶、郝景春，訓導張定，縣丞胡鼈，指揮楊清，千戶馮善、李勝，國朝江南總督于成龍，江南提學張泰交，江南提學許汝霖，漕運總督施世綸，江南學政張榕端，江南學政余正健，江南總督傅臘塔，河道總督陳鵬年，直隸總督李衛江，江蘇學政胡高望，漕運總督邵燦。

鄉賢祠祀漢太原太守臧旻，東郡太守臧洪，東郡丞陳容，宋布衣歐陽澈，按：澈非鹽人，宜罷祀。說詳卷十《人物志》。武舉狀元朱同宗，直學張野，左丞相陸秀夫，元崇明州同治陳玘龍，明南康知縣金挺，樂安知縣李文，監察御史史寧可，戶部右侍郎兼浙江巡撫成均，萊州知府夏昇，嘉善知縣升大理寺評事藍郁，福建右布政使萬雲鵬。

忠義孝悌祠祀明諸生司石磬，國朝乾隆四十一年，奉旨祀忠義祠。宋孝子陸七郎、陸八郎、陸九郎，明孝子劉鑾、陳寶、潘緒、凌鏜、殷輅、劉璿、陳位、王夢龍、朱自正、陳斗、南曾鐸、李建學、李登仕、薛秋芳、成瑤、蔣勵、蔣稷、蔣有渠、周金、李世奇、梁秀、孟之德、楊廷相、姜漢、高建勳、徐誠、瞿毓秀、李儒、孫應芳、宋蘇，以蘇為國朝人者，非是。國朝孝子王忱、劉炳、陳範、李挺生、張烈、徐文炳、王世泰、王鑛、潘長富、曾士傑、成世雄、宋桓詒、李貽孫、陳其寬、劉起龍、曹廷琇、曹廷球、孫璹、孫張佺、張拱、劉芳、卞士珍、卞士佩、李廷柏、李廷機、錢允中、姚美、程永年、凌偉器、瞿肇公、潘同寅、楊景輅、成正、蔡誦、崔東翔、左自明、李陽春、黃致中、黃執中、祁惟五、張士珍、張士宏、劉應文、夏成已、劉盈紹、王金梁、滕廣發、劉希向、陶一望、陶泳、楊鍾、陶誾、劉鶴雲、託德堅、劉應庚、薛壽愷、葛壯子、丁泰華、阮寶光、金嘉慧、金嘉瑜、吳敬義、吳珍重、張莢、程紹武、郝步衢、楊始盼、沈天佑、李芳林、陳玨、成豐、李檜、夏志浩、唐耀遠、薛宮、張孝丏。

按：名宦祠宜補祀者，有前明訓導太康王明佐。歲荒自縊，其清風介節，可以繼軌首陽。明季吾鹽人士多尚廉恥重節義，皆王公與郝忠烈有以甄陶而激勵之也。而南宋知縣尤恭定公焴為理學名臣，明季知縣何文郁守土捐軀，國朝知縣王我字、武韓、衛哲治、程國棟、黃垣、李時沛、朱洛臣、陳霱、劉武烈公同纓、焦肇瀛、張振鐄皆功德在人，宜增祀以隆酬報。鄉賢祠宜補祀者，前明為杭州知府胡勉、延平府通判倪冕、戶部主事陳斗、南戶科給事中孫槼、內閣中書宋曹、選拔貢生王之楨、歸德府通判唐華鄂，國朝為工科給事中薛鼎臣、翰林院侍讀學士孫一致、寧都知縣王世疆、寧海州知州成永健，此數人者，皆或以武功殄寇，或以蜚遁完貞，或以循良報最，俎豆於鄉先生之間實為無忝。忠義祠宜補祀者，前明崇明守備陞劉河營游擊王節愍公百度、都司酆節愍公報國，諸生孫光烈、李幹才、樂大章、府谷縣知縣郭化成、署總兵張循楚，國朝贈參將前明民人繆鼎吉、繆鼎言，國朝把總王開祥、陳鶴林、張振揆，從九品殷襄成，此十二人者，或守土死難，或起兵殉國，或聞變自裁，或臨陣捐軀，至今浩氣英光，照耀鄉國。俾為餒而之鬼，寧非後死之詈？且兩節愍值聖世褒忠同邀謚恤，而振揆經撫薛煥奏請，奉旨交部從優議恤，雖建專祠亦例所不禁，何有於縣庠忠義祠乎？而李幹才於乾隆四十一年與司石磐同奉旨入忠義祠。今祠中乃有司無李，此與郡庠鄉賢祠有戶部主事陳斗南栗主而縣庠鄉賢祠反無之同一不可解也。

經籍

《會典》云：「御纂諸書頒發直省，依式鋟板六，傳並分給各學，存貯尊經閣，俾士子咸資誦習。」舊《志》所載頒發書籍為《欽定書經傳說彙纂》、《欽定詩經傳說彙纂》、《欽定春秋傳傳說彙纂》。以上三部，舊《志》誤云：「御纂《書經》、《詩經》、《春秋》」，今據《四庫全書提要》及《會典》改正。

上諭共二十四本又一套。《御製樂善堂全集》、《欽定日講四書解義》、《四庫全書提要》云「欽定」，《會典》不云「欽定」，今從《提要》。《御製日知薈說》舊《志》誤作《日知薈記》、「二十一史」、《十三經注疏》、《先儒文集》、周濂溪、張橫渠、陸稼書共一套，計七本；呂東萊、黃勉齋、薛敬軒共一套，計九本；李延平、胡敬齋、海剛峰共一套，計七本；許魯齋、呂朝宗、魏莊渠、羅整庵、陳克齋共一套，計六本。《學政全書》、《科場條例》，其舊《志》未載者為《聖諭廣訓》、《御纂周易折衷》、《御纂性理精義》、《欽定孝經衍義》、《御纂朱子全書》、《御製律學淵源》、《御纂古今淵鑒》、《御纂周易述義》、《御纂詩義折衷》、《御纂春秋直解》、《欽定三禮義疏》、《欽定明史》、《御纂訓飭士子文》、《御選唐宋文醇》、《唐宋詩醇》、《南巡盛典》、《御製文初集》、《御製詩初集二集》、《欽定四書文》、《御製平定兩金川碑文》、《御製平定準噶爾碑》、《清漢對音字式》。各州、縣《志》所載國朝頒發書籍，或此有而彼無，或此多而彼寡。今僅擇各書所同符於《會典》者載之。以上各書久散佚，無一存者。

學額

廩膳生、增廣生、附學生之名見《明史·選舉志》。國朝仍明制。順治初，附生取二十五名；十八年，取十五名。康熙十六年，減學額十一名；十九年，復舊額；二十八年，增額五名。雍正四年，復增五名，入學共二十五名。繼因設阜寧縣撥學六名及四增、四廩歸阜寧，學額止存十九名，廩、增各十六名。乾隆二十三年，由阜撥學額二名。同治初，鹽邑捐銀助餉共七萬兩，邑人周效先、張辥等援例稟請永廣學額七名。光緒十二年，因阜寧久升中學，邑人陶景龍等以溢地加賦、人文日盛稟請復額，學政王先謙等據詳會奏部議，增學額二名，廩、增各四名。自此學額共三十名，廩、增各二十名，府學分撥無定額。

學田

明萬曆十一年，知縣楊瑞雲撥給官田二十頃七十八畝三分，座落絞口岡。四十四年，巡鹽御使謝正蒙廣東人，進士捐置田五十一畝五分，座落新官河南油坊溝、西岡溝圩內。惜字局在文昌祠西，瓦房十餘間，草房四間。道光十二年，同學捐置，同時立灑掃會，公置興文樓市房一所，座落八總大街，計瓦樓上下十二間，又瓦房六間；富文堂一所，座落十總大街，計瓦房十九間。道光十四年，邑人阮師集、阮師軾捐置，又田七十九畝，座落北蔣莊。以上田房所收租息俱為學宮歲修之費。

書院

正學書院，縣治北。西書院，縣治西北。陸公書院，在建陽鎮，相傳為陸忠烈公讀書處。均廢。乾隆十二年，知縣黃垣於訓導廢署創建表海書院，後圮。三十五年，知縣焦肇瀛重修，徐燧《重修表海書院碑記》:「書院之設，所以鼓勵人才、振興士氣，以輔學校興賢之所不逮也。吾邑表海書院建於乾隆三十五年，時高安朱西齋先生為大令，捐廉倡首，因進邑中紳士而敦勸之，俾解囊佽助得以觀成。於是延請名流迭司講席，如淮陰吳桐岡先生、琴川曾勉耘先生先後主講。士之請業而來者，得其口講指畫，示文壇之矩矱，導雲路之階梯，海邦之士駸駸乎有鄒魯風。近因修脯無多，惟於本邑遴選耆儒膺皋比之任所。惜者，其講堂諸處日久失修，漸就頹敗，不特陳丹黝粉也。會邑侯焦海峰夫子有毅然整飭之志，延予主講於斯。嘉慶辛酉、壬戌間，曾主講二載。近者自維衰邁，不堪勝任，而公虛懷善下，禮聘殷勤，是以不獲辭。而又於未經開課之先，鳩工庀材，棟宇繕焉，樸斲勒焉，丹艧加焉，由是頹者立，廢者興，毀者復煥然更新，見者欣躍。先是公於課試生童並增內外膏火八分，由署捐廉飭備案，以垂久遠。今更加意修治，殫心率作於以鼓勵人才、振興士氣，上之輔國家作人之化，下之啟多士進取之階，而予忝膺師席，亦與有榮施焉。夫移風易俗，賢有司之責，而功必自造士始，是皆不可以不議也。故據實以書，略序顛末，以諗後之人。」後復圮。光緒六年，知縣張振鏞改建於文場後。振鏞《重修書院記略》云：「邑故有表海書院，漸就頹廢。歲科並試於縣署，坐堂廡間幾滿。道光二十八年，焦君肇瀛來令斯邑，縉紳之士以文場為請，擇縣署東偏與故河丞署相接隙地建南北場屋十五間，用錢二千緡。咸、同之世河丞缺裁，廢署三十餘間歸官召售，邑紳繳價九十一兩八錢五分六釐，請作本邑書院，設屆縣試可作文場之用。光緒三年，邑前任劉君仟籌有米船二千緡，委任邑紳量為拆建東西號舍十二間、南向講堂三間、二門堂三間、頭門一間，凡用錢二千五百餘緡。以同善堂公款添築圍牆，又費千緡。五年，龔君定瀛、朱君湘兩權斯篆，籌及捐貲，又由邑紳添建講堂後正屋五間、東西號舍外覆卷棚如其屋之數，凡用錢一千四百餘緡。余因表海書院之膏火其細已甚，為之上者既視其事為無足重輕，又安怪有志之士夷然而不屑？特開觀瀾文會，兼課經。古捐給優獎，且念縣文童日盛，仍苦坐號之隘，朱任移交捐款尚存七百餘緡，爰於建積穀倉之暇身任其責，講堂後院加築腰牆一道。顏其門曰進窺堂奧，勉諸生之進而愈上也。正屋兩傍各築月洞牆一座，東曰觀瀾，西曰表海，蓋欲諸生原始而要終也。其西僅有丞署廢屋四間，添綴一間，葺而新之；其東則增建上屋三間，下屋四間，將以為山長駐院與諸生肄業之地也。而邑紳原建之戶牖未備，藻繪未施，余得藉手以竟其役，工成於仲冬之月，僅用錢八百餘緡。其間仍與文場有連，試之坐號亦無慮不敷矣。」振鏞又創建觀瀾文會，亦於書院文場扃試。十七年，淮揚道臨桂謝公元福撥喻義局糧捐五文歸書院，兼定書院課士章程，詳請定案刊碑，以垂久遠。石碑二方，一存文場，一存喻義公所。書院田租息錢開列於下：一東西損子田一頃十五畝，歲完租錢十五千；一馬鞍湖田二頃九十五畝，歲完租錢四十五千；一張尤溝田一頃，歲完租錢八千；一張家溝田八十畝，歲完租錢八千；一東關廟樵地一頃，歲完租錢十五千；一南關廂田一畝，歲完租錢五百二十丈，一射三堡田十畝，歲完租錢二千；一盛家灘田二頃二十六畝，歲完租錢三十二千；一清水港田一頃五十五畝，歲完租錢二十千；一穆家溝田一頃六十五畝，歲完租錢二十五千；一披絲網〔註 8〕、紀家窪田七頃三畝，歲完租錢二十五千；一王家墩田四頃二

〔註 8〕該書卷三《河渠》中提到「陂絲網」，實為一地名。

十六畝，歲完租錢一百八十千；一洗泥溝田七頃三畝，歲完租錢八十千四百文；一陳大田承領書院本銀三百兩作錢三百千，每年繳息銀二十四千，此項於光緒十八年奉諭更，庫書程榮山名遵章繳息。

試院

道光二十八年，知縣焦肇瀛始捐建於縣署東。徐燧《添建考棚記》:「我國家重熙累洽，文教昌明，薄海內外，蒸蒸向化。家崇肄雅之風，士切觀光之願，固其所也。吾邑雖處海濱，而沐浴清化。國初時鼎甲、詞林先後相望，迨東閘開而巽水旁泄，科名之盛稍遜曩時，然士之爭自琢磨者正不乏人。故前此縣府試，與考者不過數百人，今則一千二百餘人矣。所惜者，人多屋寡。其縣治大堂六房外，諸童皆列坐蓬廠中，殀則曝於日，陰則淋於雨露，坐則撓於風沙。以故，點名時之擁擠恒由之，歸位後之爭坐恒由之，與試者病焉。因擇縣治之東，近東廳處有隙地可添設考棚，因具呈文請大令及貳尹於其地建立瓦房，為諸童角藝之所，當蒙批准而經費不足。今城外諸君子業捐貲若干，城內亦捐貲若干，約近兩千緡，建有瓦房十五間，其各房、科、班、館後簷皆無門戶通於考棚，東署亦無向西門戶。鳩工庀材，頗為完固，關防更覺謹嚴。並有部郎宋卣亭先生名道勳，歙人，業鹾，上闕官虞衡司郎中好義佽助，將座落二三總地瓦住房一宅，東至本宅西院牆界，西、南、北三至官街中界，計地六畝三分，計房五十餘間，逐年得租以備考棚修理之資，例為善後事宜。予謂設考棚一事關係甚大，文教從此興，士氣從此振。幸值作，人之盛世不可無造士之遠圖，落成之日同學諸君請記原委於石，故樂為之志焉。」

咸豐十一年，益以河工縣丞廢署。光緒三年知縣劉仟、五年知縣朱湘委貢生張觀恩等陸續增建講堂號舍。

義學

西義學，座落八總地方。康熙三十二年，知縣武韓建。五十二年，知縣高鎬及廩生樂繹捐修。康熙十年知縣衛哲治、乾隆四年知縣程國棟相繼捐修。康熙三十二年，朱樊氏捐入義學田二頃，座落張家溝、喬家蕩二處，嗣因學廢失，查無考。乾隆四年，知縣程國棟捐修義學，並清出野邱墩地方無主水田四頃二十六畝四分九釐，入義學招佃收租。嗣因學廢撥歸書院，今仍之。道光五年，知縣杜昭及孝廉方正唐耀遠捐修義學，並置小八捨田七十畝、皮大河南岸邊田八十二畝，田租充館師束脩。東義學，座落縣東戚家巷。道光五年，知縣杜昭捐建。田一頃四十五畝，座落岡溝河東岸。又餘款一百五十千存劉恒新典，一分二釐行息。以上田租、息錢均充館師束脩。光緒九年，知縣藍採錦修東、西義學，復於泰山寺及崇聖殿設義學二處。又岡門鎮義學，光緒九年，文生劉鈺山捐建大岡鎮義學。咸豐九年，監生郭金綸捐建社學，見舊《志》。凡二十六所，縣治南一，明正德間，知縣蕭麟建。萬曆九年，知縣楊瑞雲重修。阜民街二，永典街三，仁義鄉九，新豐鄉三，建城鄉三，長樂鄉四，岡門鎮一，均久圮廢。又一所在沙溝鎮，知縣楊瑞雲建，歷年歲修均經本鎮士人捐辦。各場之有社學，始於前明弘治二年泰州分司徐鵬舉，至十年巡鹽御史史載德乃遍於諸場置學，其後廢興靡定。國朝康熙十四年，巡撫湯文正公斌廣興社學，由是諸場漸復其舊。伍祐場社學一所，乾隆十一年，大使丁燦建於舊址；三十九年，改建文廟；嘉慶五年，增魁星樓，後圮；光緒九年，大使掖縣翟樂善改為崇文書院，於其東改建新學宮。新興場社學二所，一在舊場，創自前明，國朝康熙十五年，生員劉伸、沈大受重修；四十一年，生員劉耀、吉士靄增建兩廡。一在上岡，創自雍正四年，初為梓潼廟，後因場署遷至上岡，增前殿三楹以為社學；乾隆四十二年，監生王樞捐置設田。

語云：學校興而八材盛。今之所謂學校者何如？今之所謂人材者又何如也？三歲兩試，躋於庠者，每郡邑各數十人。由是層累而上之，匪不彬彬盛然。上以名求，下以例應，求其敦尚、節義，以澹功利之，私講貫經，濟以備緩急之使。蓋戛戛乎，其難哉！睹瓶冰而知天下之寒，即一邑可知宇內之事矣。吾聞西人之治其國也，無人、無時、無地，非學雖不足語三代。塾庠之治而所以甄育人材、強富兵國，以禦外侮者，雖古人亦莫之逮焉。墨守者顧夷而鄙之，卒亦莫能擯而外之，且受其侮而憚之甚也。一旦聖天子睹世變日劇，慨然思有以振興之，求若贊皇江陵者而陟之，樞輔綜覈名實盡湔曩習，參用中西之制，慎簡學序之官。鹽雖瀕海蕞爾邑，亦必有明還體用而為國楨翰者乎？此《青衿之詩》所謂「悠悠我思」者矣！

鹽城縣志・卷六・武備志

昔所繫衛，今營隸漕。內戢伏戎，外慴天驕。戩爾羅剎〔註1〕，界我神皋。安毋諼危，載敵載斁。作武備志第五。

鹽城守禦千戶所　明高帝定天下後，以功臣勞績大者已封公侯，其餘從龍而功未應封爵者使為衛所官，子孫世襲，程《志》。其軍士亦父子相及。《明史・兵志》。鹽城守禦千戶所，洪武三十年置，隸揚州衛，乾隆《府志》。一云隸高郵衛，《方輿紀要》。上統於中軍都督府《明史・兵志》暨戶部四川司、刑部河南司。《明史・職官志》。嘉靖中，倭寇內犯，漕撫李戴請益兵，於是江北水陸十三營、三十九衛所均歸管轄，光緒《府志》。而淮揚兵備副使於揚州儀徵、高郵等衛，泰州、鹽城、通州等所亦分管焉。《揚州府阿志》本所額設正千戶二員、副千戶七員、正百戶十員、達官百戶十員。按：《明史・職官志》：「千戶所，正千戶一人，副千戶二人，鎮撫二人，其屬，吏目一人。所轄百戶所凡十，共百戶十人，總旗二十人，小旗百人。」凡軍民千戶所、守衛千戶所設官並同。舊《志》所載與《明史》不合。春班京操旗軍四十九名，秋班京操旗軍六十三名，河運旗軍百二十名，海運旗軍二百四十名，守城操練官軍三百六十名，守把四門軍餘、沙溝備倭官軍百一十員名，沿海烽堠官軍九十一員名，軍器局匠軍餘四十名，看所門子十名，直廳軍牢四名，看鹽軍牢十名，屯種軍餘三百五十名，巡捕軍快十名，巡鹽軍快十名，看守城軍庫老幼軍百八十名，楊《志》、程《志》同。共千六百餘名，即以守禦地方沈《志》轄沿海烽墩十八座，每墩所軍一名。康熙《府志》卷二《公署門》。兵有月糧，有屯田，水田百九十頃六十五畝，陸地五十頃二十五畝，營地七十頃，夏、秋糧共二千一百石。至萬曆三年，

〔註 1〕「戩」字不清楚，待考。

水災，軍餘逃竄。守備丁介夫請以百一十分許備倭官軍自種，准給月糧。五年，守備張大德請將餘田二百四十分許運軍自種，亦准給月糧。舊制遂變。有歲造軍器銀兩。歲造式樣軍器七百五十件。乾隆《府志》作「七百五十五件，軍三料銀二十兩，民七料銀四十六兩」。至中葉，添設守備，而世職守禦之責漸弛。至國朝，革本所世襲官，部銓領運千總，按：雍正《揚州府志》卷十七：「揚州衛掌印守備所轄有鹽城所領運千總一員。」止存河運旗軍二百二十五名，海運旗軍百九十二名，守把四門軍餘四十名，直廳軍牢四名，其餘盡裁，無復守禦之責矣。程《志》、沈《志》同。

鹽城營　明嘉靖三十四年，以倭寇猖獗設把總一員。舊《志》。三十七年，以把總移駐大河口。《明會典》。又《通州志》云：「三十五年，改設參將。」四十三年，海氛已靖，改設邳鹽守備。春汛，防鹽汛畢，還邳。至萬曆二年移邳鹽守備，竟駐鹽城，而專城之任始重。額設中軍哨總、左右哨官等員，轄防海兵三百名，舊《志》。受節制於狼山副總兵。《明會典》云：「狼山副總兵，水路自瓜、儀周家橋掘港直抵廟灣雲梯關，陸路自通、泰、淮、揚、天、長直抵鳳、泗，各參將、守備、把總等官悉聽節制。」又見《通州志》。萬曆二十四年，題准淮安沿海州縣兵馬、城池專責淮徐道。至天啟二年，白蓮賊作亂，淮安戒嚴，題設淮海道，分理鹽、安、山、清、桃、海、沭、贛八州縣營衛事。康熙《府志》卷二《公署門》。國朝順治七年，以守備不足彈壓，設鹽城營游擊。程《志》、沈《志》同。《東華錄》載在順治六年七月。鹽城營係水陸相兼，《欽定軍器則例》。由黃家港對出之洋面北至鬥龍港對出之洋面，約二百里；又北至射陽湖對出之洋面，約百二十里，為鹽城營所轄，陶澍《進呈海運圖說》。轄守備一員、千總一員、把總三員。康熙三十七年，撥把總一員入淮安城守營。雍正七年，添設外委千總二員、外委把總三員，協同經制千把總防守。乾隆元年，添設火器外委把總三員，專管火藥、鉛彈，教習槍兵。原額馬、步戰守兵八百名，官坐馬十八匹，戰馬七十四匹。以上據舊《志》，以下據《本營錄送冊籍》。後因小關營改汛，隸本營，增千總一員，兵丁歷奉裁減。今本營游擊守備各一員、千總二員、把總二員、外委千把總五員、馬戰兵十六名，外委五員，額外七員在內。步戰兵百七十四名，守兵四百九十二名，馬、步戰守兵共六百八十二名，官坐馬八匹，騎操馬十六匹，船四隻，領江舢板各二。南與掘港營、北與廟灣營會哨，歲支俸餉、馬乾等銀萬一百一兩六錢一分二釐，本折米二千三百二十九石二升。本營初隸狼山鎮標，康熙二十九年所修《會典》及《通州志》並同。繼歸漕運總督專轄，乾隆間所修《會典》：漕運總督轄十營。鹽城營，其一也。防守鹽城、興化、阜寧三縣地方，而鹽城是其專防，分劉莊、小團、新洋、沙溝四大汛，所屬墩汛共五十一處，今列於左：

一分防劉莊汛，專防千總、協防外委各一員，共轄墩汛十九處：石確閘汛，伍祐場汛，便倉汛，以上三汛，各派防兵五名。東墩汛，葛家墩汛，蔡家墩汛，後溪墩汛〔註2〕，前溪墩汛，以上五汛，各溪防兵三名。大團口汛，大團口以下十一汛，舊《志》未載。劉莊場汛，界牌墩汛，白駒場汛，鬥龍港汛，以上五汛各派防兵五名。小團口汛，劉莊一里墩汛、三里庵汛，白駒一里墩汛、五里墩汛、十里墩汛。以上六汛各派防兵三名。按：「劉莊汛」與舊《志》「鬥龍汛」異名同處。

一分防小關汛，專防千總、協防外委各一員，共轄墩汛十處：小關汛，防兵十五名。季家墩汛，洪家墩汛，倪家墩汛，溝灣墩汛，陳家墩汛，顏家墩汛，沙浦墩汛，以上七汛各派防兵三名。朦朧汛，清溝汛。以上二汛各派防兵五名。按：小關汛舊係小關營，後裁改為汛。汛官駐防草堰口。凡盜賊由范公堤南北往來必經其地，鹽梟船隻自廟灣場境來者必由溝灣墩，或草堰口西行向東西塘，巡緝最關緊要。

一分防新洋汛，專防把總、協防外委各一員，共轄墩汛九處：岡門鎮汛，天後閘汛，上岡鎮汛，新洋港汛，以上四汛各派防兵四名。五里墩汛，新興墩汛，新興場汛，南沙墩汛，北沙墩汛。以上五處各派防兵三名。新洋港向多海盜劫掠客舟為患。近十數年間盜氛稍戢，而上岡汛地處衝要，西北各路夥梟往來新興場各灶，水陸皆經其地，往往聚眾入市，手械鳴槍。見者奔避，莫敢誰何。而本邑梟桀游民每入其黨，地方巨案屢出恒由於此。自光緒十四年後白晝殺人於市者屢矣，非多駐防兵或增設行營，不足以資防禦將來之憂，且未知所底也。

一分防沙溝汛，專防把總、協防外委各一員，共轄墩汛十三處：沙溝鎮汛，大岡鎮汛，建陽鎮汛，神臺汛，安豐鎮汛，流均溝汛，馬家蕩汛，以上七汛各派防兵五名。大團灣汛，南新野汛，黃土溝汛，崔家莊汛，樓夏莊汛，沙家莊汛。以上六處各派防兵三名。沙溝汛地多湖蕩，南通興化，北達阜寧，西界山陽、高、寶，煙水渺茫，萑蒲茂密，向為藏奸淵藪，行旅恒被其害，宜多設巡船，選擇幹弁，往來巡徼，以清伏莽。漁舟亦宜編立字號，互具保狀，以便稽查。《寶應志》云：七里閘墩在寶應汛南五十里，東至揚舲溝九十里抵鹽城營汛界。泛水汛墩在汛南四十里，東至垛田莊八十里抵鹽城營汛界。劉家堡墩在汛南二十里，東至沙子頭五十里抵鹽城營汛

〔註2〕「後溪墩」與「前溪墩」而言，原書為「狗溪墩」，《鹽城縣志》卷首《鹽城縣水道堤圩圖》及上下文皆無該說法。

界。龍王廟墩在汛北十里，東至天平莊七十里抵鹽城營汛界。北門擋軍樓墩在汛北一里，東至高夏莊七十里抵鹽城營汛界。附錄之，以見沙溝汛西界所至。一營官檄外委一人，防守城池、巡緝廛市，謂之城守汛，雖亦申詳上官，究非經制。舊《志》及光緒《府志》備載「四汛所轄」而無「城守汛」之名是也。今依《本營冊籍》附錄於「汛」之後。

火藥局　關帝廟東北。

教場　北門內演武廳三間，站臺一座。楊《志》卷十《藝文志》有楊瑞雲《新遷教場碑》記載萬曆癸未移教場於東門外。

軍器　額設鐵盔五百八十頂，乾隆四十三年制。今多損壞。鐵甲百九十五件，乾隆三十二年制。歷次調防操巡遺失殆盡。綿甲三百十三件，乾隆四十三年制。實存百十三件，今皆朽爛。甲包五十一個，乾隆五十年制。歷次遺失三十個，實存二十一個，皆朽爛。鳥槍三百二十四杆，乾隆五十八年造。咸豐二年十二月，官兵奉調二百名東梁山迎剿，遺失九十八杆。三年正月，官兵奉調五十名江寧迎剿，遺失二十杆。二月，官兵奉調百名瓜揚迎剿，遺失二十杆，又截留二十杆，實存百六十六杆。同治六年，詳請添補八十六杆。抬槍二十五杆，道光二十四年，自江寧領回。咸豐二年十二月、三年正月於東梁山、江寧兩次遺失十杆。同治元年正月，捻匪陷阜寧，知縣聯瑛移借四杆，實存十一杆。同治四年，詳請購添五十杆。洋槍百杆，光緒十年，營官由漕署領回六十杆。十六年，由督署領回四十杆。鉞斧三百二十四杆，乾隆十三年造。咸豐中，東梁山、江寧、瓜揚之戰，共遺失百八十二把，歷次緝捕海盜遺失二十三把，實存百十九把，多鏽損，不堪用。馬蹄鐵小炮四位，子母鐵炮十位，過山鳥四位，皆鏽損，不堪用。熟鐵炮二位，鐵淨瓶小炮四位，鐵竹節小炮四位，磨盤炮四位，發犢炮四位，虎樽炮八位，百子炮二十四位。以上據《本營冊籍》。與《欽定軍器則例》卷七、卷二十三所載「鹽城營軍器」大異，疑各營久無此書。

謹按：順治十三年，南贛巡撫佟國器疏稱：「用兵之要，最重兵器。兵不堅利，與徒手同。諸凡弓矢、盔甲、火藥、鉛彈之類，此三軍性命所繫，亦國家地方安危所關。設有一件不精銳，臨陣一人失利，則大眾披靡。重大之務，孰逾於此。」誠哉！是言此兵家不易之論也。自歐洲互市海防事興，中國購造西洋軍器益富且精。前門槍則有燕非來福、恩費來福、英國來福、恩非而來福諸名，後門槍則有林明敦中針、林明敦底針、士乃得後進子六門手、十門手、溫切司得十三響諸名，前膛炮則有三楞、六楞、來福銅鐵諸名，後膛炮則有子母拔漕、過山克虜伯諸名，皆為行軍利器，捨此幾無以制勝。舊式槍炮已不合時，況重以缺者不補、窳者不良，武備尚可恃乎？此軍器之宜購造，必不可稍緩者也，否則不如盡改洋槍之為得矣。

淮海水師右營　同治九年，海洋不靖。漕運總督張之萬奏請設立駐防，鹽城之新洋港、鬥龍港，阜寧之廟灣海口、黃河口常川出洋巡緝。原設營官一員，領江炮船二隻，哨官二員；八團舢板二隻，哨官二員；官艇二隻，艙長二名，勇丁二百二十八名。光緒二年，漕運總督文彬奏裁官艇二隻、勇丁百名，仍領江炮船二隻〔註3〕，八團舢板二隻，每船又裁勇丁十名，四船共存勇丁八十八名。六年，漕運總督譚鈞培奏：每船添副柁一名，共添四名，四船共勇丁九十二名。九年，漕運總督楊昌濬奏：改八團舢板二隻為領江炮船二隻。十二年，漕運總督崧駿裁減勇丁五名。現存營官一員，哨官四員，勇丁八十七名，官兵俸餉按月由清淮善後局支領。

附已廢營寨

沙溝海口寨，即沙溝營，每歲分兵防守。《方輿紀要》及顧炎武《郡國利病書》同。其地在新興場北十里。舊有溝通海，今雖淤淺，尚可行舟。土人今仍稱沙溝營，非縣治西之沙溝鎮也。楊《志·藝文·重修天妃廟記》:「沙溝舊有備倭營，距海遠，猝有緩急不能應，於是移備倭營於天妃廟。」《圖書集成·職方典》第七百四十三卷云:「萬曆八年，知縣楊瑞雲修天妃廟，移沙溝營防兵駐此。」小關營，國朝雍正六年，總督范時繹《疏》稱:「山陽、鹽城二縣沿海地方涸出灘地數百餘里，蒙茸茂密，易於藏奸，小關實為海口門戶，又屬水陸通衢最關緊要，請於此處設立守備一員、把總一員駐紮防守，仍歸鹽城營游擊兼轄。」時尚未設立專營也。七年，改守備為都司，是為小關營所自始。乾隆《府志》。小關營初隸狼山鎮，《通州志》。繼改隸漕標，《會典》及乾隆《府志》。轄把總一員，外委把總一員，馬、步兵二百名，馬二十匹，歲支俸餉銀三千三百八十四兩零、米七百二十石，額設沙船二隻。春秋二季出洋巡哨，南與鹽城營、北與廟灣營會哨。乾隆三年，添設船一隻，巡緝內河。舊《志》。二十五年，裁汰小關營，酌留戰兵十五名，守兵五十五名，改為小關汛，歸鹽城營管理。《阜寧志》。

郵遞附

縣前急遞鋪：南沿岡門鎮鋪，治西十八里。張家鋪，岡門鋪西南十八里。顧家鋪，張家鋪西南十八里。界首鋪，顧家鋪西南十八里，入興化界。北路上地面鋪，治北十五里。上岡鋪，上地面鋪北三十里。劉團浦鋪，上岡鋪北十五里，入阜寧界。西路新河廟鋪，岡門鋪西北二十一里。垛頭鋪，新河廟鋪西北二十里，俗名大頭鋪。走馬溝鋪，垛

〔註3〕原書為「前各」，據上文改為「二隻」。

頭鋪西北二十五里。馬家蕩鋪，走馬溝西北二十五里。清溝鋪。馬家蕩西北二十五里，自此入山陽縣界。西路鋪遞，因康熙三十二年童家營沖決，知縣武韓詳改，今鋪並廢。

歷代兵戎附〔註 4〕

漢景帝三年春正月，《漢書·景帝紀》。吳王濞反，廣陵射陽侯率眾至山陽拒之。《方輿紀要》引戴延之《西征記》。按：射陽侯劉纏，孝惠三年薨，國除。此云「射陽侯」，不知何人，《史》、《漢》無考。乾隆《府志·兵戎門》引《〈詩〉序》「宣王命召穆公平淮南之夷」，注云：「山陽、阜寧、鹽城三縣在淮水之南，古揚州之域即淮南之夷也。」又云：「魯僖從桓公東略。」《閟宮之詩》曰：「遂荒大東。至于海邦，淮夷來同，莫不率從。」今鹽城、安東俱在內。按：鹽城於周雖為淮夷，但淮夷境甚遼闊，未必周宣、魯僖之師至於鹽境。今不取。獻帝建安五年，廣陵太守陳登治射陽《通鑒·漢紀五十五》郡，為孫權所圍。登令陳矯求救於太祖即曹操，太祖遣赴救，吳軍既退，登多設間伏，勒兵追奔，大破之。《魏書·陳矯傳》。又《〈張邈傳〉注》引《先賢行狀》曰：「賊忿喪軍，尋復大興兵向登。登以兵不敵，使功曹陳矯求救於太祖。登密去城十里治軍，令多取柴薪，兩束一聚，夜俱起火，火然其聚。城上稱慶，若大軍到。賊望火驚潰，登勒兵追奔，斬首萬級。遷登為東城太守。」據《行狀》所言，是操未遣兵救登，登自破敵，與《陳矯傳》不合。晉惠帝大安二年十一月，征東將軍劉準遣廣陵度支陳敏擊石冰。《晉書·惠帝紀》。永興元年二月，陳敏與石冰戰，所向皆捷。三月，揚、徐二州平，以敏為廣陵相。《通鑒·晉紀七》：時廣陵治射陽，射陽故城在今鹽城境內，故錄之。又《晉書·陳敏傳》云：「敏既克石冰，有割據江東之志，其父怒曰：『滅我門者，必此兒也。』遂以憂卒。」二年，陳敏反於揚州，吳興人錢璯起義兵討敏。璯至廣陵，聞劉聰逼洛陽，畏懦不敢進，帝促以軍期，璯乃謀反，玘率合鄉里義眾討璯，斬之。《晉書·周玘傳》。

愍帝建興元年，左丞相睿遣世子紹鎮廣陵，以丞相掾蔡謨為參軍。《通鑒·晉紀十》。按：南渡後，廣陵郡不治射陽。凡兵事涉廣陵者，與鹽城無涉，故不錄。陳宣帝太建五年，貞威將軍徐敬成隨都督吳明徹北討淮泗，義兵響應，一二日間眾至數萬，遂克淮陰、山陽、鹽城三縣。《陳書·徐度傳》。

隋煬帝大業九年，杜伏威行，收卒得數千，與虎牙郎將公孫上哲戰鹽城，覆其軍。右御衛將軍陳棱復以精兵至，亦大敗，伏威進，屠高郵。《新唐書·杜伏威傳》。

韋徹據鹽城。《新唐書·地理志》。唐高祖武德四年，徹歸唐。同上。

〔註 4〕目錄中原為「歷代戎事附」，據此改。

中宗嗣聖元年九月，英公徐敬業起兵揚州。十月癸未，楚州司馬李崇福以山陽、安宜、鹽城三縣歸之。《新唐書・武后紀》。宋高宗建炎三年春正月丙午，御營平寇，左將軍韓世忠軍潰於沭陽，世忠奔鹽城。三月丙申，收散卒至平江。《宋史・高宗紀》。《通鑒輯覽》云：「由鹽城取海道赴常熟。」

紹興元年三月，武功大夫張榮擊敗金兵於縮頭湖《通鑒輯覽》。按：縮頭湖即興化之得勝湖，一名率頭湖，在大縱湖南及九里涇。《大金國志》。按：《名臣言行別錄》作「九里徑」，即今射陽鎮東之九里村也。范以煦《淮流一勺》有「九里徑」，謂「『徑』與『涇』古字通用」。

三年四月，明州守將徐文以所部海舟六十艘、官軍四千餘人浮海抵鹽城，輸款劉豫。豫益以海艦二十俾寇通、泰。四年七月，以徐文為前鋒，聲言攻定海。《宋史・叛臣劉豫傳》。此事《金史・徐文傳》失載。

三十一年秋九月，金完顏亮大舉入寇。按：《宋元學案・孔元忠傳》云「煬王南下」，今從《通鑒輯覽》。

孝宗初，陳敏與金人戰射陽湖，敗之，焚其舟。《宋史・陳敏傳》。

寧宗時叛卒入射陽湖，主管淮東安撫司公事崔與之給旗帖招之，分隸諸軍。《宋史・崔與之傳》。

開禧二年，盜發鹽城，郡守欲捕，而帥司欲招之，及縣鎮被其害，帥司始出兵討，遇賊輒潰，乃督厲諸將，累戰皆捷，其酋卞整以千人降。袁燮《絜齋集・尚書黃公行狀》。又葉適《水心集》云：「黃度，字文叔，寧宗時制置淮東，降鹽城賊。」

嘉定初，鹽城兵饑，制置使下令振濟。劉克莊《後村集・方子默墓誌》。時兩淮招納山東五萬人，名為忠義，實以饑驅殺。忠義副帥沈鐸稱兵至鹽城、寶應，境內焚掠一空。《後村集・方子默書》。

嘉定二年，旱，兩淮大饑，楚州胡德、胡海作亂，過射陽，轉至岡門，入富家堡據為巢，饑民依附日眾，帥司下令招德降之。弟海仍猖獗進屯胥家莊，從亂者蠭起，瀕海數百里莽為盜區。《高郵州志》卷十二《雜類志》。三年三月甲寅，誅楚州渠賊胡海。《宋史・寧宗紀》。又《宋史・黃度傳》云：「擊降卞整、斬盜胡海以獻，招歸業者九萬家。」理宗紹定三年，射陽湖浮居者數萬家，家有兵仗，侵掠難制。其豪谷汝礪、周安民、王十五等為之長，蠭結水寨，以觀成敗。按：《宋史・杜杲傳》云：「杜庶為兩淮制置使，射陽湖饑民嘯聚。庶曰：『吾赤子也。』遣將招刺，得丁壯萬餘。」李全知東南利舟楫，謀習水戰，大治舢艤船，自淮口及海相望，時試舟於射陽湖，欲習海道以窺畿甸。八月，全糴麥，舟過鹽城，知揚州翟朝宗嗾尉兵奪之。全怒以捕盜為名，水陸數萬，徑擣鹽城。戍將陳益、樓強皆遁，全入城據之，知縣陳遇踰城走，按：周密《齊東野語》云：「鹽城陳遇謀於東海劫奪全青州運船，全由是愈怒，遂興問罪之師，是陳遇非唯棄城於後，亦且召釁於前。」公私鹽貨皆沒於全。朝宗倉皇遣幹官王節入鹽城，懇全退師，不答。朝宗乃遣卞整領兵扼境。全留鄭祥、董友守鹽城，提兵往楚。整與遇麾兵道左，擊柝聲諾。全言於朝，稱：遣兵捕盜過鹽城，令自棄城遁去，慮軍民驚擾，未免入城安眾。乃加全兩鎮節，令釋兵。全不受命，造舟益急，至發冢取槨版，擣囚脂，熬油灰〔註5〕，招沿海亡命為水手。朝廷猶遣餉不絕，全得即轉輸鹽城，以贍其眾。射陽湖人至有「養北賊、戕淮民」之語。全又遣人以金牌誘脅周安民等造浮橋於喻口，以便鹽城往來。時淮東安撫使趙範請檄射陽湖人為兵以制賊，朝旨許范刺射陽，兵毋過二萬人。朝廷以趙善湘制置淮東，許便宜行事，然猶有「內圖進討，外用調停」之說，唯趙範、趙葵力請討之。四年春正月，全走，死新塘。三月，制置司遣余子才率王旻等將萬五千人與於玠掎角取鹽城。程《志》未引《宋史．李全傳》。

度宗咸淳八年，元世祖至元九年。李璮言：獲宋諜者，言賈似道調兵，攻漣水，遣人覘之，見許浦江口及射陽湖兵船千艘，宜修理城塹以備。《元史．世祖紀》。

元順帝至正十四年，樞密院判官董摶霄戍鹽城。詳見《職官志．董摶霄傳》。

興化宗必大，身長八尺，多膂力，張士誠招之，不往，以五百人拒之射陽村。《興化縣志》。

二十六年夏四月，吳王元璋取淮安諸路。《通鑒輯覽》。興化顧師魯率父老謁徐達，達大奇之，命指示前鋒，旬日破吳十元帥，遂取鹽城，克寶應。尹會一《揚州府志》。

明世宗嘉靖二年，饑民倡亂。詳見《人物志．流寓張杲傳》。

三十六年三月，倭寇淮安府諸縣，乾隆《府志》。遡東鄉由鹽城至廟灣。乾隆《府志》引《廟灣志》。又《方輿紀要》云：嘉靖中倭賊從山陽大海口闌入縣境，官軍據岸遏之。據岸謂范公堤。賊不能前，不特田疇攸賴，亦守禦所資也。

三十六年，通政唐順之視鹽城，委王信查東南海口。見唐順之所撰《〈王信西溪詩稿〉序》。倭寇大至，距鹽城半里許，一酋躍馬沖北城，門上競射之，酋中流矢而去。楊《志》、程《志》同。又程《志》、沈《志》載是年倭寇薄城，民罹兵害。《通鑒輯

〔註5〕據《宋史．李全傳》，為「熬囚脂，擣油灰」。

覽》載是年倭沿海東掠，巡撫都御史李遂督、參將曹克新等禦之姚家蕩，注云：「在淮安府鹽城縣西北，為瀕海望鎮。」會通政唐順之、副總兵劉顯來援，賊大敗走保廟灣。

萬曆時東海灶丁饑困作亂，知縣楊瑞雲開倉賑之，眾始散。楊《志》卷十《藝文・吳敏道〈鹺場詩〉》：「煮海諸場接，籌邊自古同。只今鹺戶困，大半室廬空。海氣虛無裏，池煙杳靄中。揭竿前日事，深荷發棠功。」吳詩雖未明言發棠為何人，然卷十又載瑞雲《歷賑諸鹺場詩》可互證也。敏道又有句云：「鹽官催課急，時聽隔村啼。」又楊瑞雲《鹺場詩》有句云：「官胥時問課，雞犬杳空村」。又楊天臣《鹺場詩》有句云：「聞道吏如虎，吾民可奈何。」則灶丁之亂由於官吏橫征激變可知。今之鹺吏雖如虎者少，而灶丁之困憊則無異於前明萬曆時矣。

熹宗天啟二年，山東白蓮教賊作亂，鹽城營哨總官童取鉞率兵往護漕，擊賊敗之。詳見《人物志》。

懷宗崇禎四年，歲大饑，袁部莊大盜數千為亂，饑民入其黨，共五六千人，所過莊鎮如洗沙溝、安豐、岡門三鎮，逃徙一空。《被纓集》。

五年七月初十日，有官兵運米十餘萬泊湖垛莊，盜船百餘艘從東南列陣，官兵發炮迎擊，傷盜十數人，一賊手長槍往來若飛，登岸縱火煙起，官兵眯目，賊乘勝盡奪米船而去。十日，炮聲聞水上數十里。《被纓集》。又云：賊船一百二十號，沈莊、季莊、劉莊、支莊、孟莊、李莊相望二十餘里，皆盜艘，金鼓炮聲震天，如大江水操狀，鄉居者不復有一人矣。又《崇禎長編》載邑人徐瑞奏稱盜千百嘯聚，殺人如麻，沙家莊、湖北莊等處所過殘滅。海寇千萬，飄忽無定，新興、上岡一帶幾同戰場。又《興化縣志》云：水勢滔天，盜賊蠭起，高郵、鹽城往來路絕。知縣趙龍練鄉兵捕之，獲渠魁三十七人，悉斃杖下。

流寇南下，王之楨、王翼武、宋曹等結東西義社二千人保障鄉里，寇不敢犯。程《志・隱逸・王之楨傳》及《會秋堂集・王處士傳》。

國朝順治元年夏五月，明分江北為四鎮，鹽城、安東、邳州、睢寧，十一州縣隸劉澤清。《小腆紀年》。

二年秋九月，明鹽城都司鄞某、生員司石磬起兵，不克，死之。《小腆紀年》。按：《勝朝殉節諸臣錄》作「七月」。

明淮安民人王翹林、繆鼎吉、繆鼎言等奉新昌王起兵雲台山，復鹽城、興化二縣戰敗，鼎吉、鼎言死之。《小腆紀年》。按：翹林，溫睿臨《南疆繹史》作「翹森」。《紀年》又云：「鼎言、鼎吉兄弟，東場鹽丁。」光緒《府志》錄二人入「鹽城人物」，餘詳卷十。四年秋九月，乾隆《府志・兵戎門》。鹽城人厲韶伯冒故明大學士史可法姓名起兵，所在響應，未幾潰敗。《史外》卷十八《史相國傳》。按：《史外》誤作「戊子」。戊子，順治五年也。厲韶伯即厲豫。同時有浙人厲韶伯，亦假史公名起兵巢縣。見《史外》卷三十一《史八夫人傳》。或疑《史相國傳》之厲韶伯為厲豫之訛，未知是否。《山陽志·職官·卞三元傳》云：鹽城頑民厲豫倡亂，攻淮之新城。光緒《府志》同。乾隆《府志》云：鹽城厲豫作亂破廟灣，圍淮安新城，尋討平之。又云：九月十二日攻廟灣，游擊潘延吉身被十數創，遁去。海防同知耿嘉樂亦走。豫自迎薰門入，劫庫釋囚，其別眾圍新城，中軍帥旗書史閣部，疾呼城中何不降？部堂庫禮亦心動，其妾登樓望之曰：「賊行列不整，可破也。」集家眾百人，大呼徑出，砍其中軍帥旗，賊眾繞澗河東走，追及盡殲之，別遣將劉三剿廟灣餘寇。豫聞淮郡事敗，亟易服逃。《東華錄》云：四年九月辛亥，淮安土賊張華山等按：華山為厲豫黨用偽隆武年號，嘯聚賊眾千餘，攻據廟灣，游擊潘延吉、同知耿嘉樂棄城走。辛酉漕運總督楊聲遠奏：官兵剿廟灣土賊，擒斬甚眾。十月庚辰罷漕運總督楊聲遠，以所屬鹽城地方土賊猖獗，疏於防守也。十一月，漕運總督楊聲遠奏：擒獲偽義王朱滂並其子𣑭，按：「𣑭」不載，字□，當作「桌」。命斬之。國史館《庫禮傳》云：四年九月鹽城土賊潛江渠，周文山等按：文山亦厲豫黨率其黨八百餘人夜襲淮安，從夾城東門缺口突入，逼庫禮衙署。庫率中軍張大治、旗鼓王國印暨帳下數十人挺身迎擊，發矢揮刃，大呼殺賊，其妻悉出。署中所存箭使僕婢齎送助戰，眾皆以一當百。自丑至辰，斬殪甚眾，賊大驚潰，復追斬八十餘級，按：魏源《聖武記》云：「追斬一百八十餘級。」盡收其偽印劄、兵械，淮城獲全。賊渠偽益王朱隆武者，時襲據廟灣，糾醜徒數千、船百餘，乘間窺淮。庫禮與楊聲遠分兵布要害，賊揚帆直上，伏發步騎四，赴水陸蹂踐，賊被刃及溺死者無算，余遁歸。都統張大猷、巡撫陳之龍分統水陸官軍直趨廟灣，群逆望風竄遁，按：《聖武記》曰：「直搗廟灣，平之，其黨周文山遁入海。」於是次第剿撫劉莊場等十巢。旬日之間，根株肅清，鹽城廟灣民皆復業。應廷吉《青磷屑》云：閣部沒後，戊子歲當作「丁亥」鹽城人復有竊其名字以號召蚩頑者，破廟灣，掠淮浦，震驚白下。以上諸書詳略不同，餘詳《雜類志·厲豫傳》。

咸豐三年正月，粵賊棄武昌東下，兩江總督陸建瀛調鹽城營兵戍東梁山，把總陳鶴齡、王開祥以兵往。三月，賊陷江寧、鎮江、揚州諸府，鹽城戒嚴。時上岡北流民謀作亂，知縣楊維藩率營兵剿之，眾潰散。

十一年，江北團練大臣晏端書至鹽城閱兵。

同治元年春正月，皖寇陷阜寧，謀犯鹽城，守備江文華率師登陴，候補道杜文瀾、副將刁經明率師來援。杜文瀾《潮河築圩碑記》云：「咸豐癸丑，大盜入金陵、兗、豫、徐、宿之交，群賊蠭起，俗所謂捻匪也，屢殲而屢熾。以壽州、宿州、蒙城、霍邱為窟穴，縱橫出沒數千里，所過焚掠無遺，廬舍為煨燼，隴畝成焦土。同治元年正月，犯淮安，分擾阜寧，其時副都御史晏公奉命督辦江北團練，奏：委余綜治阜寧、鹽城、東臺、興化團防。

既聞警，白於都轉喬公，徼余率炮船往防。射陽湖在阜寧之南，鹽城之北，東流二百餘里入海，西南行六十里為朦朧鎮。以上湖水稍狹，土人名之曰潮河。又上四十里為馬家蕩，但扼此湖則賊不能越阜寧而南，而潮河尤其要津。余晝夜疾行，甫至河而賊亦至，既為我船所拒，不敢渡，乃於潮河淺處竊涉，余督鹽、阜兩邑，練勇義民並力逆擊，船炮迭發，殪其前鋒，餘眾反奔，倉黃多陷於淖，由是潰散，不復窺阜寧。漕帥吳公方擊退犯淮之賊，而申堅壁清野之令，飭各縣鄉鎮擇要害築壘以自固，俗所謂圩也。當余往射陽時，先過鹽城，告知縣令聯君已於北關二里外之天妃閘築土城，於四十里外之上岡鎮築土圩，於七十五里外之小關口築三炮臺。炮臺即在射陽之南，與炮船正相值也。至是奉漕帥令復集諸紳士平議，僉以為宜，乃計工自朦朧鎮至馬家蕩，凡四十二里，皆作圩，顧帑金不可得請，惟賴醵貲，而又不可遽集。有馬經歷松年願先貸三千緡興工，於是阜寧裴進士蔭森、鹽城李中書秀良、金主事從新等董其役，襄者百餘人，以二月二十四日經始，以三月十八日告蕆。圩高六尺，底寬一丈一尺，外壁立而內坡糾。隨圩作濠，深六尺，口寬一丈一尺。湖邊地段，阜寧居其二，其捐資則裒多益寡，各準其力。有率佃人來築者，以功抵費，速而不擾，民無怨讟是舉也。實漕帥主持於上，紳士敦趨於下，余不過藉手告成，幸無隕越。兩邑紳士復請為文鑱石以傳其事，余自維言之，無文不足以傳遠。而斯圩之足以禦災捍患與大府之深計、鄉先生之敏事、諸父老子弟之勤苦勸功，皆不可無記。夫設險守國，因地制宜，不必師古人之跡，要當得古人之心。竊按：《周禮·掌固之職》：『頒其士、庶子及其眾庶之守』，鄭《注》謂『眾庶，民遞守固也』，又云：『以通守政，有移甲，與其役，財用以贊其不足者。』鄭《注》謂『兵甲役財艱易多少轉移相給。司險之職，設國之五溝、五途，以為阻固，皆有守禁』。賈疏謂『皆有守禁，則非遂人田間五溝五塗，但溝塗所作隨所須大小而為之』。方今烽堠相接，鉦鼓相聞，必完聚入保乃可遏賊鋒、作民氣。其築壘濬濠，即司險之設，溝塗以為固，其守望相助，通力合作，即掌固之頒其眾庶之守移甲與財用也，今豈異於古所云耶？且以鹽、阜往事言之，前明倭寇闌入，官軍據捍海堰距之，寇竟不能前。餘所築之圩，雖不及堰之宏廣，而為功亦與相埒。後之人撫民物之殷阜，享安全之樂利，必能知斯圩之所繫大矣。審形勢之要害、度防守之機宜，必能喻作斯圩者之所見遠矣。乾隆朝鹽城令黃君作《圩岸志》，篇末有云：『人情久逸而畏勞安，近習而不知古法。狃目前之便，恃垂成之局，忘不測之境，屢年督治，幸觀其成，後之治者保守勿墜，更以擴區區所未盡者，深有厚期焉。』黃所築圩特以防水，今之圩則兼以防賊，賊之為患更甚於洪流駭浪。既幸有以禦之矣，竊願良有司於賢士大夫，如黃君所言，保之擴之，群醜蕩平，八方底定而經盼提封，有備無患，永永得金湯磐石之安，則我鹽阜萬年之利也，爰志顛末以詔來者，俾有所考焉。」是年夏，妖人盛裕寬潛通粵匪，受偽職謀作亂，事覺伏誅，籍其產入表海書院，即《通州志》所謂「齊匪盛廣大」也。

光緒六年，俄羅斯謀入寇，沿海各省戒嚴。夏四月，漕運總督文彬、淮揚鎮總兵歐陽利見率師至鹽城閭海口。十年七月，法蘭西寇福建。八月，鹽城營游擊陳金福奉檄遣兵二百人屯新洋港海口。

二十年六月，倭據朝鮮。九月，寇奉天，游擊陳金福遣師分屯新洋、鬥龍兩海口。是月南洋大臣劉坤一遵旨檄鹽城縣：嚴禁奸商販米出洋接濟倭寇。未幾，北洋大臣李鴻章給直東商人護照，令鹽城放米出洋。

鹽城縣志・卷七・職官志上

一同元元，命懸令長。殷輔匪微，實逮民上。官制首旅，名貫繼詳。居富去思，緊惟循良。作職官志第六。

歷代官制表

漢	令大縣置令二人。 長小縣、次縣置長一人。 鐵官《後漢・百官志》云：「縣出鹽多者，置鹽官，主鹽稅。出鐵多者，置鐵官，主鼓鑄。」《漢書・食貨志》：「不出鐵者置小鐵官。鄧展曰：『鑄故鐵。』」按：鹽瀆產鹽，而《班志》乃云「有鐵官」，疑鐵官亦得兼管鹽稅，否則鐵官當為鹽官之誤。後漢，鹽瀆屬廣陵。章和元年，馬棱遷廣陵太守，奏罷鹽官以利百姓，亦一證也。
	丞一人，大縣、小縣同。
	尉大縣二人，小縣一人。高鏡蓉曰：「臨淮郡領二十九縣，無一鹽官。至鐵官，唯鹽瀆堂邑有之，疑鹽瀆在漢為大縣。煮海、冶鑄之區，眾所萃也。戶滿萬即為大縣。」
	諸曹掾五官為廷掾，監鄉五部〔註 1〕，春夏為勸農掾，秋冬為制度掾。
	有秩樂戶五千則置有秩，亦曰田間大夫。 嗇夫鄉小則置嗇夫一人。 三老掌教化。 游徼掌徼循禁司奸盜。

晉	令大縣置令一人。 長次縣、小縣置長一人。	隋	令	唐	令上縣令一人，從六品。 鹽城監史	宋	知縣京朝官則稱知縣事，有戍兵則兼兵馬都監或監押。南渡後鹽城有戍兵，宋初鹽城有屯田副使。 令非京朝官則稱令。 知鹽城監

〔註 1〕「廷」不清楚，據《後漢書・志・百官五》改。即「五官為廷掾，監鄉五部，春夏為勸農掾，秋冬為制度掾。」

	主簿		丞		丞上縣丞一人，從八品。		丞熙寧四年，縣戶二萬以上置丞三員。崇寧四年，縣並置一員。
	尉大縣二人，次縣、小縣一人。		主簿		主簿上縣主簿一人，正九品。		主簿開寶三年，知縣千戶以上置令簿尉。
	諸曹掾		尉煬帝改縣尉為縣正，尋改為戶曹、法曹。		尉上縣二人，中縣、下縣一人，鹽城時為上縣。		尉建隆三年，每縣置尉一員。隆興間，邑大事繁則置二尉，鹽城時為上縣。
	嗇夫鄉置一人。 治書史鄉戶不滿千，則置治書史一人。 方略吏縣四人。						

元	達魯花赤蒙古掌印者為達魯化赤。 尹漢人為令者曰尹。 教諭 訓導	明	知縣 教諭 訓導一員。隆慶二年，裁訓導一員。	國朝	知縣 教諭 訓導康熙三年缺裁，十五年復設。雍正十年，改歸阜寧。
	丞中下縣不置丞。鹽城時為上縣。		縣丞康熙《府志》云：「管清軍。」		縣丞康熙三十一年十二月，總河靳輔題准鹽城河道責成縣丞管理，見《行水金鑒》卷一百六十六。咸豐十年缺裁。
	主簿		主簿康熙《府志》云：「治農管糧。」		主簿順治四年缺裁。
	尉		尉		典史
	典史上縣二人，下縣一人。 司令 司丞司令、司丞皆鹽場官。明初猶沿此稱。		清溝巡檢舊《志》誤作「青口」。今據《明史·地理志》改正。考《明史·職官志》，有副巡檢與巡檢，同從九品。 喻口巡檢 新興場大副使 伍祐場大副使 劉莊場大副使 白駒場大副使 永積倉大使 河泊所官康熙《府志》云：「河泊所，在治西一百四十里，今廢。」《明史·職官志》云：「河泊所官掌收魚稅。」		上岡巡檢雍正十年，由清溝移駐上岡。 沙溝巡檢 新興場大使 伍祐場大使 石𥖄閘官乾隆六年，總理下河水利，大理寺少卿汪漋奏設各閘專官以司啟閉。程《志》曰：「天妃閘官。」沈《志》、乾隆《府志》曰：「天妃口、石𥖄閘官。」同治中閘官俞元相詳請改稱石𥖄閘官，在昔最為要職。 上岡閘官缺裁。 草堰閘官缺裁。

歷代職官表

漢高帝時有射陽侯劉纏。《寶應圖經》為纏立傳，考纏雖高帝之功臣，實項王之內宄，不可予以褒詞。今錄其人於《雜類》。建安中，廣陵太守陳登治射陽，詳《名宦》。登請東陽陳矯為功曹。《魏書・陳矯傳》。魏有射陽侯郭淮，《魏書・郭淮傳》。射陽侯周濬。《晉書・周濬傳》。按：《寶應圖經》，淮、濬皆有傳。今按：二人皆虛封，無實土，與劉纏不同，故《雜類志》亦不之及。西晉廣陵亦治射陽，《宋書・州郡志》。時有廣陵王通，《晉書・武帝紀》云：「太康十年，立皇孫通為廣陵王。」《愍懷太子傳》云：「望氣者言廣陵有天子氣，故封為廣陵王，邑萬戶。」廣陵公漼，太康十年封，見《武帝紀》。食邑二千五百戶，見《宣五王傳》。廣陵郡公陳準，《〈魏志・陳泰傳〉注》。廣陵公陳畛，見《石勒載記》。廣陵太守唐嗣，見《晉書・唐彬傳》。廣陵相有陳敏，先為廣陵度支，後據江東反，見《晉書・陳敏傳》。卞壺，見《晉書・卞壺傳》。忠貞，雖係名臣，但為廣陵相時無事可稱，故不為立傳。凡入「名宦」者，必善政著於本邑，不泛及其生平也。孫惠。見《晉書・孫惠傳》。明皇帝紹建興初，拜東中郎將，鎮廣陵，見《晉書・明帝紀》。後將軍褚裒，建興四年，鎮廣陵。見《晉書・五行志》。射陽故城在今鹽城境內。說詳卷二《古蹟》。以上諸人宜入「職官」，以表中無可位置，故錄於前。

		知縣鹽城監附。	縣丞	教諭 訓導	主簿	典史尉附。
後漢		孫堅有傳。				
唐		李琬趙郡平棘人，見《新唐書・宰相世系表》。 徐有慶見光緒《府志》。 蕭勝以納賄呂用之得官鹽城監，見《廣陵妖亂志》。	夏侯長雲滑州胙城人，見《新唐書・列女夏侯碎金傳》，《舊唐書》同。 崔郾見《唐楚州題名石柱》。			
吳		張延翰有傳。舊《志》誤屬南唐，今改正。				
南唐		申屠諤鹽城監使，見《舊五代史・周世宗紀》。				
周	顯德	荊罕儒冀州人，以泰州刺史領鹽城監，見《宋史・荊罕儒傳》。				
宋	太平興國	刑昺知鹽城監，有傳。				
	景佑					王惟熙有傳。
	治平	李黃				

	紹興	黃萬頃			吳交如丹徒人，進士，見《京口耆舊傳》。	
	乾道	應藏密 鄒燧				
	淳熙	劉煒有傳。 盧林				
	紹熙	徐挺之				
	嘉定	尤惰無錫人。				
	紹定	賈涉天台人，見周密《齊東野語》。 楊瓊見舊《志·祀典門》。 陳遇李全入鹽城，遇棄城遁，見《宋史·李全傳》。 袁植見乾隆《府志·古蹟》「暉素亭」下。				
元	大德			王禮按：禮撰《重修城隍廟記》，云「吾邑城隍神祠在城東北隅」，云云。是禮為邑人之證。又按：舊《志》：「大德間教諭李拱辰。」考拱辰乃高郵州學正，非鹽城教諭也。		楊實鹽城尉，安東州人。安東有東漣、中漣、西漣三河，故王禮《重修城隍廟記》云「三漣楊實」。
	大至	蔣卞 教化達魯花赤，舊《志》於蔣卞屬之「大德」而遺教化不錄，今據王禮《城隍廟記》補正。	盧行宣舊《志》列入「大德」，今更正。			廖應孫舊《志》列入「大德」，今更正。
	延佑	張答不歹舊《志》誤列於蔣卞之前，今改正。 黃頭三年任。達魯花赤，見丁晏《府學元鑄祭器錄》及范以煦《淮壖小記》，杜肯播、李晏、忽都答兒、楊楨、馮彥遇諸人並同。	杜肯播三年任。 李晏三年任。		忽都答兒三年任。	楊楨三年任。
	至正	曹經 秦鏞 葉恒見《元詩選·癸集》。以上二人年皆無考，附錄於此。沈				馮彥遇四年任。

		《志》：「至元間有知縣許維楨。」考《元史・良吏傳》，維楨為淮安路總管府判官，不言為鹽城縣尹。光緒《府志》誤，與沈《志》同，程《志・職官・名宦》皆無維楨是也，今從之。				
明	洪武	陳天瑞有傳。 許居敬 葛成七年任。 俞順辰南昌人，十五年任。 宋必進二十四年任，見康熙《府志》卷二「鹽城豫備倉」下。		彭敬仲康熙《府志》作「敬中」，楊《志》同，程《志》、沈《志》作「敬仲」。 陳堪 王孟福清人。以上教諭。 陳堪 王孟福清人。以上教諭。 徐仲良 李文本邑人，《人物志》有傳。 郭觀以上訓導。	蔡叔瑜	
	建文	藺輔有傳。 王琰				
	永樂	黃玨安岳人，進士，三年任。	龔達南昌人。	陳中		
	宣德	王彝有傳。	梅讕平涼人。	潘洪以上教諭。		
	景泰	陳大倫康熙《府志》作「大綸」。 劉諒有傳。按：舊《志》及《府志》、《通志》皆載諒於天順間，今據《興國州志》改正。舊《志・城池門》云「景泰四年，諒濬市河」，康熙《府志・學序門》云「景泰四年，諒修學宮」，皆與《興國州志》同。	范顯	孫賓昌化人，正統間歲貢，官鹽城教諭，見《杭州府志》。年不可考，姑繫於景泰之世。	袁敬舊《志》列於洪武，今據《河道志》移此。 馮斌 賀珍 張鑒 藍春茂名人。按：馮斌景泰七年修學宮，見舊《志・學校門》。景泰七年，明年為天順元年，賀珍、張鑒、藍春列於馮斌之後，當係天順間任。舊《志》列之景泰，誤，否則《學校志》所載誤也。	

成化	蕭偉偉或作諱。《康熙府志·學序門》作蕭瑞用。 王僎有傳。 涂昇南昌人，二十三年人。舊《志》誤作涂昇。 張佐良於潛人，歲貢，見《杭州府志》。	張景文	魏珍 汪廷俊以上教諭。 彭辯訓導。 紀華 劉熙 張定仙遊人。 徐漢以上訓導。	于璽 田錦 徐夢瀛 徐錦	雷鎮
弘治	邵遷道十年任。舊《志》云:「『遷』字，公署作『遵』，闕疑。」 趙嵩 馬清進士，十八年任。	陳章康熙《府志》作「璋」。 童謹 王鳳來	張翔教諭，有傳。 張鵬 曾嵩以上訓導。		
正德	李鸞三年任。 劉經有傳。 祝壽進士，六年任。 王明徹舉人，九年任。 李寧十一年任。 蕭麟新野人，舉人，十二年任。	曾玘 丁珣 周元 孫世祿 王璋 韓經 吳偉	徐相南昌人，三年任。 蔣鎏全州人，楊《志·藝文》有鎏赴浙江主考詩。以上教諭。 曹正 蔣湖 項清 戴銓以上訓導。 李洪海寧人。弘治中歲貢，官鹽城訓導。見《杭州府志》。年不可考，附錄於正德之世。	李能 張一濯濯，一作「躍」。 李明 張爵 孔彥敞 孟勤	范資 祁德良
嘉靖	姜潤身有傳。 張好古山西人，進士，八年任，陞刑部主事。 程爋有傳。 陳棐鄞縣人，歲貢，十五年任。 程鴻沅陵人，十六年任，陞饒州府通判。 林宗桂莆田人，舉人，二十年任。 周易陝西人，進士，二十三年任，陞都察院經歷。 俞希純河南人，舉人，二十七年任。康熙《府志》「俞」作「喻」。 俞耀秀水人，舉人，二十九年任，陞阿迷州知州。	徐珠秀十五年任。 胡鼇沅陵人，進士，見《湖南通志》。 趙鋭 常亨 賈瑚三十年任。 李克勤監生，三十三年任。 洪瀚浙江人，監生，三十六年任。 陸濂監生，三十八年任。 朱邦昇監生，四十年任。 蘇時歲貢，四十三年任。	孫接武舉人。 黃希韶莆田人。 吳煥章 應從立 吳瓊浙江人。 韓盛河南人。 釗銖雲南人，舉人。 吳誠四川人，一作「城」。 鄭文昇莆田人，舉人。 陳文鉉福建人。 王概浙江人。以上教諭。 周南 賈標 蕭賓江西人。 周嶽浙江人。	裴銖 張睦 陳經 趙清 胡希忠 紀鍧 梁珩 鄭士琦 賀延年 喬楝 張大連 陳階 陳秉權	傅遇安

	高琨山東人，歲貢，三十五年任。 祝雲鵬龍游人，三十六年以府檢校署，見康熙《府志》及舊《志》「城池」下。 張其恭雲南人，舉人，三十七年任。 張桂芳山東人，舉人，三十八年任。 葉露新雲南人，舉人，四十年任，陞滁州知州。露新將海灘湖蕩丈量報部，額田八千餘頃驟增至三萬五千餘頃，鹽民遂受重賦之累，見孫檠《被纓集》。 趙慎修有傳。	商大節鍾祥人。嘉靖二年進士，由兵科給事中謫鹽城丞，後官至保定巡撫，卒謚端愍。《明史》有傳。	王進臣桐柏人。 張繼宗山西人。 鄭世繡福建人。 趙忠山東人。 胡日休浙江人。 張壇河南人。 董廷皋江西人。 楊仲芳山東人。 王克寬四川人。 張允和浙江人。以上訓導。		
隆慶	師道立長安人，進士，十二年任。 張賢順德人，舉人，四年任。 周邦輔舊《志》云:「江西安宜人，舉人，五年任。」考《明史·地理志》，江西府州縣皆無安宜，疑有誤。 李廷春莆田人，舉人，六年任。	陳仕贇福建人，吏員，元年任。 徐風化二年任。 賈勵山西人，歲貢，四年任。	張汝楫河南人，元年任。 袁方河南人，四年任。以上教諭。 李貴山東人，元年任。 周晦之縉雲人，六年任。以上訓導。 程琇合肥人，嘉靖時歲貢，官鹽城教諭，見《安徽通志》。年不可考，姑錄於此。	溫潤歲貢，元年任。 周郡歲貢，三年任。 于巖監生，五年任。	丁宗顯元年任。 袁賓五年任。
萬曆	杜善教四川富順人，舉人。程《志》云:「楊《志·列官》:『杜善教，萬曆二年任。』然《祥異志》『萬曆三年，大水，知縣李廷春請帑振濟』，則杜善教不應二年任，故闕之。」 楊瑞雲有傳。 鄧凌雲蒼梧人，舉人，十三年任。 曹大咸有傳。 楊景淳涪州人，進士，二十九年任。 董繼祖洛陽人，進士，二十年任。 陳治本有傳。	戴守德直隸人，歲貢，元年任。 王三吾開州人，恩貢，四年任。 劉東魯當陽人，恩貢，十年任。 王天寵澧州人，監生，十二年任。 王宗周榆林衛人，監生，十五年任。 車寶定海人，吏員，十七年任。	孫樾豐城人，舉人，元年任。 舒世喬黟縣人，四年任。 張振羽內江人，歲貢，六年任。 滕夢鶴霍山人，歲貢，九年任。舊《志》云「六安州人」，今據《安徽通志》改正。 劉道黃岡人，舉人，十一年任。 胡毓才績溪人，歲貢，十四年任。 封虞武宣人，歲貢，十六年。 吳東高郵州人，歲貢，十九年任。	張堯佐萊州人，監生，元年任。 吳一道鄆城人，監生，六年任。 趙文蔚昌黎人，歲貢，七年任。 宋太杭州人，吏員，八年任。康熙《府志》作「朱文」。 彭之鳳靈寶人，恩貢，十一年任。 高婺獻縣人，歲貢十四年任。	蔣世賢元年任。 徐應瑞建昌人，吏員，元年任。 吳木餘姚人，吏員，五年任，陞豐縣主簿。 陳思孝上成人，吏員，十一年任。 黃斌海澄人，吏員，十三年任。 方一學蕭山人，吏員，十五年任。 鄭本蓉莆田

		劉之沂博興人，進士，二十六年任，調江都。 王攀桂林縣人，舉人，二十九年任。 張必振青城人，舉人，三十三年任。 臧懋中長興人，進士，三十三年任。 孫鳳翔陽信人，進士，三十六年任。舊《志》誤作「舉人」。 陳美閩縣人，舉人，四十一年任，陞灤州知州。 畢拱辰有傳。	李臬上饒人，監生，二十年任。 陳嘉績高要人，吏員，二十五年任。 廖逢吉連州人，選貢，二十六年任，陞通判。 胡越南昌人，吏員，三十年任。康熙《府志》作「胡鉞」。 鍾家聲德興人，監生，三十五年任。 顧惟坊海鹽人，吏員，三十七年任。 劉惟敦義烏人，四十一年任。 吳端頤海寧人，監生，四十四年任，見康熙《府志》。 高元輔臨安人，吏員，四十五年任。 朱文炳莆田人，選貢，四十七年任。按：沈《志》誤作「十七年任」。	王家賓祁門人，舉人，二十二年任。 陳賓連江人，歲貢，二十四年任。 林一奎長樂人，舉人，二十七年任。 王好古齊河人，三十二年任。 顧鳳儀鳳陽人，三十四年任。 湯一龍嘉定人，舉人，三十六年任。 招鵬番禺人，舉人，四十二年任。 侯萬鍾嘉定人，舉人，四十六年任。以上教諭。 華子憲無錫人，四年任。 毛善江夏人，歲貢，八年任。 武成先滁州人，歲貢，十二年任。 龐尚鴻有傳。 楊寓景東衛人，歲貢，二十二年任。 都維翰簡州人，歲貢，二十七年任。 蓋廷正德州人，三十二年任。康熙《府志》「正」作「禎」。 王文煥碭山人，三十六年任。 王室湯陰人，四十一年任。 穆自新蒙城人，歲貢，四十六年任。《安徽通志》作「日新」。沈《志》誤云「山東蒙城人」，山東有蒙陰，無蒙城。程《志》不誤。以上訓導。	何繼安邵武人，吏員，十五年任。 袁朝聘豐城人，吏員，十九年任。 王三聘縉雲人，監生，二十一年任。	人，吏員，十六年任。 許漢星子人，吏員，十七年任。 施建英壽昌人，吏員，二十一年任。 胡來佐南昌人，吏員，二十三年任。 林士國臨海人，承差，二十六年任。 李元相任邱人，吏員，二十九年任。 龍世榮南昌人，吏員，三十二年任。 鄭元麟侯官人，三十五年任。 彭一化吏員，三十七年任。 楊應元石城任，吏員，四十年任。 陳良美分水人，吏員，四十三年任。
	天啟	趙善鳴有傳。 楊世祿巫山人，舉人，四年任。	龔耀祖祥符人，監生，三年任。 胡一受羅田人，監生，三年任。	商起予真定人，元年任。 周之正泗州人，二年任。 葛士宏宿州人，三年任。沈《志》作「鴻」，今從程《志》。 秦四德河間人，七年任。	蔣維禎義烏人，元年任。 曹國光會稽人，吏員。 蔣正山陰人，吏員。 張士義平鄉人，吏員。	袁廷觀新喻人，吏員，元年任。 李應鸞南昌人，吏員，四年任。 錢時旦山陰人，六年任。

				常盧中來安人，二年任。 孫傳聲蕭縣人，舉人，五年任。舊《志》誤作「傅聲」。 劉芳譽盱眙人，歲貢，鹽城訓導。見乾隆《盱眙志》。《邳州志》作「方譽」。天啟間任邳州訓導，其司訓鹽城，年不可考，姑附於天啟之末。		
	崇禎	陳期奎天台人，舉人，元年任。 馬文耀仁和人，舉人，二年任。 王二典掖縣人，舉人，六年任。 范文淑定興人，進士，七年任。 張桓有傳。 楊惟中永康人，舉人，十三年任。 何文郁有傳。褚人獲《堅瓠集》有「鹽城知縣張雲行取為御史」，年代無考，附錄於此。	瞿德懋興安人，恩貢，元年任。 劉從謙永豐人，監生，四年任。 徐上達建陽人，吏員，六年任。 姚守智滄州人，吏員，九年任。 王者佐平武人，選貢，十一年任。 葉汝登會稽人，例監，十三年任。 楊光復諸暨人，吏員，十六年任。沈《志》作「十一年」。	陳明鑒青陽人，三年任。 郝景春有傳。 汪時濟歙縣人，舉人，六年任。 陳于朝溧水人，九年任。 萬縉銅仁人，十一年任。 史獻家金壇人。 莊爾身有傳。以上教諭。 吳士燮全椒人，三年任。 王明佐有傳。 孔承鏞曲阜人，六年任。 蕭光辰徐州人，十年任。十二年，鄉試中式。 陳瑞徵寧海人，十三年任。 彭之壽長洲人，十六年任。以上訓導。	莫是能嘉興人，吏員，二年任。 單思義仁和人，監生，六年任。 屠世運長興人，吏員，十四年任。 徐必位紹興人，吏員，十七年任。	張國賢江陵人，吏員，五年任。 呂邦俊定興人，吏員，九年任。 王應澤黃梅人，吏員，十年任。 賴文洪會稽人，吏員，十六年任。

		正副千戶	正達官百戶	把總	參將	邳鹽鹽城守備
		前代帥師至鹽城者，隋大業中有陳稜公、孫上哲，宋紹定中有趙范、趙葵范弟、余子才、王旻、于玠屯。守鹽城者，宋建炎中有韓世忠，紹興中有孔道，紹定中有卞整邑人，卷十《人物志》有傳、陳益、樓強，元至正中有董博霄有傳，餘不可考。今表武職，自有明始，先千戶、百戶，以鹽城守禦千戶所，洪武中設也；次把總，《平倭碑記》作「海防把總」。次參將，皆嘉靖中設也；次守備，嘉靖及萬曆中所改設也。時代既異，故未能以年為綱。				
		姜太洪武三十年任，見舊《志·兵防》。 馮善	張瞻上元人，程《志》作「瞻」，沈《志》作「膽」。 張繼爵鄞縣人。	謝詔嘉靖三十四年任。楊《志》誤作「二十四年」。	朱仁寧波衛百戶，武進士，嘉靖三十七年任。 楊尚英太倉衛	韓德正邳州衛指揮，嘉靖四十四年任。 張嵩六安衛指揮，嘉靖四十五年任。

馮傑山後人。

馮祥正統七年任，見舊《志·兵防》。

李勝天順間任。

馮裕成化十三年任，見舊《志·兵防》。

王汝熊江西人。以上正千戶〔註2〕。

趙良翰定遠人，陞掘港守備。

阮承武昌平人。

申繼武滕縣人。

葉照休寧人。

朱雄奉化人。

馬智迤北口溫海子人。

李潞遷安人，因祖勝隨顏彪征兩廣有功，陞副千戶。

周俊合肥人，本所百戶。以斬獲倭寇首級千餘，生擒十名，陞副千戶。以上副千戶。

楊清永樂間備倭指揮，附錄於此，有傳。

潘桐奉化人。

劉繼宗無極人。

劉寵泰和人。

吳郁有傳。

王詔祚祁州人。

周鳳黃巖人。

梁忠通州人。以上正百戶。

童蒙吉瀋陽人。

袁自力

僧質魯

劉楠

王宇奉化人。

帖繼先

韓應奎舊《志》云「永平府瑞州人」。按：永平府無瑞州，疑係灤州之誤。

董繼業以上達官百戶。按：舊《志》於袁自力、僧質魯、劉楠、帖繼先、董繼業皆云「遼陽達人」。考元時遼陽路治遼陽縣，明置定遼中、左、右、前、後五衛，今為遼陽州，屬奉天府。明代無遼陽之稱，蓋當時於遼陽都司所轄地及東北邊羈縻各衛所渾稱，遼陽非其實也。達官百戶之稱，《明史·兵志》《職官志》所無，故仍其舊而辨之如此。范公祠有萬曆戊子郎中張試《修范公堤碑記》，載所官葉照、阮承武、馬智、趙光祚、劉繼宗、梁忠、馮科、李潞。周重熙、童蒙吉、韓應奎、帖世鄉，四人皆舊《志》所無，今亦不辨其孰為千戶，孰為百戶。

賈勇三十六年任。是年夏五月，勇陞副總兵。盧鏜等剿倭於灣頭、楊子橋、廟灣等處，皆在事有功，見《廟灣志》所載《平倭碑記》。

魏一舉江西人。按：舊《志》云：「防守鹽城把總，嘉靖三十四年以防倭設。三十七年以把總職輕改設參將。」又《揚州府志》引《明會典》云：「大河口把總，嘉靖三十七年以鹽城把總移駐於此。」程《志》云：「賈勇三十六年任，轉大河口把總。」與《明會典》合。然則賈勇任鹽城把總雖在三十六年，而移駐大河口則在三十七年。此後鹽城止有參將無把總，而賈勇之後復有魏一舉，頗不可解。

千戶，三十八年任。

蔣環鳳陽衛百戶，武進士，三十九年任。沈《志》誤作「三十六年」，今從程《志》。

朱雲漢鎮虜衛指揮，四十年任。

王繼祖懷慶衛千戶，四十一年任。

周嶅杭州府籍，錦衣衛千戶，武狀元，四十三年任。沈《志》誤作「杭州衛籍」。考《杭州府志》，嶅係仁和人。《山堂考案》及《明史·選舉志·姜名武傳》皆云「武榜有狀元」。自崇禎四年王來聘始，嘉靖時不得有武狀元，然《杭州府志》亦以嶅為武狀元。舊《志》又以守備張大德為武狀元。蓋崇禎前雖未有武狀元而有及第出身。《山堂考案》所載甚明，疑當時昕謂武狀元以賜及第者言之。

于嵩杭州前衛指揮，隆慶三年任。沈《志》於兩嵩《志》皆誤作「蒿」，今據程《志》改正。

劉喬虎賁左衛千戶，武進士，萬曆元年任。以上邳鹽守備。沈《志》以劉喬為鹽城守備，非是。今從程《志》。

丁介夫揚州人，二年任。

張大德荊州人，顯陵衛千戶，武狀元，六年任。

楊天臣金吾右衛指揮，武進士，七年任。楊《志·藝文》載天臣詩十有八首。

蔣尚孟滁州衛百戶，九年任。

馬坤武昌左指揮同知，武舉，十一年任。

吳仕倬吳縣人，十四年任。

王簡在沔陽衛指揮，武進士，十七年任。

楊鴻吉錦式衛人，武進士，十七年任。

王誥榆林衛人，武進士，十九年任。

吳大績義烏縣人，賡寧衛千戶，二十一年任。

李廷芳大同人，南京興武衛指揮，二十五年任。

金在乾定遠人，淮安衛指揮，二十六年任。

張守爵太倉衛指揮，二十九年任。

班印太和衛指揮，三十二年任。

郭啟明丹陽人，林山衛千戶，三十三年任。

王選武進士，三十八年任。

王道濟武進人，武進士，四十二年任。

王繼祖揚州衛指揮，灤州人，四十七年任。

陳拱上虞人，五年任。

〔註2〕原書為「方」，改為「戶」。

						吉先庚金吾衛指揮，崇禎元年任。 沈通明有傳。 丁啟宗有傳。 陶鎔國長陵衛指揮，武進士，十五年任。 王政純遼東人，行伍，十七年任。

國朝職官表

	知縣	教諭 訓導 前明教授，從九品學正。教諭、訓導皆未入流。縣丞則正八品，故教官列於縣丞之下。今則教諭與縣丞同品，故躋於縣丞上，以見國朝尊崇師官逾於前代。	縣丞	巡檢閘官附	典史
順治	連擅場永平府人，進士二年任。 王我宇有傳。 于學政漢軍鑲白旗，監生，五年任。舊《志》不著「漢軍」二字，無以別於滿洲、蒙古，今增，下放此。 徐鳴佩單縣人，八年任，《山東通志》作「鳴佩」。 賈國泰遼陽州人，貢生，九年任。 劉駿春侯官人，貢監，十六年任。 仇鳳翀曲沃人，進士，十八年任。 柏天瑤開原人，廩貢。	夏以牧新建人，舉人，三年任。康熙《府志》、光緒《府志》「牧」作「收」。 陸可教有傳。 蘇元懋石埭人，十年任。 高岳英金壇人，舉人，十三年任。以上教諭。 孫曰昂豐縣人，四年任。 劉若審懷寧人，九年任。 張明琦泰興人，歲貢，十三年任。 胡之寧和州人，歲貢，十六年任。 葉生奇懷寧人，歲貢，十八年任。以上訓導。 鞠養德和州人，崇禎時歲貢，官鹽城訓導，見《安徽通志》。	黃正心平鄉人，歲貢，二年任。 陳時化會稽人，吏員，五年任。 范時英嘉興人，生員，十年任。 左興名蒲州人，吏員，十三年任。 劉道隆獲鹿人，拔貢，十八年任。		張文標仁和人，吏員，二年任。 夏守仁會稽人，吏員，六年任。 唐啟元寧平人，吏員，六年任。 王榮宗蕭山人，吏員，十五年任。 胡宗仁大興人，吏員，十八年任。
康熙	張鴻美奉天海城人，漢軍鑲紅旗生員，	張星韜武進人，舉人，四年任。	盧煌萊蕪人，貢監，六年任。	李弦篤山西太平人，吏員，十一年。	郭函三單縣人，吏員，七年任。

	元年任。舊《志》作「遼東海州衛人」，誤沿明代之稱，今改正。 徐超夏津人，歲貢，三年任。 杜多珽有傳。 陳繼美滄州人，舉人，十年任。 徐斯連龍川人，舉人，十九年任。 蔣荷坤有傳。 王賜璵翼城人，監生，二十七年任。將淹田報涸陞科，大為民累，見程《志》。 武韡有傳。 曾昌進福清人，歲貢，三十四年任。 鄭鼐盧龍人，歲貢，三十五年任。 羅俊濟寧州人，舉人，四十三年任。 薛元敏三署縣事，有傳。 馬化蛟漢軍正藍旗，監生，四十六年任。 陸勳平湖人，舉人，四十九年任。 盛宏邃五十三年以興化知縣攝縣事，見舊《志·學校》。考《興化志》，宏邃，臨安進士，《名宦》有傳。惜莅鹽事蹟無考，惟修明倫堂見於舊《志》。 魯宗懋漢軍正紅旗，舉人，五十三年任。 高鎬有傳。 張謐洪洞人，進士，五十八年任。 周錫疇長治人，舉人，六十年任。	楊言書武進人，舉人十六年任。 任昌溧陽人，舉人，十八年任。 張守有傳。 沈朝轍青浦人，康熙四十三年任，兼署訓導。舊《志》載之「訓導」而於「教諭」反不載。今據城隍廟匾補正。乾隆《府志》作「朝徹」。 薛元敏見「知縣」。 王孫駷泰州人，舉人，五十二年任。 王茂齡江都人，貢生，五十九年任。 以上教諭。 金本修華亭人，歲貢，十五年任。康熙三年缺裁，至是年復設。 劉三珠武進人，歲貢，二十年任。 吳憲祖江都人，歲貢，二十九年任。 高準青浦人，歲貢，三十五年任。 沈朝轍見「教諭」。 錢溥康嘉定人，歲貢，五十四年任。 李炳竹興化人，歲貢，三十七年任。 以上訓導。 吳憲休寧人，見《安徽通志》。 渠鎬豐縣人，歲貢，見《徐州府志》。 汪道棨繁昌人，見《安徽通志》。 嚴銓含山人，康熙時歲貢，見《安徽通志》。 陳應虯儀徵人，順治十一年歲貢，見《揚州府志》。以上五人皆鹽城訓導，任年無考，姑附於此。	任之鼎石樓人，貢生，七年任。 何之泗文安人，監生，十五年任。 胡爾諤會稽人，附監，二十五年任。 薛景宣曲沃人，監生，二十九年任。 梁文焜漢軍正白旗，監生，三十二年任。 羅廷瓚四十二年任。 尹嘉謨四十四年任。 王琰漳浦人，監生，四十七年任。 趙泉楠漢軍鑲黃旗，監生，五十一年任。 韓埈漢軍正藍旗，監生，五十三年任。 楊梡漢軍正紅旗，監生，五十四年任。 朱持純保定左衛人，監生，五十六年任。乾隆《府志》作「特純」。 朱成鳳漢軍正藍旗人，五十七年任。	李含貞大興人，吏員，十七年任。 馬端寶坻人，吏員，二十六年任。 俞世綸山陰人，吏員，四十八年任。 以上沙溝巡檢。 吳國鼐滄州人，吏員，十年任。 沈廷璵山陰人，吏員，十八年任。 嚴文熼萬全人，吏員，三十七年任。 常國用趙州人，吏員，三十八年任。 楊棟石宛平人，吏員，四十七年任。 沈飛龍仁和人，吏員，五十三年任。 陳世才杭州人。 以上清溝巡檢。	王時可平涼人，吏員，十九年任。 劉廷玉興州人，吏員，二十八年任。 劉旭清苑人，吏員，四十一年任。 沈應諤大興籍，紹興人，吏員，四十九年任。乾隆《府志》作「應鍔」。

雍正	于本宏有傳。 孫蔭孫沾化人，舉人，先署天長縣事，有治行。見《天長縣志》。六年調任鹽城，陞海州知州。 崔昭山西太平人，內閣供事，九年任，調江都。 衛哲治有傳。	張澤棨婁縣人，舉人，三年任。 夏之蓉有傳。 邱時敘六安人，歲貢，十一年任。以上教諭。 吳棻徽州人，歲貢，三年任。 吳鸞年江都人，歲貢，四年任。 陳恂九年任，十年分阜寧、鹽邑。自此無訓導。	趙昆東平人，監生，三年任。 沈晉銓紹興人，三年任。 范昭逵蘇州人，九年任。 管繼雲漢軍鑲黃旗人，監生，十年任。	鄭旭明順天通州籍，浙化人，吏員，九年任。清溝司巡檢，十年分阜寧縣，改為上岡司，移駐上岡鎮。 王繼七年任。 張文縉杭州人，吏員，十三年任。以上二人沙溝巡檢。	陳允中宛平籍，紹興府人，宗人府供事，七年任。
乾隆	程國棟有傳。 沈世道海寧籍，仁和人，歲貢，七年任。程《志》止此。 黃垣有傳。沈《志》止此。 李宏儒順天人，舉人，十二年任。 孔繼儒山東人，拔貢，十三年任。乾隆《府志》止此。 李時沛有傳。 朱洛臣有傳。光緒《府志》於李時沛誤作「嘉慶二十七年任」，於朱洛臣誤作「嘉慶二十五年任」，朱洛臣後有陳蔚，注云「安州人」，下文有陳霨亦云「安州人」，蓋「蔚」即「霨」字之訛，一人誤分為二。 康傑四十年任。 孫遊四十九年署。 謝遇宛平人，進士，五十四年任。以上二人，光緒《府志》未載。 楊寶曾五十六年任。 壽聰五十八年任。 程榮增休寧人，見《安徽通志》及《休寧縣志》，係乾隆間人，任年無考。	劉願忠崑山人，舉人，七年任。以下無考。 莊瓚武進人，舉人，見錢人麟《毘陵科第考》。 夏敬輿江陰人，乾隆間舉人，見《江陰縣志》。 鄭應鶴涇縣人，乾隆壬午舉人，見《安徽通志》。以上三人任年無考。	朱禹功宿遷人，監生，七年任。 徐安世浙江人，監生，十二年任。據乾隆《府志》增。 戴茂惠順天人，監生，十二年任。乾隆《府志》作「茂蕙」，以下無考。	謝憲永豐人，宛平籍，九年任上岡巡檢。 張嘉相江寧人，監生，六年任。 傅繼祖儀封人，監生，八年任。 蘇霈江寧人，監生，十年任。 王朝棟無錫人，監生，十二年任。以上天妃、石𥕢閘官。 魏元楷黃岡人，吏員，六年任。 王三多河南人，監生，十一年任。以上上岡閘官。 萬松武昌人，六年任。 李玉堂宛平人，監生，八年任。 張文璡清河人，吏員，九年任。 練統永城人，監生，十年任。 蘇士佐江寧人，監生，十二年任。以上草堰閘官。後上岡、草堰兩閘官缺裁，閘亦廢。	方友柱五十六年任。
嘉慶	周傳蘇縣人，四年任。 林槐三水人，四年任。	錢燕習陽湖人，二年任。 宮制錦	孫憲曾 劉金殿濟寧州人，六年任。	江方璠 麻頌恩 唐大紳以上沙溝	周士鈺 邵士炘 周士垚

	葛昂商邱人，八年任。 保靜滿州人，九年任。 陸樹英高要人。 彭承泰興安人，十年任。 王伸漢渭南人，十一年任。調山陽，以謀殺查賑委員李毓昌伏法。 宋余渭解州人，十三年任。 楊景烈華州人，十四年任。 陳霨有傳。 李世光歸化人，十五年任。 楊超鐸漢軍正黄旗人，十九年任。 胡傑二十年任。 周履福二十四年任。 林棋楡衡山人，二十五年任。 華鳳喈二十五年任。光緒《府志》誤作「鳳鳴」。	張均無為州人，十六年任。著有《經史辯論》二卷，《辨訛釋義錄》二卷。 趙耿光丹徒人，見《丹徒縣呂志》。 闞家瑞泰興人，廩貢，見《泰興縣志》。 蔡棻泰興人，舉人，見《泰興縣志》。以上三人皆嘉慶間人，任年無考。	邵圻二十二年任。	巡檢。 朱錦 王世璜 蘇廷珍以上上岡巡校。 壽呂勳濟寧州人，二年任。 馬繼功二十二年任。以上閘官。	邱長齡 李潮二十三年任。
道光	陳玉成東莞人，二年任。揚州府阿《志》云「東莞進士」，《通州志》云「東莞拔貢」，《阜寧志》云「東莞舉人」，未知孰是。 杜昭四年任。 臧新芝聊城人，五年任。 徐麟趾光山人，舉人，八年任。 姚逢熙廣西人，十年任。 孔昭傑有傳。 孟廣元浙江人，進士，十五年任。 楊得時山西人，舉人。 彭以竺歷城人，庶吉士，十九年任。 劉同纓有傳。	王壽祺十年任。 歸令符昭文人。 戴鴻緒婺源人，舉人，二十一年任。 李文喆有傳。	孫鐸玉田人，三年任。 劉家瑞江西人，二十年任。 胡林二十八年任。	米大章 俞錫甫 婁開光 徐傑山陰人。以上沙溝巡檢。 周鴻光 張震蕭山人。 吳景曾 王鳳瑞 朱錫淳以上上岡巡檢。 陳鎔十七年任。 馮楷十九年任。 周灝二十五年任。以上閘官。	劉遐齡十七年任。 俞大川海寧人，二十年任。

	李蕚二十一年任。《江寧府志》云「湘潭人，舉人」，《湖南通志》云「湘鄉人」。 朱學海二十二年任。 楊鳳翮大竹人，二十六年任。 焦肇瀛有傳。 陳敦誥三十年任。《通州志》云：「嘉魚人，舉人。」				
咸豐	楊維藩監生，二年任。《阜寧志》云「侯官人」，《通州志》云「連城人」。 陳介眉濰縣人，拔貢。 勵絅鄞縣人，舉人，四年任。 裘輔新建人，監生，五年任。 姚銑仁和人，監生，七年任。 李燮鈞十年任。《通州志》云：「萊陽人，監生。」	吳自徵武進人，後陞鎮江府教授。《丹徒縣志》謂「自徵為鹽城教諭，多美政」。陸鼎瀚《武陽志餘》謂「自徵在鹽城，奉檄振饑絕侵冒」。今邑人持論與此殊異，未敢列入「名宦」，姑錄於此以備考。 李家彬江寧人，署任。	沈岱歸安人，四年任。 朱澐七年任。 劉錫麒大興人，八年任。 蕭喜孫十年任，十一年裁缺。	孫啟洛大興人。 徐大璋錢塘人。以上沙溝巡檢。 魏瀛上岡巡檢。 程長生 周壬林以上閘官。	
同治	聯英元年任。 萬青選南昌人，監生，二年任。 陳蔭培〔註 3〕錢塘人，副貢，四年任。蔭培詳開海禁為民興利新興場丙寅一案，多所保全。 沈國瀚盱眙人，八年署。 潘祖棻安州人，舉人，九年署。 張鴻聲越巂人，舉人，十二年署。 武守恆錢塘人，監生，十三年署。自軍興以來，仕途漸雜，州縣需次人眾，故委署亦漸多官，不能久於其任，吏治稍偷敝矣。觀縣令實任之多寡亦前後得失之林也。	徐倬江都人，三年任。 陸敏政武進人，四年任。按：敏政唯以經術擅長，餘無可稱。《武陽志餘》稱其為鹽城教諭，樸僿廉介，不纔於俗，迮同調官歸。語皆非實。 杜家聲江寧人，七年署。 林漸逵六合人，舉人，九年任。		解世純宛平人。 鄧永思 朱榮第以上沙溝巡檢。 陳國鏞 解世純 吳守誥 孫祥保烏程人。 張綸 洪崇駿 翁秉乾錢塘人。 張夢熊臨桂人。以上上岡巡檢。 俞元相閘官，山陰人，諸生。	張璲南昌人，七年任。 袁同正錢塘人，八年任。 孫淦善化人，九年任。 孫啟洛大興人，十年任。 王荃大興人，十一年任。

〔註 3〕原書「陰」，據後文改。

光緒	歐陽桐壽安仁人，監生，元年任。 劉仟涿州人，舉人，二年任。 龔定瀛湘鄉人，五年代理。 朱湘大興人，五年代理。 張振鐄有傳。 倪毓楨阜陽人，廩生，七年任。 藍采錦長沙人，監生，八年署。 於培澍盱眙人，監生，十年任。 依勒爾阿滿州正紅旗人，荊州駐防，筆帖士，十年任。 王敬修撫寧人，附生，十三年署，十七年再署。 祥安滿洲鑲黃旗人，廩貢生，十六年署。 方道濟定遠人，監生，十八年六月蒞任，閏六月以母憂去官，時論惜之，敬恢復代理。 陳玉斌湘鄉人，十八年署。 劉崇照鎮海人，翰林院庶吉士，十九年任。是年築堰捍潮，詳請修閘。二十年春二月裁汰白役百餘人，秋七月天妃越閘告成，是月奉調入闈。代理者為楊嶽芳，湖南舉人。十月崇照回任。明年夏六月《縣志》刊版告成。	于文燮金壇人，舉人，九年署。 李寶琛泰州人，舉人，九年任。張光麟《寒松晚翠堂文集》稱其司鐸鹽邑，機厚端謹，有古儒者風。 王國鈞武進人，進士，十三年以府教授代理。 王翃沭陽人，舉人，十四年署，工詩，著有《建陵山房詩集》。 洪德樽儀徵人，舉人，十四年任。		姚森犖歸安人。 舒霖濟寧人。 陳世恩溫江人，八年任。 陳梓錢塘人，十四年任。 胡傑天津人，十七年任。 盧桂芳烏程人，十五年任，十八年復任。以上沙溝巡檢。 周殿魁 何楨錢塘人。以上上岡巡檢。 翁德澍湘潭人，十六年任。 姚繼善大興人，十七年任。 秦以炘山陰人，十七年任。以上閘官。	鄭慶恩嘉興人，元年任。 呂長治仁和人，二年任。 何楨錢塘人，二年任。 黃海明漢軍人，三年任，八年復任。 馮恒山陰人，四年任。 楊培滋大興人，十一年任。 孫鏞歸化人，十六年任。 陳綸山陰人，十七年任。 陳家謨會稽人，十八年任。 胡葆慶山陰人，十九年任。 季作謨會稽人，二十年代理。 殳恩照山陰人，十九年署，二十年再署。

	鹽城營游擊	守備	千總	把總	小關營守備都司
順治	陳其瑚涿州人，七年任。 徐信紹興人，八年任。 孫肇武有傳。	薛振國京衛人，武舉，三年任。 陸士珍蘇州人，六年任。 藍九萬順天人，將材，十一年任。	張明玉山東人，六年任。 張明時山陽人，九年任。 張世舉浙江人，十一年任。	王啟泰本縣人，十七年任。 徐煥本縣人，十八年任。	

		王一魁湖廣人，十七年任，康熙《府志》。 婁之貴	劉復初歸德人，十八年任。		
康熙	楊雙鳳岳池人，投誠，元年任。 姚鴻信有傳。 陳鑄濟寧州人，將材，十四年任。 賈重俊廣寧人，二十年任。 徐士琦松江人，行伍，二十三年任。 趙泰梁有傳。 馮清世順天人，武舉，四十二年任。 侯天爵大興人，武進士，五十二年任。 閃文繡有傳。 陸自成通州人，見《通州志》。任年無考。	曹啟勵通州人，投誠，二年任。 盛璽金華人，九年任。 梁士儀真定人，武舉，十二年任。 靳士貴大名人，武舉，二十二年任。 蘇大捷陽高衛人，二十七年任。 程大受韓城衛人，武舉，三十九年任。 方士俊蕭縣人，行伍，四十七年任。	韋天爵本縣人，三年任。 蕭九成本縣人，行伍，四年任。 張可曉山陽人，八年任。 李大成本縣人，二十二年任。 高世貴本縣人，二十八年任。 楊登科徐州人，三十三年任。 楊升本縣人，四十一年任。 胡中標山陽人，武舉，四十三年任。	孫應芳本縣人，二年任。 蕭九成見「千總」。舊《志》誤作「山東青州人」。 劉安民 王仲本縣人，八年任。 徐漢本縣人，九年任。 袁啟禮本縣人，二十三年任。 張鳴鳳山陽人，二十六年任。 丁尚略本縣人，二十八年任。 孫雲龍本縣人，三十二年任。 周世進本縣人，三十七年任。 鄭惟中本縣人，四十年任。 徐鴻本縣人，四十二年任。 李茂昌本縣人，四十四年任。 王世隆本縣人，四十九年任。 蕭翔鳳本縣人，五十五年任。 陸合寧本縣人，五十五任。 孫文臣本縣人，五十六年任。	
雍正	馮士進泉州人，元年任。乾隆《府志》作「士俊」。 陳應標湖廣人，四年任。 馮椒浙江人，八年任。乾隆《府志》作「江椒」。	梁天賜陝西人，二年任。 蔣肇基漢軍正紅旗人，武進士，六年任。 李應蛟九年任。 周捷漳州人，十一年任。 戚紹海州人，十三年任。舊《志》云	王言山陽人，二年任。 程泰海州人，十三年任。	李世孝山陽人，二年任。 徐鑒本縣人，四年任。 江坤山陽人，五年任。 王文爵本縣人，行伍，五年任。 李連蕭縣人，七年任。	江惠山陽人，六年任。是年初設守備，十一年改都司。 梁鳴鳳榆林人，十一年任。 金世超大興人，武進士，十二年任，陞鹽城營游擊。沈《志》誤作「乾隆十二年任」，列於俞躍瀚之後，今據程

		「東海人」，今從乾隆《府志》。		程泰海州人，九年任。 薛棟福建人，十二年任。	《志》改正。
乾隆	金世超有傳。 高灝朔州人，武舉，十九年任。 李遂通州人，十一年任。舊《志》止此。 陳孝忠十三年任。 陳裕通州人，見《通州志》。 葉應樞山陽人，十九年任，見曹鑣《信今錄》。 李文獻三十五年任。 楊瑞鼎華亭人，武舉，見《松江府志》，五十年任。 陳書南海人，五十四年任。	沈勝崇明人，二年任。 潘繩祖廣德州人，三年任。沈《志》、乾隆《府志》作「繩祚」，今從程《志》改「繩祖」。 章士英寶山人，四年任。 劉儁十九年任。 孟琳二十三年任。 韓士奇二十四年任。 陳延慶三十五年任。 唐國泰五十一年任。 嚴鼇五十六年任。 宋樞五十八年任。 馬為徵五十九年任。 湯富通州人，六十年任。	戴超山陽人，六年任。 顧國相山陽人。 陳孝忠山陽人，十年任。 吳鋋 吳安邦 宋樞 顧世相 孫桂芳	呂英阜寧人，四年任。 倪連陞本縣人，六年任。 韓士奇山陽人，十年任。 吳鋋寧朔人，陞千總。 魏朝聘 李芝芳 印得方	俞躍瀚桃源人，元年任，陞崇明鎮標游擊。 劉志陞松江人，乾隆《府志》作「自昇」。 常士德常州人。 王銘崇明人。
嘉慶	雲天彪十年任。 鄭文炳十一年任。 楊彪十八年署。 王宏通州人，十八年任。 吳楊二十三年任。 傅鏞二十四年任。	孟掄元七年任。 劉大勳九年任。 耿鵬十一年任。 孫桂芳十七年署。 楊彪十七年任。 孫廷揚阜寧人，二十三年任。寄居鹽城，後官至溫州鎮總兵。 徐淵二十四年任。 安蔭錄二十五年任。	武長齡 王寅 陳兆年 王夢魁	唐秉忠 劉延齡 洪廷鉞 吳寧 馬洪宇 袁步階	
道光	菩薩保二年任。 趙本三年任。 德本七年任。 姜希佩八年任。 楊維陞十六年任。 楊得邦十九年任。	保長泰通州人，三年任。 丁榮泰四年任。 田恭五年任。 楊得邦八年署，十年再任。 洪印方十年以千	洪印方 楊榮光 劉錫溫 武洪源 王通明 魏長松	李錦元 陳錦 楊得邦 魏炯 許安邦 陳鶴齡邑人，《人物志》有傳。	

	黃禮二十四年任。 王大春上海人，二十八年任。 文芳二十九年任。	總署。 楊榮光十五年以千總署，十七年再署。 劉鳳苞十七年任。 葛廷松十九年任。 劉錫溫二十年以千總署。 湯綬名二十三年任。 許安邦二十四年以千總署。 趙長庚二十五年任。 王步雲二十七年任。 姚元二十七年任。 吳慶華二十九年署。 張殿華二十九年任。	武坤吉	劉儒賢 瞿定邦 吳貫聰 程得超	
咸豐	徐明棟元年任。 哈松林七年任。 成德八年任。 張長庚十年任。	江文華阜寧人，六年任。 楊桂齡七年任。 熊炳文十年任。	楊桂齡	宋殿榮 吳匯源	
同治	成德元年再任。 富山三年署。 李得祿四年任，得祿工書畫，頗閒雅，唯劾罷守備江文華，時論少之。 陳順超東湖人，墊江籍，八年任，後為總督左宗棠所劾革職。	江文華元年任，四年復任，有傳。 李得源七年任。 樊國鈞八年署。 李蓮七年任。 于國靖臨桂人，八年任。	馬長如 施龍標	薛桐 卞振芳	
光緒	羅榮照八年署。 陳金福全椒人，軍功，九年任，十年復任。 劉本桂寧鄉人，十八年署。	潘得貴儀徵人，元年任，有清操。 陳麟如皋人，十七年任。	楊克寅 劉鎮標 楊克英 薛文翔	劉鎮標 薛文翔 武克相 許振常 吳本全	

鹽城縣志・卷八・職官志下

名宦

漢

孫堅，字文臺，吳郡富春人。少為縣吏，府召署假尉。熹平元年，討會稽妖賊許昌，破之。刺史臧旻列上功狀，詔書除堅鹽瀆丞，數歲徙盱眙丞，又徙下邳丞。舊《志》引《吳書・孫破虜傳》。歷佐三縣，所在有稱，吏民親附。《〈吳書・孫破虜傳〉注》引《江表傳》。

陳登，字符龍，《三國志・張邈傳》。下邳淮浦人，《後漢書・陳球傳》。《三國志・袁術傳》云：「沛相，下邳陳珪，故太尉球弟子也。」止舉其郡，故不云「淮浦」。沛相珪子也。《三國志・張邈傳》。為東陽令，愛民如子，杭世駿《〈三國志〉補注》引鍾岏《良吏傳》〔註 1〕。領廣陵太守。《〈後漢書・陳球傳〉注》引謝承《書》。建安五年，移治射陽，見《通鑒・漢紀》。又《方輿紀要》云：「射陽故城在鹽城縣西九十里，陳登為廣陵太守，治射陽。」按：兩書皆本《〈三國志・孫策傳〉注》引《江表傳》。明審賞罰，威信宣布。海賊薛州之群萬有餘戶，束手歸命。未及期年，功化以就，百姓畏而愛之，加伏波將軍。《〈三國志・張邈傳〉注》引《先賢行狀》。東陽陳矯，《三國志・陳矯傳》。避亂江東及東城，辭孫策、袁術之命，還本郡。登請為功曹，深敬友矯，甚得江、淮間歡心，有吞滅江南之志。遷東城太守，廣陵吏民佩其恩德，共拔郡隨登，老弱繈負而追之，孫權遂跨有江外。《〈三國志・張邈傳〉注》引《先賢行狀》。年三十九卒。登在廣陵有威名，《三國志・張邈傳》。嘗築堤障淮，今高加堰是其故址。《禹貢錐指》及閻若璩《釋地餘論》。

〔註 1〕鍾岏，生卒年不詳，南朝梁潁川長社人，著有《良吏傳》。原書為「玩」。

五代

張延翰，光緒《府志》誤作「廷翰」。字德華，宋州碭山人。按：馬令《南唐書》謂為宋州碭山人，舊《志》從之。陸游《南唐書》及《十國春秋》謂為睢陽人，乾隆《府志》從之，今從舊《志》。初仕吳，為鹽城令，遷楚州行軍司馬，有治績。後事南唐烈祖，官至中書侍郎，卒，贈太傅。舊《志》無「仕吳」「事南唐」二語，今據《南唐書》增。

宋

刑昺，字叔明，濟陰人。九經及第，太宗時知泰州、鹽城監，賜錢二十萬。昺以是監處楚、泰間。泰僻左而楚會要，鹽食為急，請改隸楚州，從之。《宋史·刑昺傳》。時太平興國二年也。據《宋史·地理志》。

王惟熙，字伯廣，如皋人。景佑元年進士，尉鹽城縣瀕江。「江」字疑當作「海」。熙設輕舸往來詰盜，盜皆散。《通州志》。州有群飲，獄甲斃，疑乙挟之，久不決。州以屬尉。惟熙召囚脫械，勞酒食，如平民。詰之曰：「汝用手尚左，而死者傷右，復何辭？」囚曰：「仇此人久矣，幸其醉挟之。官得其情，死不恨。」程《志》、沈《志》、《通州志》、《萬姓統譜》、《廣輿記》略同。擢大理寺詳斷官。《通州志》。

劉煒，楚州教授，光緒《府志·秩官表》。淳熙六年，攝縣事。光緒《府志》誤作「鹽城教授」。縣治東門外三里有白波湫，舊捍海潮，遇運河水溢則決入海，以殺水勢。每夏秋海水溢入運河，傷田禾，磋屢沖決。煒始甃以磚石，名廣惠磋。康熙《府志》「廣惠磋」下及《方輿紀要》、《郡國利病書》並同。又有尤焴，字伯晦，無錫人，自號木石。《萬姓統譜》及黃宗羲《宋元學案》。嘉定八年間，知縣事修城，舊《志》「城池」下誤作「尤炳」。後官至禮部尚書。卒，謚恭定。《宋元學案》。

元

董摶霄，字孟起，磁州人。順帝至正十四年，以樞密院判官從丞相脫脫征高郵，分戍鹽城、興化。賊巢在大縱、德勝兩湖間共十餘萬，悉剿平之，後官至河南行省右丞，戰歿於南皮之魏家莊。《元史·董摶霄傳》。楊《志》、沈《志》、乾隆《府志》、光緒《府志》元代名宦無董摶霄而有楊維楨，今從程《志》削之，說見前。

明

陳天瑞，合肥人，吳元年由儒士知鹽城，創縣治，建學宮，舊《志》本《南畿志》。居官莊敬，政清刑簡，尤篤好詩書。士民思之不忘。卒，祀名宦。同時祀名宦者有俞順辰、王孟。順辰，南昌人。洪武十五年，知縣事，興學重賢，勤民力本種樹。「種樹」二字據康熙《府志》。孟，福清人。洪武末任教諭，博學善教，陞沔陽知州。舊《志》，陳天瑞、俞順辰、王孟三人分傳，今合為一。後凡合傳皆仿此。又洪武二十九年，有主簿蔡叔瑜嘗修廣惠磋以捍海潮，又創建大通磋。見《河渠志》。

藺輔，沈《志》、康熙《府志》誤作「蘭輔」，楊《志》、程《志》、乾隆《府志》不誤。平度州人。建文元年，康熙《府志》作「洪武三十年」，楊《志》、程《志》、乾隆《府志》、光緒《府志》作「洪武三十二年」。今按：洪武建元止三十一年，成祖革除建文年號，建文元年改稱洪武三十二年，此不可為訓，今從沈《志》。以御史謫任，康熙《府志·秩官志》。廉慎有守，撫字勞心。九載考績，陞工部郎中。康熙《府志·名宦志》。祀名宦。嗣輔祀名宦者為安岳黃玨。康熙《府志》誤作「黃旺」。永樂三年，由進士知縣事，興學勸農、革弊除奸，廉能有為，民甚安之。舊《志》。永樂中，縣丞有龔達，字孟相，南昌人，以寬易嚴，大得民心。朔望詣學，與諸生講論，鄉社皆令立學。巡撫知其賢，將特薦之。旋以疾卒，廣陵楊士奇志其墓。《南昌府志》引《南昌縣志》。

楊清、馮善皆山陽人。見《山陽縣志》。清，永樂初以指揮僉事備倭鹽城，築城易土為磚，善於撫恤，軍旅德之。善，永樂初任鹽城守禦所正千戶，訓練有方，增築城池，居民安堵。與清同祀名宦又有李勝者。任鹽城千戶所，天順間以忠勇薦隨總兵顏彪，征兩廣有功，陞本所千戶，保障居民，鹽人頌之。舊《志》。勝，遷安人。見舊《志·秩官》「副千戶李潞」下。

王彝，字惟初，涿州人。宣德戊申八月來知縣事。視篆甫期歲，威惠並行，百廢具舉，吏民順令。作新孔子廟，延修山川社稷壇，建譙樓，工用之需不以煩民，民皆踊躍自效，不兩月而工畢。教諭潘洪為之記。見舊《志·藝文志》。洪，金華人，宣德間任教官，學行兼美，造就有方，陞御史，轉按察史僉事。舊《志》。

劉諒，字守貞，興國州宣化坊人。《興國州志》。按：舊《志·藝文·滕愷〈節義潘氏碑記〉》：「劉侯，名諒，字守貞，武昌富川人。」考《明史·地理志》，武昌府無富川縣，富川即興國州也。州東有湖曰富水，北流注於富池鎮巡檢司，故有富川之名。景泰間以國子生授鹽城知縣，《興國州志》。善政著聲於時。舊《志·藝文》。修學宮，舊《志·學校》。濬市河，舊《志·城池》。一以誨士勸農為務。歲旱，蝗，禱於城隍神，悉赴海死。禱雨輒應。境內一村獨不雨，遣使廉之，得妻殺夫，故人尤駭異。《興國州志》。士人王彥高妻潘氏散穀四千餘石振貧乏，諒勒石題名，為邑民勸徵文以紀其事。舊《志·藝文》。淮賊喬亮猖甚，當道捕不獲。喬籍鹽城，責諒捕喬。喬曰：「毋累仁賢父母。」自投聽解出邑境，亡去入海。焦竑《獻徵錄》及《興國州志》略同。當道獎為淮之治行第一。《興國州志》。

王僎，新泰舉人。成化十九年，知縣事，宅心公平，持己清慎，粗衣糲食，累年不變。鄉民鄧宣耕地得金，饋之十鋌，正色拒之，邑人頌其清白。舊《志》。先僎知縣事者為蕭瑞寧，亦作「蕭偉」。建學宮，增塑聖賢像。山陽金銑為之記。康熙《府志·學序志》。後僎知縣事者為豐城涂昇。成化二十三年，由進士蒞縣，寬平樂易，大得民心，擢御史陞按察副史。子鍵，後以工部郎中奉命督理河道，詣縣致祭。鍵有詩云：「崇祀桐鄉並昔賢，造孤祗謁淚潸然。香生俎豆黌宮道，名列循良郡吏編。父者尚能談惠政，兒曹恨未見當年。神遊固自無南北，歲歲旌幢下九天。」人以為厚德之報。同時訓導張定，仙遊人，志甘恬退，與僎、昇同祀名宦。舊《志》。涂昇，舊《志》與《府志》誤作「涂昪」，今據《南昌府志》改「昇」，字卿儀。鍵，字良翰。皆進士，並見《南昌府志》。

張翔，日照人，景泰癸酉舉人。《沂州府志》。弘治間，任教諭。條教嚴明，舉行冠昏喪祭禮斥浮屠說，邑中風俗一變，祀名宦。舊《志》。

劉經，程《志·官制》作「劉經」，《名宦》誤作「劉弦」，乾隆《府志》沿程《志》之訛，光緒《府志》又襲乾隆《府志》之誤。康熙《府志》，沈《志·秩官》、《名宦》皆作「劉經」，不誤，今從之。恩縣人。正德四年，由進士知縣事，廉正有為，恤民省費，以非罪免官。後復起仕至陝西、甘肅僉事，祀名宦。同時教諭祀名宦者為南昌徐相。正德三年仕，性峻直，講教詳明。嘉靖間教諭祀名宦者為莆田黃希韶，德器寬洪，學問該博，陞國子監助教。舊《志》。

姜潤身，字德華，膠州人，《萬姓統譜》。丙戊進士。《膠州志》。嘉靖六年，舊《志》。任鹽城令，練達治體，廉直著聞。《膠州志》。七年，蝗蟲大起，潤身設法捕治之。舊《志·詳異》。八年，修學宮。舊《志·學校》。以治行卓異擢御史巡按，畿輔風裁大振。《膠州志》。

程爋，字文純，《上元縣藍志》作「又純」，今從《明外史·循吏傳》及李贄《續藏書》。南城人。舊《志·名宦》無程爋傳，《秩官志》誤云「程爋，南昌人」，《上元縣志》作「南城人」，與《明外史》、《續藏書》合，今從之。舉鄉試，由松江府教授改鹽城知縣，《續藏書》與《明外史》同。時嘉靖十年也。舊《志·秩官》。縣瀕海，民多冒灶戶避徭役，《明外史》。核正之。歲旱，蝗，民饑，爋亟行振助。有冤獄論死者十九人，為之申雪。築堤捍決河，創水次倉便轉運。凡與民興利除害，《明外史》與《續藏書》

同。務殫其力。《明外史》。調上元，壹意利民，無所趨避。宰二邑，凡三入覲，唯乘一馬，以一馬負冊，以一隸馭馬而已。後官至陝西苑馬寺少卿。《續藏書》。鹽城為宋丞相陸忠烈故里，故無祠，爀首創建之。見舊《志・壇廟》「陸公祠」下。構堂於祠前，聚徒講學，名曰仰止。見舊《志・藝文》。後此增建陸公祠者為縣丞胡鼇。見舊《志・壇廟》「陸公祠」下。鼇，沅陵人，進士，知樂安縣，入為御史。《湖南通志》。奏言：「京師優倡雜處，請敕五城諸非隸教坊兩院者斥去之。」帝惡其言褻，謫鹽城丞，《明史・謝廷茝傳》。時嘉靖十七年也。到任後，易靈星門以琉璃瓦，建浩然堂於陸公祠，修范公堤，建正學書院。建文會堂、燕居堂各三間，東西號舍各十間。康熙《府志》所載較舊《志》為詳。凡所修舉，均見舊《志》。後知廉州歷茂威副使，見《湖南通志》。與爀同祀名宦。繼爀知縣事者為鄞縣陳棐，亦祀名宦。見舊《志》「名宦祠」下。

吳郁，浙江鄞縣人，為鹽城百戶，嘉靖間坐事陷獄中。值倭寇入犯，郁自陳願殺賊贖罪。當道破例用之，不假官兵，潛率死士奮擊，連破賊，以功補本所千戶。沈《志》誤入「人物」，今從程《志》。

趙慎修，字敬思，《膠州志》。膠州人。嘉靖四十四年，由進士知縣事。公廉慈愛，政清刑簡，舊《志》。民戴之如父母。《膠州志》、舊《志》載慎修嘗入覲寓京，邱適新選縣丞赴任，贈以詩云：「鹽邑由來繫客心，徵君此去為吾民。一天雨露看新政，百里瘡痍託故人。雪霽海天初送曉，雲開楚水正回春。歧橋枯柳無堪折，唯有清冰贈遠臣。」觀此，則愛民之心見乎詞矣。後行取以逋賦羈留，上官督責甚急，慎修終不忍以催科加鞭扑，民益戴之，勉完逋賦，半載始得赴都。舊《志》。擢職方郎，出知揚州，調大名，遷河南副使。《膠州志》。舊《志》云：「終雁門副使。」

楊瑞雲，字肖韓，見吳敏道《楊〈志〉敘》。號廬山，見蔣荷坤《〈鹽城縣志〉敘》。南海人。萬曆七年，以進士知縣事，才猷卓犖，政事精勤，程《志》、沈《志》同。在江北有神明之號。孫繼皋《新開南門碑記》。受知總河潘公最深，每為民請蠲租、給種、賑金、賑粟無不報可。何維柏《尚書潘公生祠記》。海潮大至，壞東門外石𥖄閘，居民溺死無算，瑞雲言之巡鹽御史姜璧，題請築塞。興化被水，當事者屢遣諸縣令率丁夫開石𥖄口，瑞雲以死拒之，卒不開。胡希舜《築鹽城石𥖄口記》。射陽湖歲久填閼，環湖居民一望荒墟，余孟麟《重開射陽湖碑記》。盈溢浸諸州縣。萬曆九年，總漕凌雲翼請帑金委瑞雲督開。《郡國利病書》。瑞雲部署丁卒，日乘小舟，冒寒暑棲泊洲渚間，身病不少偷息。吳敏道《楊公墩記》。挑濬淺處，計長一萬二千六百丈，《河防一覽》。用銀七千五百六十兩。《行水金鑒》。水由廟灣、新豐市入海，其害乃免，《郡國利病書》。蛟龍所窟宅之田一朝而畢出。吳敏道《楊公墩記》。又開南門創社學，建倉以便兑運，佘孟麟《重開射陽湖碑記》。均傜役以蘇貧困，請牛種以闢荒蕪。愛養百姓，教育諸子弟，視國事如家。孫繼皋《新開南門碑記》。邑舊無志書，瑞雲始創為之。光緒《府志》。溯邑先後吏治，當推為最，沈《志》。十登薦剡，孫繼皋《新開南門碑記》。陞戶部主事。程《志》。

曹大咸，字符和，張試《重修范公堤功成碑記》。江陵人。萬曆十五年，由進士知縣事，廉慎自矢，貪吏斂手畏法。程《志》、沈《志》同。修范公堤，從廟灣沙浦頭，歷鹽城、興化、泰州、如皋、通州，其長五百八十二里，沿堤墩臺四十三座，閘洞八，光緒《府志》卷五《河防》。淡咸有截，津陸具寧，廣斥敷腴，士民歡躍。張試《重修范公堤功成碑記》。調山陽，擢禮科給事中。乾隆《府志》。

龐尚鴻，字少襄，南海人。《廣州鄉賢傳》及《四庫全書提要》。以拔貢廷試，上書請行振恤，復上安邊諸策，下部議行。授鹽城訓導，《廣州鄉賢傳》。萬曆十八年蒞任，舊《志·秩官》。首謁陸丞相祠，錄其子孫，建議為陸公請謚，《陸氏譜》。以夫人及二子配享，舊《志·列女》。與諸生講學，勉以忠孝，舉陸公為法。《陸氏譜》。在鹽城時講求治河方略，撰《治水或問》四卷，擢知英山縣。《四庫全書提要》。《肇慶府志》以尚鴻為廣寧人。

陳治本，號廉岳，張世才《重修鹽城儒學碑記》。餘姚人。萬曆年二十一年，由進士知縣事，安民靖盜，執法無擾。舊《志》。舊《志》載葉向高《〈送鹽城陳令〉序》：「今宇內郡縣弊極矣，而淮為甚。他郡縣或苦旱暵淫潦，損禾稼為災，然輒更數歲乃一蒙害。即害矣，其民猶得勤力補塞以自免於飢寒，無他徵發迫呼之苦，為令民者得壹意拊循。百里之內易為澤也，獨近淮諸邑為中土尾閭，無歲不受水，麇麇然魚鱉之。是憂幸而無虞。治水使者復下檄具金錢，荷畚鍤，供瓠子、宣房之役〔註2〕，閭里騷然不得息肩。蓋不佞數過淮上，慨然歎之，以為官是地，有民社實者不亦難乎？而淮上士民往往言鹽城令陳公之賢。公寬然長者也，而有經世才，其治鹽城，一切除去煩苛，以便民為急。下車之初，即建常平倉五，實粟其中，他郡縣或有常平，徒具文耳，無升斗及民者，公斂散稽核，綜理周至，一遇荒凶，次第授粟，鹽城民自是不憂歲矣。公又為治射陽、石𥗼二閘，使水無橫溢，且資以為利。先是邑多逋賦，幾至千金，公念此凶歲所負，力不能輸，即鞭棰無益也，為積羨米償之，官逋累頓解。諸邑中興作皆躬治辦，不課閭閻一錢。其他傜役，度不得已當賦之民則為調停軫恤，毋使勞困。凡公之所以為德於鹽城，即其邦之人不能盡述。不佞徒以往來淮上，得諸道路之口不過百一，

〔註2〕據《困學紀聞》卷十六《考史》，《水經》：瓠子河出東郡濮陽縣北河。注：縣北十里為瓠河口，亦謂瓠子堰、宣房堰。

然已足以及公之賢矣。心念使淮上諸邑令長皆若公，即河伯無所肆其虐；使天下之令長皆若公，天下無困民矣。諸部使者蒞淮，輒以公治行上聞，計旦暮且入，承明而會。天子有所靳，未即召，郡國吏乃以久次遷公為郎，得南禮曹。鹽城民既重德公，不能忍公之去，而邑諸生復以公有大勞於庠序新廟貌，創饗舍，較藝興文，若其子弟則群請於博士陳先生，乞有言以送公行。陳先生雅嘗為余頌說公為令狀，乃走使都門以諸生意請余，余自為諸生已深知令長之為民禍福也。比通籍以來則見有噉名之徒無功德可述，徒彌縫，去後之思以掩覆其短，而其邑人亦徒假此為聽，以逢其意，心竊厭之，乃今知陳公之與士民其相為繫戀，徘徊而不能捨，皆較然出於至誠，而余向所聞於淮上，與博士所述無一謬者。陳公，真古之循良哉！在漢，循良若東牟桐鄉諸人，雖號稱奉職循理，然其所治邑視公難易何如？公今為南曹職事，閒時登金陵諸山北望長淮，能忘向所蒞赤子出昏墊而登之衽席者乎？則必憮然曰：『國家根本之區而凋敝若此，其何以善後，必以暇日訏畫深圖，設長久之計。』即天子一旦召公而北問：『前令有何策可舒淮困？』公必有以對矣。此其為德且遠出漢吏上，何論今世？不佞在螭頭當執筆以俟，而先書此，復陳先生之請。」升禮部主事。程《志》、沈《志》同。萬曆四十八年，奉旨入祀名宦。康熙《府志》。治本後有藏懋中，亦行取禮部主事。懋中，長興進士。萬曆三十三年，知縣事，宅心寬大，為政有長者風。程《志》、沈《志》同。嗣懋中知縣事者為孫鳳翔，號竹實，陽信進士。清戶口，賑饑民，築學舍，裁邑漕，禁奸灶墾占，海灘任民樵牧，邑人誦之不衰。夏應星《邑侯孫公〈禁墾海灘德政碑記〉》。陞刑部主事。程《志》、沈《志》同。

畢拱辰，字星伯，掖縣人，《明史·蔡懋德傳》、《萊州府志》及程《志》同，《勝朝殉節諸臣錄》謂為萊州衛人。由進士知朝邑縣。《明史》。萬曆四十六年，知縣事，為政精敏，工詩，喜讀書，按：《萊州府志》亦稱其好學，為詩文奇放不羈。尤樂育人材，陞禮部主事，程《志》、沈《志》同。數遷數貶，歷淮徐兵備僉事，督漕侍郎史可法移之冀寧。《明史》。闖賊之難，與巡撫蔡忠襄懋德同時殉焉，程《志》。國朝賜謚烈愍。《勝朝殉節諸臣錄》。

趙善鳴，廬陵人。天啟二年，由舉人知縣事。舊《志》。萬曆末因遼餉不足，畝加賦九釐，《明史·食貨志》。善鳴力為申請，得減溢額九千七百餘兩，民感之，為立生祠。陞宛平知縣，轉刑部主事。舊《志》。天啟四年，知縣為楊世祿，字守之，孫榘《被纓集》。巫山縣舉人。舊《志》。六年，歲薦饑，民苦無粟納官，求改折，不獲。世祿，采邑人。孫榘議招集富民購糧，湖廣請漕撫給以牒免所經榷關鈔稅，楚粟大至，富窶兩利。《被纓集》。天啟間教諭知名者為秦四德，河間人，課士務敦實行，時予書盛行，正學充塞。四德著《四書會》、《朱解心印》

二書，多士賴之。舊《志》。時訓導有孫傳聲，蕭縣人，天啟五年任，舊《志》。有節概，士林誦之。《徐州府志》。

郝景春，字和滿，江都人。《明史·忠義傳》及程《志》。慕楊忠愍為人，每讀其《年譜》輒太息，偶發篋忽泣數行下，其子驚問故，則手泰昌錢拭淚曰：「見此憶聖天子也。」王嚴《贈太僕少卿郝公傳》。萬曆壬子，舉於鄉。揚州府尹《志》引《郝太僕家傳》。崇禎四年，程《志》。署鹽城教諭。《明史·忠義傳》、《郝太僕家傳》、揚州府阿《志》引《郝氏褒忠錄》並同，程《志》、沈《志》誤作「任教論」。值歲饑，多方拯救，教士以忠孝大義，躬為表率，風節矯然。程《志》、沈《志》同。坐事罷歸。《郝氏褒忠錄》、《明史·忠義傳》、《郝太僕家傳》略同。程《志》、沈《志》誤云「陞房縣舍」。起為陝西苑馬寺萬安監錄事，黃州照磨署黃安縣事，擢房縣。《郝氏褒忠錄》。張獻忠叛穀城，率眾圍房。景春與子鳴鸞及僚吏分門守，設銃斃賊數百。城陷，與子鳴鸞、僕陳宜皆遇害，事聞，贈太僕寺少卿。《郝太僕家傳》、《郝氏褒忠錄》、《明史·忠義傳》略同。程《志》、沈《志》誤作「贈太僕寺」。國朝賜謚忠烈。《勝朝殉節諸臣錄》。

王明佐，太康舉人，崇禎六年任鹽城訓導。舊《志》。時淮、黃交漲，海口擁塞，村落漂沒殆盡，水深二丈餘。頻年薦饑，有夫婦雉經於樹及投河者，明佐至，自縊於官署。《明史·五行志》。《崇禎長編》亦載其自縊事。論者謂「歲雖大凶，諸生中不至無一富室可以稱貸，而且同僚有教諭、有知縣、有丞、有主簿、有典史，又同時同城有守備沈通明以輕財任俠著聞，當不難得斗秙之粟以延旦夕計不及。此雉經而歿，非底厲名節以千人為大恥者而能之乎？國初遺老，如李蜃園、劉勝庵、鄭嬰垣諸人皆以餓死，然皆無官者也。明佐官而餓，餓而縊，清風介節，實明季所僅見」云。徐嘉《味靜齋文集》，《〈明史·五行志〉書後》。

沈通明，字開赤，《山陽志》。應廷吉《青磷屑》作「克赤」。山陽人，進士。崇禎六年，任鹽城營守備，輕財任俠，素以勇力聞。嘗與賊戰，賊射之洞腹，拔矢裹創往逐射者，殪其人而還，一軍股栗。後仕至總兵，鼎革後隱於浮屠。沈《志》引汪鈍翁《文集》。

丁啟宗，處州衛指揮，軀幹修偉，垂髯至腹。崇禎九年，任鹽營守備，遠巡大洋，擒捕海寇，率身先士卒。後陞紫荊關參將，為闖賊所執，誘之降，眥裂怒罵賊將。殺之，叱曰：「無血污吾髯。」引髯銜口仰面受刃。舊《志》。守備王政純，遼東人，十七年任。舊《志》。是年夏四月，賊將董學禮襲據宿遷，漕撫路振飛命政純擊破之，又擒偽官胡來賀、宋自誠、李魁春、沈於河。五月，振飛命政純復宿遷，史可法疏稱「東南奠安實賴此舉」云。節採《小腆紀年》。按：《紀年》兩稱「鹽城守備王某」，今以舊《志》考之，知為政純無疑也。

張桓，漢川人。崇禎十年，由恩貢知縣事，愛民馭吏張弛有法。十三年，改建南門。同時教諭史獻家，金壇人，課士校文嚴立程序。值歲大饑，率庠士募穀振恤，全活甚眾。督漕史可法聞而義之，題陞浙江象山知縣。舊《志》。

莊爾身，宜陽人。崇禎十六年，任教諭。學宮圮廢，傾橐倡建。時訓導彭之燾，長洲人，亦捐廉俸建學，至貧不能歸。舊《志》。

何文郁，字吾從，說見後。四川重慶人，選貢。崇禎十七年，知縣事。舊《志》。文郁為大學士史公可法門生。邑人王之楨，其門下士也。國朝順治二年即福王弘光元年夏五月，大兵下江南。文郁抗節死，首級久懸鹽城，其子遣弟至鹽，與之楨密謀取其元歸葬，不獲。之楨以書慰之。《青巖文集》有《復何世兄書》，書云：「尊先公老父臺門下士如某者不一，二十年外死生聚散變態亦不一。某猶幸時得與令弟、六哥、七哥相周旋，不材之木仰負知己。每一念及，無地自容。今秋季望後六哥忽臨敝邑，握晤之，次細述通問家鄉始末，復出臺翁前後兩札讀之，仁孝之思創人心骨，有不見之下涕者，其人必非人子。六哥向某傾盡苦心，徘徊累日，泣血迸空，究無能展。此區區某因思尊先公老父臺生面，雖垂海瀕，玉骨幸還故土，俯仰人天，千古淒壯。且某鄉陸君實先生僅葬衣冠，數百年俎豆之宮與父臺鬚眉對照不越百步，即先相國道鄰老師衣冠之藏在廣陵梅花嶺者，墓木已拱，與父臺將來暫寄系廬相去五百里，而師弟精英往來翕聚猶咫尺耳，如此賓主，如此師友，豈不足上慰九京乎？某以此曲慰六哥，亦復以此遙慰臺翁，定不疑魂歸箕尾者。視故國之桑梓為戚，視所蒞子弟之邦為政也。某顧仁人達觀聊寬哀戚曲，亮六哥無可奈何之苦情，至臺翁罔極之恩，乘風雲之力，神明變化迥出常情計料之外，則又某之所拭目而竢者，惟臺翁圖之。自今以往，六哥與某成萬里別矣，悲悼在心，謹緘血淚，臨風悵望，何日可忘？然老父臺精爽在天，臺翁罘玉義風不隔〔註3〕，某雖窮滯東海之瀕，猶同室也。惟希時惠金玉一慰還，思臨楮勝神逐。」按：程《志》、沈《志》「名宦」無何文郁傳，名僅見於《職官表》，而《四川通志》、《重慶府志》又未得見，幸有之楨書可據。細繹詞意，其為抗節而死，懸首鹽城甚明。急為立傳，用闡幽隱附錄原書，以資徵信一。又之楨，弘光元年恩選。《朱卷》所載評語凡三：一為提學朱大宗師評，一為史相國太師評，一為何吾從老父師評。吾從即文郁，字訏雲，機宜文字，宿推大手，固知馳驅河朔，揮叱金戈，猶然二雅扶輪〔註4〕，兩山承蓋也。慎瞻文宗，當代山斗高列。君以應

〔註3〕「罘」字不清楚，待考。

〔註4〕「二」疑為「大」。「大雅扶輪」中「大雅」主要代指反映重要政治事件的詩篇，「扶輪」指維護推進。

中興特恩，人與文皆堪為國瑞矣。

國朝

王我字，邢臺人。順治三年，由恩貢知縣事。程《志》、沈《志》同。四年九月，乾隆《府志》及《國史館·庫禮傳》。頑民厲豫、《山陽縣志·秩官·十三元傳》、乾隆《府志》同。周文山等《庫禮傳》號召蚩頑，《青磷屑》。總理漕儲庫禮、都統張大猷等統水陸官軍《庫禮傳》駐剿，程《志》、沈《志》同。我字分別無辜，程《志》、乾隆《府志》、光緒《府志》同。泣為請命，保全實多。去任後士民尸祝之，程《志》、沈《志》、《府志》同。至今西關外生祠在焉。沈《志》。順治八年，知縣為徐鳴佩，單縣人。程《志》、沈《志》同。任兩月而邑大治，丁母艱去。《山東通志》。又有柏天瑤，字蘭若，開原廩貢，署縣事有政聲，後晉吉安府同知。《安東縣志》。

陸可教，臨淮人。順治九年，任教諭，言行懇篤。貧士進見必厚待之，有事，力為軫恤，士益感仰。時訓導為懷寧劉若審，學有淵源，時聚士講研經學，所著有《言詩戈獲》、《叩鳴集》二書。以後有教諭張星軺，武進人。康熙四年，任課士，文行兼修，捐俸修學賑饑，陞江西萍鄉縣知縣。舊《志》。

孫肇武，永平盧龍衛人。順治十二年，任鹽城游擊，有儒將風，善騎射，與其子武舉瑛迭逞騎射，矢無虛發，更十餘馬，馬皆喘汗程《志》作「喘」，沈《志》作「踹」欲蹶，投弓揖客，沖氣怡然，調山西撫標游擊。程《志》、沈《志》同。

杜多斑，涇陽人。沈《志》、程《志》及乾隆《府志》誤作「涇縣」。康熙七年，由進士知縣事。程《志》、沈《志》同。縣屢飢饉，八、九兩年水患更烈，多斑赴府哭陳申詳督撫請蠲振，民獲更生。程《志》、光緒《府志》同。及回，縣民遠近數十里擁輿愛慕，咸以為古之杜母。光緒《府志》。康熙十一年，知縣為陳繼美，滄州舉人。程《志》、沈《志》同。值連年大水，乾隆《府志》、光緒《府志》。極力救災，勞瘁備至。程《志》、沈《志》同。沈《志·藝文》載繼美《賑饑詩》云：「滄海茫茫總碧波，寒風滿地泣岩阿。到來村落炊煙少，望里流民菜色多。禦廩冬開恩似雨，窮閻春近夜聞歌。聖朝日夜勤清問，天意從今救薦瘥。」縣志久不纂修，繼美欲撰述以繼楊南海之書，會去任不果。程《志》。繼美後知縣為馮昱，大同人，拔貢，十八年任，履畝勘荒，詳報永廢，民懷其德。沈《志》。

姚宏信，奉天海城人。舊《志》作「遼東海州人」，誤沿前明之稱，今改正。虎干虯鬚，善騎射。康熙八年，任游擊，軍令嚴肅，靖鎮海氛，民獲安堵。舊《志》。

蔣荷坤，全州人。二十一年，由舉人知縣事。寬平慈愛，潔己養民。辭綬日，民為罷市，如失怙恃。舊《志》。

張守，字曾符，華亭人。程《志》、沈《志》同。一字子毅。《松江府志》。康熙二十五年，由舉人任教諭，學問淵博，勤於造士，程《志》、沈《志》同。會課躬先握筆，沈《志》。刊有《射州課藝》四集。尤邃於詩，有《籙園詩集》並《選八代詩淘》行於世。陞廬州府學教授。程《志》、沈《志》同。

武韓，字若師，程《志》。直隸安平人，舉人。程《志》、沈《志》同。學求實用，武韓《通惠橋記》。以「一誠」名其齋。成永健《〈射州版荒錄〉序》。康熙三十一年，由舉人知縣事。程《志》、沈《志》同。勁節清風，人畏之如神。沈《志》。加意造士，程《志》、沈《志》同。文風丕振。光緒《府志》。時邑有沉水廢田萬頃，合高、寶、興、泰共二十餘萬。武韓《〈皇仁錄〉跋》。前此報涸升科逋賦山積，程《志》、沈《志》同。韓累詳督撫，程《志》。逾年而降級者七，罰俸者五。武韓《通惠橋記》。至三十三年，兩江總督傅臘塔乃疏請恩賜蠲除，部議不許。上特諭曰：「糧從地出，地為水浸，若徵錢糧則於民甚苦。」其令免徵。李元度《國朝先正事略·傅清端公傳》。海澨之民歡聲雷鼓，武韓《〈皇仁錄〉跋》。鄰郡四州邑均蒙其福。《〈射州版荒版〉序》。邑人刊《皇仁錄》以祀其德。沈《志》。天妃口水勢澎湃，遇颶風，潮湧舟輒覆，韓捐俸築橋其上，民免沉溺。武韓《通惠橋記》。

薛元敏，字志粹，江陰人，康熙二十三年舉人，從金闇齋講學毗陵。《江陰縣志》。四十四年，任鹽城教諭。程《志》、沈《志》同。學問淵邃，教士以端品為先，規言矩行，力挽波靡，沈《志》。士風丕變。三攝縣事，民懷其德，學者稱鄧暘先生。《江陰縣志》。

趙泰梁，浙江臨海人。康熙三十二年，以軍功授鹽營游擊。訓練有方，不避嫌怨，性慷慨。值歲災，時撤輿蓋，散步通衢，視窶人相給助，軍民戴之。陞汀州參將。有閔文繡者亦由鹽城游擊陞參將。文繡，大名人，武進士，五十八年任和平鎮靜〔註5〕，恩威並施。後累官至南陽總兵，從軍西陲，歿於陣。舊《志》。

高鎬，漢軍鑲黃旗，貢生，沈《志》無「漢軍」二字，今增。由河南洛陽令卓異陞知州。康熙五十六年，署鹽城縣事。沈《志》。洛陽民追念前德，不遠數千里群來省視，其深得民心如此。蒞鹽二載，《誦芬堂稿·邑侯高公〈去思集〉序》。慈以惠民，嚴以馭吏。沈《志》。凡一切食用，地方宜供應者概與豁免，悉捐俸自備。《誦芬堂稿》。凡有沉冤，一決如神，四境肅然，幾於無訟。以剛直去官，沈《志》。無幾微不平之色露於顏面。《誦芬堂稿》。民遠送數百里外，攀號不絕。刻有《去

〔註5〕「靜」疑為衍文。

思詩文成集》。沈《志》。

于本宏，大興籍進士，雍正元年任知縣。程《志》、沈《志》「職官」。續，程國棟《〈鹽城縣志〉序》。修尊經閣，沈《志．學校》。建鹽義會。沈《志．公署》。海潮逆灌，人畜溺死無算，本宏捐金瘞之。程《志》、沈《志》「祥異」。新洋港之石磋、天妃兩口為眾水匯歸入海之處，每遇內河水弱則鹽潮灌入，地成斥鹵。春夏之交，田疇無水灌溉，民飲鹽水，苦不勝言。本宏欲於石磋口舊有閘處復建一閘，天妃口特設大閘一座，多立斗門以時啟閉，援海塘例。諄諄上請，論者謂《江南通志》載胡希舜《築石磋口記》有云「諸海口開，磋口獨不可開」，今于令請建閘，用啟閉之法，亦通權達變之道云。《行水金鑒》卷一百五十三引《今水學》。歷官淮安、蘇州兩府知府。程《志》、沈《志》同。

夏之蓉，字醴谷，高郵人，性孝友。雍正四年，與弟廷芝同領鄉薦。揚州府阿《志》。七年，任鹽城教諭。舊《志》。年甫三十餘，殷勤造士。《半舫齋集》、《〈興藝錄〉序》、《朱梅崖評》。勖以端品立身之道會城鄉遠近之士，考其所業。李富孫《鶴徵後錄》。割俸具餐飯，扃戶會校，俾罄所長。每課文成，堆案輒數尺。孤坐斗室，逐一勘覽。盛夏揮汗盈把，刓精敝神，不堪其苦，而鹽之風氣亦烝然進古〔註 6〕，輯其文曰《興藝錄》，皆含宮按徵，春麗鯨鏗，《〈興藝錄〉序》。風行海內。揚州阿《府志》。舉行鄉飲酒禮，顏敏為大賓。升堂揖讓，燕饗歌詩，觀者如堵。《半舫齋集．偶輯政術類》。值歲荒，憲司委令，捕蝗，查饑戶，平糶糴，設粥廠，隨在皆有裨益。《半舫齋集．自述篇》。任滿，入都成進士，舉鴻詞。《鶴徵後錄》。

衛哲治，字灼三，唐宗冕《海州志》。一字我愚，號鑒泉，乾隆《府志．卷首》。濟源人。由拔貢廷試授贛榆知縣，調鹽城，《懷慶府志》。時雍正十年也。程《志》、沈《志》同。莅鹽六載，沈《志》。勤恤民隱，沈儼《天妃口建閘記》。務以實心行實政，校士有方，樂育不倦。開濬河道，石田多成沃壤。清釐近海灘地，民生賴以樵採。沈《志》。又詳豁拗斛等米一百三十三石有奇。《賦役全書》。海潮越天妃口而上，致全河鹹苦不可飲，且漫溢民田。哲治為建閘，蓄泄有備，化斥鹵為膏腴。沿海築墩九十餘座，以防大潮猝至得就墩逃溺，民號之曰救命墩。《懷慶府志》。嘗舟行見老農昌兩芸薅，召至舟，慰勞備至，題「盛世勤農」額以贈之。薛宮《瀕湖日記》。調繁長洲，鹽民思之，歷久如一日也。沈《志》。遷知海州，守淮安，歷陞安徽巡撫，擢工部尚書。《懷慶府志》。

〔註 6〕據文意，「進」疑為「近」。

金世超，大興人，武進士。乾隆元年，任鹽營游擊，訓練軍士賞罰嚴明，尤關心民瘼。地方有大災祲，力請上官，破格賑濟。天妃口建閘，多所贊成。調漕標右營游擊。沈《志》。

程國棟，字玉亭，《休寧縣志》。休寧人，舉人。乾隆二年，由嘉定調任。程《志》、沈《志》同。鹽東連海，西接黃淮，河堤屢潰，射陽湖淤不利泄。棟上記於河使者，陳三大工：一疏東界河，使興、泰之水由大縱湖歸新洋港入海；一疏西鹽河、東塘河，使高、寶之水由射陽入海；一疏北串場河及廖家港、院道港以溉一百二十里從古無河之高田，且引汊河水直達射陽湖入海。使者奏請行之，遂為七邑永利。棟所在請求水利，遇災輒請賑，又謂次貧與極貧無異宜一體恤之，所全活甚眾。范堤東官灘數百頃，民灶資樵採。或謂宜全給灶戶科糧，棟謂草蕩每頃盡科銀五錢，聖朝蠲減動輒百萬，焉用此區區不為貧民謀生計乎？況坍漲靡常，斥鹵一過，寸草不生，灶戶雖報糧於目前，必遺累於後日，宜如舊。定民灶界，界內熟地，民無侵；界外官灘，灶無占，議皆行。棟所建白皆中時勢、切民隱，或格不行則憂形於色。所至，人懷其惠，而鹽人德之尤深。《休寧縣志》。七年冬，纂修縣志，成書十卷，程《志》今現存。體例謹嚴。沈《志·卷首凡例》。

黃垣，字潔峰，見沈儼《誦芬堂稿·〈黃明府稿〉序》。清江人，進士。乾隆九年，任。沈《志》。負經濟才，《〈黃明府稿〉序》。性強幹，不辭艱巨，衛哲治《〈鹽城縣志〉序》。以實心行實政。新學宮，訂邑志，《誦芬堂稿·〈送黃明府歸里〉序》。建義學，立書院，黃垣《〈鹽城縣志〉序》。添建天妃口越閘，衛哲治《〈鹽城縣志〉序》。修葺陸忠烈公祠，垣有《重修宋丞相陸忠烈公祠碑記》。清戶口以杜浮漏，黃垣《責保甲煙戶冊》及《提要冊》議云：「乾隆八年，大中丞相陳題請編里戶保甲以核民數，使連屬交治，飭州邑櫛次分較。又為《提要》一冊，頒六條以類萬民。凡貴貴、賢賢、老老及恤窮民、鰥寡、孤獨、懲惡、警惰之道，靡不具舉。詳哉，古製備矣！苟善良行之，雖三代何以如此？當是時，鹽邑既委員親歷村堡點查，爰有定冊。自後每年除入生亡遷徙名曰煙火循環冊。大中丞以去年淮、徐之災冒賑者日濫，乃知保甲報數之不實，再飭州縣詳覈，屢下，不置。上春，垣以催圩帶原冊抽點，果非漏即浮。夫民口自有定數，令舉其姓名、里居、職業以白於上。原無科派，官員奉委親查，亦不辭跋涉，何至遷延數載，終日嘵嘵，未有定局哉？垣深揣其情弊，則以小民趨避之，隱伏於未然，而互相蒙承以滋之謬也，何也？有力之家患在承差，其弊漏；貪冒之家利有濫賑，其弊浮。有力者慮遠，以為苟其免異日之差，何惜少此數口之糧。貪冒者計深，以今日多紙上數口即異日多數口糧食。保甲即與其地之人狎昵，而不必證實。書役人等又串通保甲，並詭造無莊落、無名號者若干以伏濫賑之根。夫有力避差者，滿口不滿戶，所漏者之賑不在民尚在公。濫開受賑者，浮口不浮戶，所濫之賑民受之，書役與保甲分噉之。若無莊落、無名號之賑，雖欲不謂書役人等之全飽腹中不可得矣。今曰：『委員親查，必無情弊。』是益不然。一邑之內，不下數萬戶，唯各保甲知之，而書役不盡知，何況邑令？縣令不知，何況委員？今保甲既恃書役以護其身，而書役且得諉於官，曰『是其所親點入冊者也，於我無與』，則是民數之多寡、有無，任出入於書役、保甲之手，而官卒不可窮詰。如前歲所報，多至七萬二千九百二十七戶，三十二萬九千二百七十五口，就今已減去九千三百五十七戶，四萬八千四百六十九口，兼查前漏增入，較前共少七八萬口之數。此其明徵也。垣通觀情弊而為之計，欲清戶口，莫若絕書役之援而專責保甲。如今先票傳保甲至公所，面諭積弊所由，姑免追治，遂示以新條，即令自分頭確查煙民，實數造冊，遂取保甲坐罪，甘結在案。其所該煙戶丁口原可陳手畫，保甲既感恕前愆，而又失書役人等之恃，益惴惴惶恐，必不敢再為漏以蹈罪戾。冊結既具，有司乃親臨照冊逐點，合則已，否則加其罪，治之不貸，諸書役不過從旁操楮墨記簿書而已。不用刑法而令若風行，不事更張而分理有餘，不延時日而生齒立清。是故垣謂『專治保甲之斷，斷必易可行』者，此也。而《提要冊》即出其中，為法誠便，垣更細參之。語曰：『善善欲長，惡惡欲短〔註7〕。』老子之言曰：『治國，如烹小鮮，擾之則亂〔註8〕。』今鄉宦老人，可即於本冊提出所在，多有待保甲公舉，酌量旌賞，以為風勸。若惡人過犯，必其已有罪狀在案者可列其，或有黨惡聚處大幹法紀者許其預報。若未犯及無據者，保甲既難以逆探，取怨鄉鄰，而亦恐挾私栽誣，其毋得在之自便。游手閒民每往集市鎮，但令街坊保甲約束，不必苛刻於鄉。窮民流轉無定，深可憐憫，急宜附冊備覽，思撫綏。至若入冊過惡人等有能三年內痛革前非者，許莊保出結除故冊名，以圖自新而樂歸於化。《周禮》：小司徒以民數獻王，而比閭族黨，賓興以三物，糾以八刑，然有厲民駭俗之舉。我國家休養百年，生齒殷繁，務稽實數，以獻天子。天子撫之，不下堂階，坐照天下，而深維國本，簡素寬厚，使鄉甲之民一體合誼，畏威懷德，役則無濫，賑則有實，官不煩令，野處安然。而群相勸勉以向於善，豈非所以仰答九重子元元之心而副諸大人恬養化導之深意哉？《詩》曰：『不競不絿』『敷政優優』〔註9〕，此之謂也。二冊成，《保甲冊》以周季更，其死徙者除之，繼生及新附入者載之。《提要冊》以三年更，老

〔註7〕語出《公羊傳·昭公二十年》：「君子之善善也長，惡惡也短，惡惡止其身，善善及子孫。」

〔註8〕老子《道德經》第六十章：「治大國，若烹小鮮」。清代杭世駿《訂訛類編》：「烹小鮮不可擾，治大國不可煩。煩則人勞，擾則魚潰。」

〔註9〕出自《詩經·商頌·長發》：「不競不絿，不剛不柔，敷政優優，百祿是遒。」毛傳：「絿，急也。」鄭玄箋：「競，逐也。」《清史稿·禮志四》：「不競不絿，仁漸義摩，祖考式之。」

人、紳宦、善良等已故者除之，復報者入之；惡人、游民等能於三年內改革自新，有鄉保出結徵實者除之，未改革者仍之，復犯有狀在案者入之。著為議。」治溝澮以利田畝，黄垣《鹽城縣水利志》。百廢俱舉。以母老乞養歸。《〈送黃明府歸里〉序》。

李時沛，字雨亭，廣西人。見《陸忠烈公全書續編》。乾隆中，知鹽城縣，性明敏，遇事立斷。新洋港口有分關專稽東省油、豆等船，關役籍端需索，商民被其害。時沛請於大吏，由二十八年立按：凡南來及本邑貨物概免赴關投稅。光緒《府志》。

朱洛臣，字西齋，見徐燧《重修表海書院碑文》。高安人。乾隆中，知縣事，和平有清操。建表海書院，光緒《府志》。延名流，如淮陰吳桐岡琴川、吳勉耘先後主講席，海邦駸駸，有鄒魯風。《重修表海書院碑文》。鹽邑城垣，康熙七年地震後圮壞日甚，前令程國棟詳請興工，為上官所格而止，程《志》。洛臣蒞任，始修築之，光緒《府志》。時乾隆三十二年也。明年饑，洛臣勸捐賑，饑民賴以全活。《兩淮鹽法志·章會傳》。

陳霨，光緒《府志》作「蔚」。字雨帆，張芳齡《自鳴集》有《題邑侯陳甫帆德政圖詩》。安州人，舉人。嘉慶十五年，知縣事。陳霨《濬城河碑記》。嚴於馭吏，光緒《府志》。勸民築堤，長亙百里。天不雨，徒步禱龍神祠，素衣蔬食，雨忽滂沱，民咸喜。節採《自鳴集》。市河自前明景泰劉諒後，久不疏濬，堙塞日甚，民多疫癘，霨捐廉倡濬，城內始可通舟。以開平橋東西礙於市廛，河面甚隘，慮其久而復堙，捐三百緡，積息為歲濬計。《濬城河碑記》。及去任，貧不能行，民不遠百里負米獻之。採《自鳴集》。先霨知縣事者有高要陸樹英。嘉慶十年蒞任，首謁陸忠烈公祠，捐貲修建。《三老詩存》。值歲潦，饑，勘災籌賑，勞勩備至。有《鹽城大水記事詩》八首。後以事解任，士民爭攜酒錢送河干，有泣下者。有《瓢城留別詩》四首。繼霨濬城河者為教諭歸令符，字玉溪，昭文人，貢生。建文筆峰，修葺學宮，振興文教。諸生王家弼有美才，令符薦之督學廖鴻荃，遂得充優貢。見《雲巖文鈔·歸玉溪夫子〈雪鴻小詠詩序〉》。

李文喆，字吉甫，武進舉人。道光中，由滁州訓導擢鹽城教諭。文喆沉浸古籍，工詩，善書法，著有《見聞紀異》、《山水人物考》、《詩古文集》，凡數十卷。誨士極勤，每月課藝三次。學署久頹圮，文喆解己橐整新之。蒔花種竹，構室，顏曰養性。與邑耆耇張芳齡、徐燧嘯詠其中，刻其集曰《三老詩存》。司鐸七邑，皆有聲。大吏以學問優長保薦。節採《三老詩存》。

孔昭傑，原名昭辰，字俊峰，曲阜人。道光壬辰，以名孝廉宰鹽邑，見丁晏《〈周易明筮編〉敘》。有循聲。以糧艘守凍愆期八日被議革職，紳民多贈詩以詠歌德政，繪《瓢城餞別圖》送之。見龍啟瑞《浣月山房詩集》。羈淮數載，炊煙時斷，而吟嘯自如。先昭傑署縣事者為姚逢熙，字鶴洲，廣東舉人，遇事立斷，吏不能為奸。後昭傑知縣事者，為孟廣沅，字茗山，浙江進士，工書善詩，方雅有清操。《採訪冊》。

劉同纓，字清溪，宗稷辰《躬恥齋文集·劉君事略》。一字冕垂，江西石城人，《續纂江寧府志》。《邳州志》云「寧都人」。溫溫若書生而有不可撓之節。《躬恥齋文集》。道光丁酉拔貢，朝考授知縣，分發江蘇，歷行邳州、鹽城、泰興、江寧、江浦、六合、上元諸縣事，所至有聲。汪士鐸《續纂江寧府志》。清正絕俗，《六合縣志》。廉而不劌，寬而有體。《邳州志》。同纓早孤，母尹督之嚴，在官奉母誨唯謹。《泰興縣志》。馭吏愛民，馳張有法。光緒《府志》。二十一年，調署邳州，在職未久而有去後之思。《邳州志》。在上元，人尤愛之。咸豐三年，金陵城陷，投錢廠橋下以殉。《續纂江寧府志》。賊相戒勿犯其屍，曰：「此劉青天也。」季念詒《通州志》。事聞，詔贈太僕寺卿，謚武烈。《續纂江寧府志》。

焦肇瀛，字海峰，章邱進士。道光二十七年，知縣事。署旁有張國棟家，為奸役私繫良儒之所，懼其害者甚眾，肇瀛下車即嚴禁。性抗值勤敏，善決獄，用法嚴而不酷，村市細氓一見輙不忘。公餘不廢吟詠，有「六載風塵吳下吏，十年燈火魯諸生」之句為時稱頌。捐廉俸振興書院，甄拔孤寒，愛士如命，一藝之長，譽不絕口。二十八年，邑大水，民饑困，請於大吏，發錢與來麥賑之，躬歷村落，稽核戶口。吏有欺隱皆械送大府，窮治其奸，務使實惠及民。民無餓殍，亦無菜色。逮咸豐丙辰大旱荒，道殣相望，父老追念肇瀛為之流涕，時已由邳州調署儀徵矣。欽差大臣德興阿所部在儀淫掠，肇瀛擒斬十數人，持其頭詣德，德厲聲叱之，抗論與辨，德大屈服，檄令兼管營務。自是兵勇莫敢為暴，民大安和。未幾，積勞成疾，卒於官。疆吏奏請優恤，詔加道銜。光緒《府志》止言肇瀛勤敏，能決獄，語過漏略。今采邑人王步蟾所撰《焦邑侯傳》增補。同時游擊，上海王大春與肇瀛同以清剛知名。鹽城營多積弊，凡千把外委暨額兵缺出非入貲莫得拔補，武技優劣置不問，營官欲汰一卒，其人必丐邑紳多方緩頰，非身歿莫得除籍，而四時領餉銀尤多，浮費悉於官兵俸餉內均攤。大春蒞任，力擣其弊，補缺必遴驍倮，不名一錢，嚴汰老弱，弗徇顏情，領餉之費悉出於已。士卒懾其威棱，然亦懷其謀惠〔註10〕。每與肇瀛相見，輙舉岳忠武「不愛錢」

〔註10〕「謀」，原為「楳」。

「不惜死」二語互相敦勖，肇瀛目為畏友。肇瀛調署邳州，大春亦調署崇明游擊，以事積忤大府，回鹽未浹旬，即劾罷其官，貧乏不能成行，士民釀金贈之，卒不受。及行，送者填塞衢巷，有泣者咸豐間。

江文華，字煥章，阜寧人。同治元年任鹽城營守備，時塾賊李成陷阜寧，謀南寇鹽城。軍書旁午，民情風鶴。村野逃徙一空，城中民洶洶，奸宄乘勢劫奪。游擊某不知所為，文華購薪米，造器械，亟率兵登陴塞闉以守，下令城中欲出者縋之，下有擅啟城者斬，人心始定。感梟桀少年或為變簿錄其名，使拾磚石積城上，日給百錢以撫慰之，事定當論功，忌者抑不為請。當閉城時，前布政使高要梁佐中避寇在鹽，欲啟鍵奉母他適。文華執不可，語侵佐中，佐中至郡訴之，漕運總督吳棠罷其官，後回任。游擊李得祿復劾其廢弛營務，罷之。總督曾國藩知其才，調補三江營守備，未任而卒。《採訪冊》。

張振鐄，字金門，廣西興安舉人。大挑知縣，分發江蘇〔註 11〕，歷權安東、銅山、興化、鹽城諸縣事，皆有政聲。鹽城倉庾久廢，振鐄於光緒六年奉檄創建，鳩工庀材監役皆身親劬瘁，不輕任人，奸弊悉絕。倉穀出納責富戶董理，防其侵蝕，而亦慮其賠累於冬漕羨餘，內自捐千緡以補粈朽，且請命上官著為成法，俾後來者皆踵行焉。增建文場，規制式廓。表海書院廢弛久，振鐄捐俸，創立觀瀾文會，倍其膏獎，延集多士，課以實學，邑中文風為變。箝束丁役，關防嚴密，在任無赫赫名，既去，民皆思之。沈煉青《張公去思碑記》：「公以名孝廉歷任巖疆著循聲。庚辰春來權鹽邑，閱歲以秩滿去。鹽之民將赴大府為借寇計，以格於例，不果。乃聚而言曰：『公蒞任僅一載耳，而功德之及吾民者則令人沒齒不忘。』鹽邑恒有虎而冠者健於訟，率以株累蔓延為得計，往往經年無定讞，以致廢時失業，良善苦之。公廉明公正，外嚴內寬。下車後，先清積獄數百起，日坐堂皇，手判口詰，案無留牘，多所平反。人皆稱為「張青天」云。又鹽邑多陋習，貧民棄產後每於契價外索詐不休，甚至戕生以重累，公請於大吏勒石永禁，一時蠹民咸屏息斂跡焉。吾鹽保甲久弛，公捐廉數百緡分給捕役，飭令巡緝，故城鄉少盜竊，有亦旋獲。公之鋤莠安良多類此。前奉憲諭各州縣積穀備荒，吾鹽亦捐穀有成數，而蓋藏無地，重虞朽蠹。公於署東建倉數十間，經營土木必躬必親，復捐廉一千緡為歲修費，更以前任所訂按畝捐數頗重，恐利民轉以病民，因申詳上憲，減民穀捐十之八，民尤便之。他如葺城樓，修閘板，百廢俱興。公餘之暇尤以人材為務，特設觀瀾文會，集諸生肄習

〔註 11〕清乾隆以後定制，三科以上會試不中的舉人，挑取其中一等的以知縣用，二等的以教職用。六年舉行一次，意在使舉人出身的有較寬的出路，名為大挑。清制，道府以下非實缺人員分省發往補用者，謂之「分發」。

其中，面試制藝詩賦，旁及經史策論，文理優者分俸獎勵。鹽邑逢省試，向無賓興費，士紳方議籌款，公又捐廉數百為之倡。此皆歷任邑主所未有行之者。公獨勤勤懇懇於吾鹽之人，抑何恩明誼美竟至於斯也！使公久於其任，漸次設施，吾邑當不知若何景象。乃上憲竟奪我公去，吾民有如嬰兒之乍離父母，其何以堪？公行矣，不為我留矣。公即再來，又不知何年月日矣。嗟乎！後之蒞斯土者而不如公乎，是公之後遂無公，吾民安得不思公？後之蒞斯土者而亦如公乎，是公之後又見公，吾民更安得不思公？爰鳩工以勒之石，曰『去思』。」同時有俞元相，字鶴生，山陰人，諸生，為石䃧閘官十數年，厲清操，嘯詠之外無他嗜。商船度閘向有陋規，元相擯不取，資用匱乏晏如也。《採訪冊》。

乃文乃武，惠我民萌，已為傳，昭示來茲。其有非官於鹽而有功德於鹽者，唯前明萬曆間揚州推官李春開。長山人，進士，見《揚州府志》。雖治水勞勩，其治水鹽城，詳見所著《海口議》。見《揚州府志》諸書。憸壬不足污志乘〔註12〕。為給事中時，媚政府，疏劾趙南星。事見《明史》。如漢廣陵王相勝之，後漢馬棱，唐李承，宋張綸、范仲淹、趙範、趙葵，元許維楨，明黃通理、劉蘭〔註13〕、姜璧、王用予，國朝孫在豐、汪瀅、徐曉峰，雖年代有遠邇，官秩有崇庳之不同，要其利澤，皆不可沒也。今並據史書輯錄於後備觀覽。勝之，史失其姓，嘗奏奪王射陂草田以賦貧民。見《漢書・武五子傳》。棱，扶風人，援之族孫也。章和元年遷廣陵太守。時穀貴民饑，奏罷鹽官以利百姓，賑貧羸，薄賦斂，興復陂湖，溉田二萬餘頃。《後漢書・馬援傳》。按：鹽瀆時屬廣陵。承，趙郡高邑人，大曆中為淮南西道黜陟使，奏於楚州置常豐堰以禦海潮，《舊唐書・本傳》。遮護民田，屏蔽鹽灶，《宋史・河渠志》。屯田瘠鹵，歲收十倍。《舊唐書・本傳》。按：《宋史・河渠志》作「李承實」，《興化舊志》作「李承式」，鈞誤。綸，字公信，汝陰人，除江淮制置發運副使，時鹽課大虧，奏除通、泰、楚三州鹽戶宿負，助其器用；鹽入，憂與之直。捍海堰久廢不治，歲患海濤冒民田。綸議修復，論者難之，以為濤患息而蓄潦之患興矣。綸曰：「濤之患十九，潦之患十一，獲多而亡少。《玉海》作「濤之患歲十而九，潦之患歲十而一，獲九而亡一」。豈不可耶？」表三請，願身自臨役，兼權知泰州，卒成堰，復逋戶二千六百，州民利之，為立生祠。《宋史・循吏傳》。仲淹，字希文，吳人。《宋史・本傳》。泰州海堰久廢，潮水浸淫，田土斥鹵。李燾《續通鑑長編》。天聖改元，仲淹為西溪鹽官，《宋史・河渠志》。上書運司張綸，

〔註12〕「憸」通「僉」，「僉壬」指小人、奸人。魏源《書明史稿二》：「從古僉壬不修史。」

〔註13〕原書「劉」下空白，據下文當為「蘭」字。

《續通鑒長編》。請於朝，調四萬餘夫修築。《宋史·河渠志》。首起海陵，尾屬鹽城，呂祖謙《泰州修桑子河堰記》。海瀕沮洳化為良田，民得奠居，至今賴之。《宋史·河渠志》。趙範、趙葵，衡山人，荊湖制置大使趙方之子。《宋史·趙方傳》。理宗紹定三年秋八月，李全入鹽城據之。《宋史·李全傳》。葵致書史彌遠曰：「李全既破鹽城，反稱陳知縣自棄城，蓋欲欺朝廷以款問罪之師，彼得一意修舟楫造器械，窺伺城邑，或直浮海以搗腹心，此其奸謀，明若觀火。葵自聞鹽城失守，日夕延頸以俟制帥之設施，今乃聞遣王節入鹽城祈哀於逆全，又遣二吏入山陽請命賊婦。堂堂制閫，如此舉措，豈不墮賊計，貽天下笑乎？」《宋史·趙葵傳》。朝廷以趙善湘制置淮東，許便宜從事，然猶有「內圖進討，外用調停」之說，惟趙範、趙葵力請討之。《宋史·李全傳》。四年五月，范、葵帥步騎十萬攻鹽城，屢敗賊眾，《通鑒輯覽》。泰州、淮安州、鹽城、淮陰四城皆復。《宋史·趙善湘傳》。楊《志》、沈《志》「名宦」皆有趙善湘傳。鹽城非善湘開府之地，善湘亦未帥師至鹽，程《志》無善湘是也。今削去善湘而附錄范、葵於此。維楨，字周卿。至元十五年為淮安路總管府判官，屬縣鹽城及丁溪場有二虎為害，維楨禱於神，一虎去，一虎死祠前。是年冬無雪。父老言：「無雪，民多疾，奈何？」維楨曰：「吾當為爾禱。」已而雪深三尺。《元史·良吏傳》。通理，字文中，密縣人，洪武十七年歲貢。《密縣志》。永樂四年，官泰州通判，於興、鹽海口建閘，以時啟閉。《行水金鑒》引《明成祖實錄》。蘭，字德馨，嵊縣人，景泰四年授揚州同知，監修鹽城潰堤，工築堅久。盛儀《嘉靖維揚志》。璧，字完卿，文安人，進士，為巡鹽御史。《揚州府志》及《兩淮鹽法志》。萬曆四年，知府邵元哲疏：鹽城石𥓲口下流入海，《明史·河渠志》。未幾海潮湧至壞閘傷田，璧題請築塞。舊《志·水道》誤作「張璧」。復修捍海故堤，自是海潮不得奪堤而上，鹽人無海患。舊《志·藝文》。按：璧原疏載潘季馴《河防一覽》。用予，字安生，黃岡人，進士，崇禎初為淮安推官。乾隆《府志》。邑大水，流民麕集。山陽漕撫李待問囑其振濟，用予每賑獨出熟米三斗，不在官賑數內，晝夜勤思，嘔血數升，悉杜侵欺假冒復私票之弊，鹽民數千人賴以存活。《被纓集》。乾隆《府志》卷十九《王用予傳》云：「颶作，潮溢鹽城海、贛諸境，居民漂沒。上官檄往振之，晨夕拮据，全活無算，特擢翰林院編修。」所載與《被纓集》小異。在豐，歸安人，一甲二名進士。康熙二十六年，以工部侍郎赴淮揚開濬海口，鑄給監修下河工程印。在豐周行勘視，大略言開新不如循舊，築高不如就低，迤遠不如取近，而施工最先應自岡門鎮起至北宋莊、東潘劉莊止，次白駒場，工自串場河口起自戚家團止。事下所司核議，並如所請。《國史館·孫在豐傳》。挑挖五十餘里，深闊暢流，直達新洋港入海，淹沒之田節次升涸。程《志》。又捐俸修葺陸公祠。沈《志·壇廟》。瀊，字荇洲，休寧人，進士。《休寧縣志》。乾隆三年，以大理寺卿總理下河水利，知縣程國棟晉謁，首陳三大工：先東界河，次西鹽河、東塘河及廖家港、院道港，次北串場河。瀊皆許可，題請疏導。巡撫許容奏請建天妃閘，瀊親臨相度，其議遂定，斥鹵患始免。程《志》。又題設天妃、上岡、草堰各閘專官。《鹽法志》。曉峰，泰州人。同治初，以同知來鹽募勇。時鹽邑胥吏以差綢陋規苛求市商，致布商徐姓不堪其擾，與知縣聯瑛互訐。曉峰言之當事，始除其害，眾商德之。此事勒石縣署大門外。後為汀漳龍道殉難，賜謚剛毅。見左宗棠所撰《徐剛毅公行狀》。以上共十五人，皆有大德。吾邑而李承、張綸、范仲淹三公築堤捍海尤為百世之利，今淮揚道謝公元福，字子受，臨桂人，辛未進士。憫海潮連年害稼，民命凋敝，力破群議築堰遏潮。又慮堰成之後不利宣洩，復牒請修閘為一勞永逸之計，舄鹵稻粱，元元樂利。美哉！足與三公匹休矣。

鹽城縣志·卷九·選舉志

乃文乃武，胡軒胡輊。罔補於時，檢為虛器。科目貲郎，胡重胡輶。黽沒自植，胥為殊尤。作選舉志第七。

徵辟表

後　漢	宋	元	明	國　朝
臧旻闢司徒府，有傳。 臧洪舉孝廉，有傳。	張埜以人材舉。	金原舉有傳。 陳圯龍以人材舉。	李文以儒士舉，有傳。 朱昇以儒士舉，有傳。 秦約文洪武中被徵，有傳。 金挺 王可用舉賢良方正。 沈政舉人材官，雲南府知府。 史文舉人材官，浙江道監察御史〔註 1〕。 按：王可用、沈政、史文三人，《山陽志》亦載之。考《兩淮鹽法志》，史文，伍祐場人，舉孝悌，力田，官浙江道監察御史。又《南昌府志》云：「史文，鹽城人，由御史謫任奉新典史，其非山陽人甚明。」 夏昇以人材舉，有傳。《明史》作「夏升」。 卞文宣德間舉人材，官廣平知縣。 張文宣德間舉人材，汝寧所工正。以上二人皆伍祐場人，見《兩淮鹽法志》。考《明史·職官志》，衛所無工正官，疑有誤。 夏萱舉賢良方正官，即墨知縣。 倪冕舉人材，有傳。 荀榮由楷書官至思南府知府。 曹謙由楷書授刑部主事。	宋曹康熙中，舉山林隱逸，復舉博學鴻儒，皆不就。孫一致贈詩有「弓旌三避得真吾」之句。今闕其一不可考。 沈項年雍正中，以保舉召見。 劉倬雍正中，舉賢良方正。 卞廷槩乾隆乙卯被徵，與千叟宴。 唐耀遠有傳。 薛壽嚴 阮寶光以上三人，道光元年舉孝廉方正。

〔註 1〕原為「鑒」，改為「監」，下文同此。

			蔣孟初由楷書授咸陽縣知縣，陞莒州知州。孫一致《讀蔣烈女傳詩》有「清白家聲刺史遺」之句，注云：「其先世祖英曾為莒州刺史，有聲。」考蔣英係舉人，官即墨訓導，非莒州刺史，蓋即蔣孟初之訛。舊《志》誤作「莒州守」，今從乾隆《府志》。 唐華鄂由生員舉授歸德府通判。 宋曹福王時薦舉為中書舍人，或謂為崇禎時者，誤。有傳。	

科貢表

	進　士	舉　人	貢　生	武進士	武　舉
宋					
嘉定				朱同宗武舉狀元。	
淳佑壬子		陸秀夫舊《志》不載陸公鄉科。今按：公於寶佑四年成進士，年十九，見寶佑四年《登科錄》，而龔開所撰《陸君實傳》云「年十五，應鄉舉得貢」，故知為淳佑十一年壬子。			
寶佑丙辰	陸秀夫二甲第二十七人，見寶佑四年《登科錄》，有傳。 劉幼發考寶佑四年《登科錄》，第五甲五十八人。劉幼發，字伯秀，第千三年三十九月二十九日辰時生。外氏仲曾祖、洪祖、格父汝口〔註2〕，本貫淮安州鹽城縣，父為戶。按：《江南通志》謂「幼發，山陽人」，《山陽志》因誤載之，乾隆《府志》雖載之鹽城而不廢《山陽志》之說，光緒《府志》徑列入「山陽」，注云：「一作鹽城人，皆未見，《登科錄》故耳。」				

〔註2〕疑衍文。

明					
洪武		孫化泰州學正。揚州府尹《志》、阿《志》皆云「化，鹽城人，舉人」。雖舊《志》不載科分，無考，而明代泰州學正以化冠首，其中式當在洪武初也，姑錄於此以備考。	戚誠 梁登 包思義福建按察司僉事。 成寧可有傳。 楊冏楚府奉祠。		
甲戌	陳獻寶坻知縣，乾隆《府志》曰：「舊《志》載獻為洪武甲戌進士。缺鄉科不載。」《鹽城志》以為癸酉，按《南國賢書》，獻中建文元年己卯科舉人。鄉科既在己卯，則會科不在甲戌。惜《太學題名碑》獨此數科不存，《皇明貢舉考》又適缺此一卷，遂無從定其為某年進士。姑仍其舊，列於「甲戌」，以俟詳考。		周得中鄜州知州。 史齊 周宏建寧同知。 陳瓛 陳思醫濟南府檢校。 耿克銘南寧府知府。		
建文己卯		胡勉有傳。 陳獻說見「進士」。			
永樂乙酉		劉洵四川按察使，洵於洪熙元年官懷慶府知府，今誥命尚存。 成均有傳。	李宗達行人司行人。 馮克諧 陳林		
癸卯		朱猙武昌府教授。	楊中立新河主簿，楊《志》作「仲立」。 蔣霖孝義主〔簿〕。〔註3〕 鳳翔 駱俊 周子英 周懋 王宣 朱麟 吳炫		

〔註 3〕「主」後脫「簿」。

			王致孟縣知縣。 王敉		
洪熙			季韶康熙《府志》作「李韶」。		
宣德己酉		唐騏鄒縣教諭。	朱梓新黃州通判。康熙《府志》作「朱梓」。 許良輔鴻臚寺序班。 陸玘當陽知縣。 吳凱敬奉新縣丞。 劉景芳湖廣寧鄉知縣。舊《志》誤湖廣為山西。今據《劉氏譜》改正。景芳，正統四年官寧都，今誥命尚存。又舊《志》誤錄景芳於吳凱敬之上，今據康熙《府志》改正。 蔣肇有傳。 唐廣 方慶茶陵主簿。 王經新城知縣。 袁蕭金吾左衛經歷。 顧祥康熙《府志》注云「知府」。 蔣譚 朱蕡 孫謙以上四人，乾隆《府志》疑當列「正統」成遂之後，沈《志》說同。		
正統			陳旭昌邑知縣。 祁珣昌邑知縣。 潘銓四川會川衛倉大使。楊《志》、沈《志》作「四川會州衛」，程《志》乾隆《府志》作「四川會顏州衛」，皆非是。考《明史・地理志》，四川有會川衛，「州」係「川」字，形近之訛。 顧紹紹興府通判，楊《志》、康熙《府志》、沈《志》作「顏紹」，程《志》、乾隆《府志》、光緒《府志》作「顧紹」。 凌雲房山知縣。「雲」或作「露」。 成遂隆慶衛知事。		
景泰丙子		楊清泉州通判。 蔣英即墨訓導。	吳禧 劉鎮曲周主簿。 王忠四川鹽課司提舉。		

天順			唐綸「唐」或作「康」。 薛芹井陘縣丞。 陸淵雞澤訓導。「淵」一作「源」。 張榮 胡繹		
成化辛卯		許貴寧津縣知縣。	李恂光祿寺監事。		
癸卯		徐志番禺知縣，陞儋州知州。 吳世英台州通判。 瞿鑒成由館陶知縣陞廣信府通判，見楊《志》。	滕翥永寧知縣。 朱鼎 唐閔永豐縣丞。 潘昌安縣知縣。		
丁未	石琺舊《志》及康熙《府志》皆無是人，乾隆《府志》據《太學題名碑》補入，注云:「鹽城人，鄉試無考。」光緒《府志》從之。		張暕濟南通判。按：康熙《府志》、楊《志》、沈《志》作「哢」，乾隆《府志》、程《志》作「暕」。考《說文》、《玉篇》、《廣韻》、《集韻》皆無「哢」字，作「暕」為是。 郭洪連江縣丞。 孫淵尊甸府通判。舊《志》及各《府志》誤作「尋甸軍民府」。考《明史・地理志》:「尊甸軍民府，成化二十年改為尊甸府」，淵係成化十五年貢，為尊甸通判，不得復稱軍民府。		
弘治己酉		鄭端山東臨清衛籍，見「進士」。《歷代題名碑》、康熙《府志》、乾隆《府志》俱作「瑞」。 宋賢四川籍解元，麻城知縣。 藍郁見「進士」。	陳積璃州教授，沈《志》作「績」，程《志》、乾隆《府志》作「積」。 孫清 張雲翼 蔣賢汜水訓導。		
壬子		許晨謨貴子，朝邑知縣。	陳躍安東衛教授。		
癸丑	鄭端貴州按察使副使。康熙《府志》作「貴州按察使」。		金宇 孫濟直隸趙州判官。		
壬戌	藍郁有傳。		張維廣海衛經歷。		
甲子		顏潤舊《志》云:「都督同知，彪	孫璁固安知縣。康熙《府志》作「聰」。		

		子」。乾隆《府志》云：「《南國賢書》是科無此人。」	薛寶保定知縣。 黃鐸商城教諭。		
正德癸酉		萬雲鵬見「進士」。	孟儒山東布政司副理問。		顏愷總兵玉子，官中都留守司正留守。舊《志》誤作「中都留守司正，明代無此官。」
甲戌	萬雲鵬有傳。				
己卯		管祿	滕遠虞城教諭。 郭璧瓊州推官。 李驤馬龍州同知。 薛騫通州學正。 成約 夏雲趙州訓導。 張昊觀城教諭。		周重熙三科武舉。以上二人，舊《志》在李際陽之前。今姑錄於正德之世。
嘉靖壬午		陳訓四川定遠山東平陰知縣，《平陰縣志》誤以訓為鹽山人。	周泓嘉祥教諭。 潘汴永城訓導。乾隆《府志》作「潘卞」。		
乙酉		夏雷見「進士」。	張玉燦衛輝訓導。		
丙戌	夏雷有傳。				
戊子		劉袞有傳。楊《志》、程《志》誤作「劉兗」。	張勇平涼通判。 陳可涿州判官。		
甲午		陳應鄖陽同知。	楊灝舊《志》作「無陽教諭」，明代無此縣。光緒《府志》疑是「舞陽」之訛。按：王信《西溪集》有舞陽教官陽春軒《致仕詩》，亦一證也。		
庚子		陳斗南訓子，見「進士」。			
癸卯					李際陽三科。 梁之桃 葉先春
丙午		宋敬蒙陰知縣。 金誥程《志》脫是人。	楊昇廣平通判。 劉心宜黃縣丞。《皋寧志》誤作「選貢」，又云：「心，字汝直，天資穎異，齠齔讀書，一過不忘，淹子史，稱江北才子，為司業湛若水所器。」		

己酉		季永康《淮郡歷代題名碑》誤作「李永康」。舊《志》云「山東中式」，《皇明貢舉考》作「直隸、滄州千戶所籍」，考季永康嘗官山東諸城知縣，則非「山東中式」可知，舊《志》誤也。見「進士」。	成嵩		
庚戌		陳斗南會魁。		殷鼎德州學正。	
癸丑	季永康官戶部郎中，見《萬姓統譜》。又嘗官諸城知縣，所見《諸城縣志》係殘本，卷首目錄「宦跡」下有季永康名；卷二《總紀》載，嘉靖三十三年五月，知縣季永康至；三十四年秋，免被災稅糧；三十五年，復學地沒於軍所者，修龍王廟。惜《宦跡》一本未見，然嘗鼎一臠亦不可知味矣。		殷鼎德州學正。 楊珊滋陽訓導。沈《志》作「岫陽」，今據《明史·地理志》改。 易宏錢塘訓導。 薛瑩嶧縣訓導。 陳宗道彭澤訓導。 俞光祖桐廬訓導。 凌雲翼永寧知縣。		
乙卯		成果羅山知縣。	謝與成鄉寧教諭。 應洪青縣知縣。 吳鳳岐嘉興訓導。 薛邦重 潘問高安訓導。		
			蔣曉蘇州判官。 潘斗新城教諭。考《杭州府志》，潘斗於隆慶四年任海寧教諭。 孟業曹縣訓導。 王佩歸德通判，陞王府審理。程《志》作「佩」，沈《志》作「珮」。 蔡許伍祐場人，官廣東電白知縣。舊府、縣《志》無是人。今從《兩淮鹽法志》增入。		
隆慶			張堅康熙《府志》作「監」。 孟一元恩貢，藍山知縣。 滕株上蔡教諭。 周銳來安教諭。		

萬曆癸酉		夏應星見「進士」。	宋虔恩貢，鄞縣主簿。		
甲戌	夏應星雷子，由河南府推官仕至長沙府知府，見程《志》及乾隆《府志》，沈《志》止載其為推官，誤。		王佐 張鶚 倪應奎常州訓導。 殷至		
癸卯		劉三錫山西中式，延安府同知。	張鳳靈安慶訓導。 林有鳳鎮江訓導。 王思學孝感主簿。 瞿介 潘有年靖江訓導。 成敦睦康熙《府志》於「恩貢」「拔貢」兩載之。舊《志》作恩貢，乾隆《府志》作拔貢，而以作恩貢者為非。有傳。 王汝右封川教諭。汝右，字弼垣，嘗纂輯《縣志》。 張延松拔貢，壽陽知縣。 凌養浩青州教授。 張三鳳宜春教諭，分纂《邑志》。 成克勳廬江教諭。 柏廉恩貢，官蒙陰知縣。見《兩淮鹽法志》。 殷龍翔萬曆三十六年，官通州訓導，見《通州志》。舊《志》云「嶧縣教諭」。《陸忠烈公全書》「祥」作「翔」，云「官德安府教授」。 孟大順康熙《府志》作「天順」。 劉懋程《志》、沈《志》皆云「三十六年貢泰興教諭」。考《通州志》、《泰興縣志》，懋官教諭在萬曆二十四年，豈明制未貢太學即可為教官？既為教官，仍可貢太學耶？舊《志》與通、泰《志》必有一誤，存以備考。 成廷彥揚州訓導，沈《志》誤作「陳」，程《志》暨《府志》皆作「成」。 許甲 凌夢暘華亭教諭。 郭化成有傳。 夏紀吳江訓導。		童取鉞 瞿毓秀以上二人，舊《志》不注何科，其剿白蓮賊有功在天啟二年，因錄於萬曆之末。

泰昌			張問政程《志》、沈《志》皆云「萬曆四十八年貢」。考《明史》，是年八月以後為泰昌元年。康熙《府志》以問政為泰昌貢，今從之。 潘仲蘭恩貢，有傳。		
天啟甲子		孫棨見「進士」。	孫棨拔貢，見「進士」。		
丁卯		李逢春	周國勳曲阜教諭。 陶堯年 陶季臯日照教諭。		
崇禎庚午〔註4〕			王道純金鄉教諭。 張樹屏拔貢，見「進士」。 易會極府學貢，有傳。自是府學貢始可考。	成茂士康熙《府志》列入「天啟甲子」，乾隆《府志》同。今據茂士所撰《〈庚午齒錄〉跋》更正，見「進士」。	
辛未				成茂士有傳。	潘孝
癸酉		張樹屏見「進士」。	宋之騏 王德宣商水教諭。		趙光祚 李永年 王百度有傳。
丁丑	姜應龍舊《志》不載，乾隆《府志》據《太學題名碑》補入。		季懷德昌化教諭，康熙《府志》「季」作「李」。		李篤廉有傳。 沈毓秀署本營守備。《府志》作「敏秀」。以上六人，乾隆《府志》彙錄於崇禎之末，今從之。
壬午		王國柱 李生	李生拔貢，見「舉人」。		
癸未	孫棨有傳。	王應科 陸呂調宿松教諭。 許文祚泰州訓導。 王允昌程《志》作「胤」，沈《志》改作「應」，今以「允」字恭代。 劉應宮府學貢，《兩淮鹽法志》載其為金華府教諭。			

〔註4〕「禎」字原為「正」。

		姚大觀 張茹華府學貢。			
弘光		王之楨沈《志·王之楨傳》謂「之楨，貢生」，不言何貢，今考《王氏譜》，之楨係弘光乙酉拔貢，督師大學士可法所薦拔也。史公題額贈之曰「龍飛選俊」，今尚存王氏祠中。康熙《府志》以其在弘光之世敝，削而不載。程《志》、沈《志》仍之，今增，有傳。			
國朝					
順治丙戌		王世噩見「進士」。	蔣啟道永安知州。光緒《府志》誤作「永樂知州」。		
丁亥	王世噩有傳。				
戊子		沈漢見「進士」。			
辛卯		張翮飛見「進士」。 沈毓芳副榜。	王應旗府學貢，遵化知縣。		李鉞
甲午		孫一致順天榜，見「進士」。 薛鼎臣順天榜，有傳。	孫一致戊子拔貢，見「進士」。 瞿鶴齡有傳。 凌嘉瑞康熙《府志》列入「府學恩貢」，有傳。沈《志》作「嘉端」，誤。		姚廉見「進士」。
乙未		張翮飛有傳。			
丁酉		薛藎臣鼎臣弟。 高爾玿副榜。			夏州揚 孫承孫
戊戌	沈漢有傳。 孫一致有傳。 張樹屏有傳。考沈《志》，是科有楊正中係直隸通州籍，程《志》暨各《府志》皆不載，今從之。		王廷佐府學，靈川知縣。 許文明通判。 王應秋府學。 李思伯有傳。 薛鼎臣辛卯拔貢。見「舉人」。	姚廉	
庚子		高爾玿順天榜。爾玿，字子美，有文譽。	凌元鼎康熙《府志》作「九鼎」。 成昌胄潁州訓導。 高爾玿甲午拔貢，見「舉人」。		董筆 李淑

			葛懋芳 周良翰 劉濬 梁之孝 王際寅 梁若璽府學。		
康熙癸卯		王惟彝順天榜，山東籍。沈《志》、康熙《府志》是科有汪懋麟，考懋麟其先休寧人，後籍江都，故《揚州志》、《鶴徵錄》諸書皆云「江都人」，然懋麟先世曾家劉莊，崇禎甲申，懋麟方七歲，曾於劉莊避亂，其《劉莊感舊詩》可據也。劉莊時屬鹽城，故康熙《府志》載之。康熙以後劉莊與鹽無涉，不應混入《鹽志》。今從乾隆《府志》削之。	劉珍《府志》誤入「順治」，今從程、沈二《志》。 凌欽 宋繩貽壬子拔貢，仙遊知縣。 許爾建 瞿肇泰 蔣啟敬 高萬翔《府志》作「萬祥」。 沈毓芳 劉沁區有傳。 王應第府學。 張瑛		顧彝見「進士」。
甲辰			宋恭詒乙丑拔貢，見「舉人」。 蔣啟祚 王秀升乾隆、光緒兩《府志》作「琇升」。	顧彝通營守備。按：「通營」疑有誤，沈《志》、光緒《府志》所載如是。程《志》、乾隆《府志》無是人。	
丙午			易道謙		胡國柱
戊午			楊斗		高以誠
辛酉		夏之時副榜，永新知縣，光緒《府志》誤作「丙午」。	倉璠 姚襄		劉占魁
甲子		張安 王瑜《芹香集》作「愉」，字茲忻。舊《志》作「瑜」，似誤。			姜逢乙見「進士」。
乙丑		蔡璟戊寅拔貢。	姜逢乙歸德副將。		
庚午		成永健見「進士」。 宋恭詒順天榜有傳。	王嘻府學。 宋弼 樂功昭府學，教習知縣。		

癸酉		王師維副榜，世墨子。	仇僖 宋慶譽		周應李署守備，沈《志》誤列丁卯科，今從程《志》及《府志》。
甲戌	成永健有傳。		錢宣		
己卯		王鑌見「進士」。 顏敏見「進士」。	張翎雲恩貢。 劉觀		
壬午		沈儼有傳。 陶立忠內閣中書。	王一廣 王翼聖		
乙酉		劉炳	倉如櫛府學。		
戊子			成世傑能詩。 王章		顧眷《阜寧志》云：「宿虹河營千總」。
己丑	顏敏有傳。 王鑌有傳。		劉岬 金銘		
癸巳					彭再彭
甲午		姜昌茂大荔知縣。			
雍正癸卯		徐鐸見「進士」。	王鉅癸卯拔貢，見「舉人」。		
丙午		陳惠疇見「進士」。			
己酉		王鳳翥 王鉅副榜，有傳。	王恩相恩貢。 劉躍揚州府學貢。新興場灶籍，乾隆四十四年商灶籍裁歸民籍，詳見《鹽法志》。《國朝詩正》云：「劉蔚其，鹽城人，膺明經高選，而舊《志·貢生》無其名，疑亦揚州府學。」 孫鳳鳴 梁華南府學，「梁」誤「劉」。 郝鵬石埭訓導。 劉倬 張再洪己酉拔貢，見「舉人」。 沈位府學，元和訓導。 樂寧貞 沈倓府學，溧陽訓導。 謝宏宗丹徒訓導。沈《志》作「鴻」，程《志》作「宏」。 劉霈乙卯拔貢，見「進士」。		

乾隆丙辰	徐鐸有傳。	劉霈順天榜，見「進士」。	錢溥恩貢。		
戊午		劉梁 徐樾鐸弟，順天榜，雙流知縣。	商之琦光緒《府志》云：「一作『裔之璜』」。按：《芹香集》作「商之琦」。		
戊壬	劉霈有傳。光緒《府志》誤作己未。 陳惠疇澧州知州。			夏祖秀 張璜舊《志》誤作「橫」，乾隆《府志》誤同。今從《張氏譜》及光緒《府志》作「璜」。	
甲子		張再洪樹屏曾孫，順天榜。再洪，閩門人，有文譽。 卞鑾順天榜，見「進士」。	許中 劉寧侗有傳。		
丁卯		王光會世噩曾孫。	乘雯靈璧訓導。		
戊辰	卞鑾有傳。			沈佺乾隆十九年任寧國府訓導，見《安徽通志》。光緒《府志》失載，今補。以下多據《府志》而補，正其脫誤，至其先後次第之舛以檔案不全未能更正。	
庚午		許永清			
壬申		徐士縉見「進士」。			
甲戌	徐士縉弋陽縣知縣。				
乙酉		夏聖錫有才名。 成景賢			
戊子		倪謌 卞琢	周南恩貢。		
壬子		陸澄副榜。 沈光廷副榜，霍邱教諭。	劉暉烈恩貢，寶山教諭。 楊永厚巢縣訓導。		
乙卯		卞廷棨恩賜舉人進士。	王伸祖 盛序賢 劉贇		

			蘭玉山上元訓導。 薛佑武 王智 沈迎年 曹謐 沈光宸府學。 徐樞翼癸酉拔貢，有傳。 潘光杏 張頌曾《府志》「曾」誤「則」。 張之經《府志》「之」誤「子」。 王安惠府學。 郭湘知縣。 郝振高鵬子。 沈耋年 高秉鑒府學。 仇龍藻 葉長庚 楊啟文 顏曾直《府志》誤作「真則」。今據《芹香集》改正，余放此。 夏克敏恩貢。 蔣維祺乙酉拔貢。 胡旭 張松齡《府志》「齡」誤「林」。 沈嗣宗恩貢。 夏鴻儒《府志》「夏」誤「曾」。 王鋕《府志》「鋕」誤作「誌」。 沈曙恩貢。 唐師鯤《府志》「鯤」誤「緹」。 趙聯芳 邱兆蘭乙酉拔貢，有才名，官寧武府通判。 孫先進府學恩貢。《府志》誤作「光進」，而又誤列於道光之初，今據曹鑣《信今錄》移此。		
嘉慶丙辰	卞廷棨賜檢討及緞杖等物，與千叟宴。		王松年恩貢。 姜有慶恩貢。		

戊午		吳道南 樂來泰 夏桂材	王承露以詩名。 沈暵府學，贛榆訓導。《府志》誤列「道光」，今據《信今錄》移此。		
辛酉		祁汝為恩賜副榜。			
甲子		祁汝為恩賜舉人，見「進士」。	仇堅恩貢，龍藻子。		
乙丑	祁汝為恩賜檢討。		王賓 朱英		
丁卯		姜聯芳恩賜副榜。	夏元掄 顏豔芳		
庚午		王源誠銅陵教諭。	孫文孫		尤懋德
癸酉		阮師龍鎮江府教授。 祁汝為恩賜副榜。 張缽山泰興教諭。 王天然順天榜，江浦教諭，署江寧教授。	管諤士 徐燧辛酉拔貢。 孫雲錦 梁夢熊 夏其祥		劉錦芳 吉利川
丁丑		趙鈞恩賜副榜，《太學題名碑》作「丁丑」。《芹香集》作「丁卯」。	姜舉恩貢。 徐軡 梁大煜恩貢。		
戊寅		還瑩恩賜副榜。	薛菁		
己卯		邵春華	沈鶴書		卞延慶
道光辛巳			王暻		陳錦
壬午		劉炳恩賜副榜。	姜藻恩貢，有慶子。		
乙酉		沈照有傳。 徐景常鐸曾孫。	夏儒林		潘寅六安守備。 蔡寶華
戊子		許翹林副榜，天長、建德、休寧等縣知縣。 仇厥成恩賜副榜。	楊繼源 薛芝 陳馨		印殿元 吉雲峰 蔡萬青有傳。
壬辰			王念言		崔印
甲午		滕兆鳳恩賜副榜。	丁醇《府志》誤作「優貢」。		祁玉琢

己亥			仇文瀾乙酉拔貢。		祁玉瑄 廖弼奎
庚子			劉紹祖 徐景沅		徐廷棟 徐潤
癸卯		蕭尹恩賜副榜。	周大鏞 王家弼甲午優貢，有傳。 沈先志丁酉拔貢。		
甲辰					徐成
丙午		葛潤之 沈鈞恩賜副榜。	唐軒 沈銘 裔紹澧府學。		呂志高 呂臣忠 蔣國安
己酉		王光前 薛敬之 周衡 李冠賢以上四人皆恩賜副榜。	梁德輝府學。 朱富春 楊觀豫恩貢。 馬繼良府學。 王家任 王元璐 夏濟翔以上五人，《府志》失載。		呂志純 陳錦成
咸豐辛亥			梁法恩貢。		廖光武
壬子			袁崇信恩貢。 殷得福府學。 孫士榮恩貢。 吳兆文府學。		蔣安邦 蔣安邦 祁以桂玉瑄子。
己未		李秀良原名淳。 梁鶴蓮恩賜副榜。	李允清府學恩貢。		
同治甲子		周垚	沈煉青辛酉。		
丁卯		曹昕 王者臣江寧訓導。			楊鍵標東海營千總。
庚午		許桂芬見「進士」。 裔步鸞見「進士」。 金意誠 崔承霖副榜。 徐學蓬恩賜副榜。	金樂清 張鐔 吳兆駿甲子優貢，安徽候補知縣。 淩雲衢恩貢。 梁德聯恩貢。		

辛未	許桂芬費縣、棲霞縣知縣，署理臨清直隸州知州。		徐彥壇恩貢。有文譽，與徐檀、張醰齊名。		
癸酉		姜書欽 李建寅有傳。 沈煉青 陳發賢副榜。 朱燮元恩賜副榜。	朱埍恩貢。 裔大生紹澧子，有傳。 楊載瀛 梁德沛蕭縣教諭。 陶鑲有傳。 楊達逵 邵澄瀾府學，見「舉人」。 蘇岫 萬人傑癸酉拔貢，見「舉人」。 宋惟新恩貢。 王金城		孫韻溥 孫韻琴 郭元春
光緒乙亥		萬人傑解元。	吳兆騮恩貢。 裔步鼇大生子。		呂谷金見「進士」。 成登鼇
丙子		周繹山衡曾孫。 張乙東副榜。 葛龍光恩賜副榜。	張壽嵩 陳國英府學。 金汝霖 顧鴻聲府學。		
己卯		陶鴻慶 邵澄瀾 張聯桂恩賜副榜。	凌舉賢恩貢。 馬文森府學。 洪芳 梁汝恭恩貢。		路秉龍 鄭得魁未覆試，除名。
庚辰	裔步鸞吏部主事。		張觀恩府學。		
壬午		邵凌霄 周錦林恩賜副榜。	侯利金府學恩貢。 金谷元乙酉拔貢，正藍旗教習。		陳學愷
乙酉		蕭翰臣 王廷謨恩賜副榜。	仇廷璜府學。 阮楹		
丙戌			宋承謙惟新子。	呂谷金花翎侍衛。	
戊子		陳玉澍 徐肇績恩賜舉人。	盧曉山 陳玉澍戊子府學，優貢，見「舉人」。		祁以德玉瑄子，見「進士」。
己丑	徐肇績恩賜檢討。	邵暄	王會圖恩貢。 江山助翰林院孔目，丹徒訓導。	祁以德花翎侍衛。	呂仲法 王登鼇

辛卯		虞泌恩賜副榜。			
癸巳		金漢章順天榜。	蕭向榮恩貢，篤信謹守，為時所稱。		郭干城 梁占魁
甲午		楊同昇副榜。	姜純 馬為瑄		

科舉之盛昉於有明。當太祖時，雖間行科舉而監生與薦舉人才參用者居多，故其時布列中外者，太學最盛。一再傳之，後進士日益重，薦舉遂廢，舉貢日益輕。吾鹽有明三百年間得進士十一人，舉人三十六人，唯萬雲鵬之名見《明史・戚賢傳》，特因賢附及，其與循吏謝子襄同傳者乃以人才舉之夏升，其起兵殉節而死與邱祖德同傳者則諸生司石盤也。然則士苟自命為士，雖微進士，何害焉？人苟自立為人，雖非舉人，奚傷焉？科名以人重而非能使人重也。善哉！程《志》之言曰：「本縣之登進士第可考者，始自寶佑四年，曰陸秀夫、曰劉幼發。」陸公之為人，甫操觚者即知之。產於鹽城，流寓京口，貶官番禺，當作潮州。殉節崖山，所在之人爭引為重，不因其丞相樞密侍郎也，寧因其進士哉？縣之後賢多可稱道，或聞陸公之風而興起者邪？彼劉幼發者，當時詎不與陸公齊肩？乃至於今，或曰鹽城人，或曰山陽人，其里居已不能定矣。可勝歎哉！

貢監

明

吳禧，景泰間官奉新縣丞，見《南昌府志》。徐輻，平鄉縣丞，舊《志》作「福」，乾隆《府志》引《正德志》作「輻」。常瓚，成化十八年，官泰興訓導，見《泰興縣志》。郜琇，嘉靖中任諸城訓導，見《萬姓統譜》。郭基，嘉靖中任八疊司巡檢，見《南昌府志》。李瓚，濟南府經歷。王迪，玉田縣丞。凌銑，章邱縣丞。祁桂，鞏縣縣丞。應鑄，秀水縣丞。金鳥，沂水縣丞。宋昇，成都府同知，《宋氏譜》云「宋翬，字子昇」，與舊《志》不同。瞿蘭，潼川州同知。王信，進賢主簿。成九韶，鄒縣丞。張鶴年，德平縣丞。成業，山東按察司照磨。夏誥，鴻臚寺序班。劉世龍，淶水縣丞。《阜寧志》載其為縣丞時督夫築紫荊關禦虜，勞績茂著。萬子順，清江縣丞。萬子新，齊河主簿。萬子登，廬陵縣丞。劉勳，舞陽縣丞。成師顏，歸州吏目。成師會，灤州吏目。卞部，武岡州吏目。成俊士，嘉興府照磨。黎忠，江山縣丞。夏紹，內江縣丞。史青，陽信主簿。厲考，陽江主簿。李思誠，臨海主簿。姜漁，永寧主簿，有政聲。樂珂，蘄州州判。喬敞，安吉典史。吳琮，黃巖縣丞。喬昞，建寧巡檢。吳孟祥，開化典史。高貴，建城巡檢。武常用，邵武典史。徐玘，定海縣倉大使。孫賢，濟南府驛丞。陳通，東昌府閘官。陸玘，溫州府倉大使。周麟，稅課局大使。吳錦，歸善縣河泊所官。朱宏，嘉興府巡檢。朱貴，桐鄉縣丞。周通，南京廣積倉副使。朱永慶，倉大使。萬雲漢，邵武縣丞。李繼伯，善化縣丞。姚鸛，濰縣主簿。《濰縣志》載在嘉靖時。張舉，嘉興府巡檢。孟東，金華府驛丞。趙珂，桂林府巡檢。湯鉞，大使。蔡許，經歷。王爵，廣西驛丞。王繼鵬，海口場大使。朱鳴，場大使。成廷聘，驛丞。陸應袍，陸忠烈公之後，官蘄水典史，為陸公請謚，見舊《志·藝文·王紀疏》。成蘭，大慶關巡檢。劉學禮，驛丞。姚櫝，大慶關巡檢。董自全，歸州吏目。王應奎，盩厔縣丞。施檲，紹興府知事。胡裕，庫大使。李延齡，瞿唐巡檢。周暹，夏邑驛丞。張植，太醫院吏目。張炯，太醫院吏目。李應，廣東捷勝所吏目。舊《志》無「所」字，今據《明史·地理志》增。《阜寧志》載應署龍川、海豐二縣，事有政聲。王通。魚臺主簿，見《魚臺縣志》。

國朝

周仁，魚臺主簿，見《魚臺縣志》。薛觀生，蓋平知縣。高爾珍，同知。劉曰桀，《歸善縣志》。陳欲達，四會知縣，有傳。高維崧，鑲藍旗教習。薛嶧，興安州同。薛兗，南昌府同知。劉大成，萬載知縣。唐崎，嶧縣縣丞。孫珍，沛縣訓導。唐際唐，忻州吏目。楊天臣，平和典史。李昇，常山典史。沈北熊，鞍匠屯巡檢。張鑄，太醫院吏目。唐冠瞿，陽信州判。陳蔭棠，浦江典史。孫新治，湘陰縣丞。沈緒，垛莊巡檢。孫期會，武岡州判。孫期試，古田典史。金旭昌，高郵州訓導。曹筠森，婁縣訓導。邱崇蘭，江寧訓導。張馞，黃平州知州。周家楨，壽州州同。沈澧元，署徐州府教授。陶躍龍，江寧訓導，署州學正。王錫恩，署豐縣、沛縣教諭，邳州學正。王會開，署沛縣教諭。夏鳳翔，定遠正典。陳夢長。青陽典史。

武勳

明

侯俸，由莒營州正千戶歷陞開封府都司，見《沂州府志》。顏彪，征蠻將軍都督同知，有傳。顏玉，彪子，掌左軍都督府，事西寧總兵，見邵鎧《驃騎將軍都督顏公夫人孫氏墓誌銘》。顏恂，玉子，錦衣衛上左所千戶。考《明史·職官志》，錦衣衛領上中、上左、上右、上前、上後、中後六親軍所，舊《志》作「錦衣衛左所千戶」，非是。徐仲良，金吾後衛指揮使。杜譽，金吾右衛指揮同知。管勇，金吾右衛指揮同知。荀德，龍驤衛指揮同知。羅友文，金吾衛指揮僉事。丁振，金吾右衛指揮僉事。倪愷，羽林前衛中所正千戶。劉惠，義勇前衛正千戶。姚景，金吾前衛副千戶。許能，錦衣衛上前所百戶。唐英，四川敘南衛指揮使，

「敘」字，一作「溆」，舊《志》訛作「淑」。考《明史》，四川無淑南衛。裴安，邳州衛指揮同知。顧璟，真定衛指揮同知。舊《志》作「正定衛」，今據《明史·兵志》改。毛忠，蘇州衛指揮同知。耿安，山陰衛指揮同知。按：舊《志》所載如此，考《明史·兵志》，無山陰衛。宋景，永寧衛指揮僉事。游泰，字尚秦，尚英宗女隆慶公主，授駙馬都尉。按：舊《志》載遊尚秦尚憲宗公主。考《明史·公主傳》，憲宗五女，無嫁游姓者，唯英宗女隆慶公主於成化九年嫁游泰，十五年薨。《游氏家譜》「戴泰字尚秦，尚英宗女隆慶公主」，與《明史》合，可以諟正舊《志》之訛，今從之。邱獻，歸德衛正千戶。梁智，遼東海州衛左所副千戶。湯廣，偏橋衛左所副千戶。張子玉，山西振武衛副千戶。趙良翰，掘港守備。成玉，北京旗手衛副千戶。舊《志》誤作「旗手左衛」，《明史·兵志》所無。游鉉，駙馬游泰裔襲錦衣衛千戶。倪尚忠，宣府龍門衛指揮，陞左軍都督府僉書。倪承勳，尚忠子，遼東寧遠參將。張循楚，署總兵。鄷報國。官都司，或云「官總兵」。

國朝

姜兆，康熙三十八年，任福山鎮水師右營副將，見《江陰縣志》。唐相，中河營守備，見光緒《府志·唐耀遠傳》。徐鑒，海州營守備。印得芳，瑞安營副將，有傳。陸鶴鳴，由武生官狼山鎮中營守備，陞左營游擊。洪印方，由武生官狼山鎮左營守備，陞游擊。以上二人並見《通州志》。瞿定邦。三江營守備，洪湖營都司。

舊《志·貤封》附

明

成文彪，以孫均貴贈嘉議大夫戶部右侍郎制，稱其樂善好義，晦跡邱園。見楊《志》卷八《綸音志》。成慶，以子均貴贈嘉議大夫戶部右侍郎。萬玘，以子雲騎貴贈舉訓大夫，南京吏部驗封司郎中。按：《明史·職官志》：各部「郎中，正五品」「正五品，初授奉議大夫，陞授奉政大夫」「從五品，初授奉訓大夫，陞授奉直大夫」，然則「奉訓」當係「奉議」之訛。楊《志》已誤，程《志》、沈《志》並同。陳訓，舉人，官知縣，以子斗南貴贈戶部福建清吏司主事，程、沈兩《志》作「刑部主事」，楊《志》不誤。夏能，以子雷貴贈刑部廣東清吏司主事。潘萬年。生員，以子仲蘭貴封泰順縣知縣。

國朝

薛健，生員，以子鼎臣貴封徵仕郎工科右給事中，程《志》、沈《志》所載同。考《會典》，徵仕郎從七品封明制同，而六科給事中則正五品，不應降從，從七品封。考蔣刻楊《志》載健以子鼎臣封徵仕郎中書舍人，然則徵仕郎係中書封，與給事中無涉。孫助，以子一致貴封文林郎翰林院編修，再封朝議大夫內宏文院侍讀。張懷仁，以孫敬先貴贈懷遠將軍。張時升，生員，以子敬先貴贈懷遠將軍。沈毓奇，以子漢貴贈文林郎，四川遵義府推官。張守智，以子翩飛貴贈文林郎，浙江龍泉縣知縣。薛偉，以子觀生貴贈文林郎，奉天蓋平縣知縣。薛嵐，以子兗貴贈奉政大夫，江西南昌府同知。姜藻，以孫逢乙貴贈昭勇將軍。姜望齡，以子逢乙貴贈昭勇將軍。顏禮聽，生員，以子敏貴贈文林郎，廣東海陽縣知縣。徐鴻，以子鑒貴贈武德將軍。王恂，以子鑽貴贈文林郎，河南西平縣知縣。姜逢已，生員，以孫昌茂貴贈文林郎，陝西大荔縣知縣。沈志范，貢生，候選同知，以孫項年貴贈文林郎，陝西靈臺縣知縣。陳循綱，以子欲達貴封文林郎，江西永寧縣知縣。周學濂，以子應李貴封明威將軍。徐燮，生員，以孫鐸貴贈文林郎，翰林院庶吉士。徐宏基，生員，以子鐸貴贈文林郎，翰林院編修。許自奎，以子忠貴封奮力校尉。姜瑤上。生員，以子昌茂貴贈文林郎，陝西大荔縣知縣。

舊《志·鄉賓》附〔註5〕

薛仔，生員。張樹皋，生員。沈清，生員。樂舞德，張宸，生員。王彥，周繼武，李如星，沈懋盛，生員。張翰飛，增生。以上皆康熙間。張斯尹，太學生。王敬爾，乘爾章，嚴於智，以上皆雍正間。張浚，附貢生。陳傑，丁璋，好施與，人感其惠。潘丞縣、潘萬策，丞縣子。以上俱乾隆間。

補遺

王如恒，光緒乙酉科，恩賜副榜。周效先，溧水教諭。姜鳳翔，府學歲貢。沈講。明崇禎丙子科武舉。

〔註5〕原書的目錄、凡例中皆為「鄉賓」，萬曆《鹽城縣志》、乾隆《鹽城縣志》無「鄉飲賓」條，據此改。